特殊儿童
教育与康复文库
EDUCATION AND REHABILITATION
OF CHILDREN WITH
SPECIAL NEEDS

国家出版基金项目
NATIONAL PUBLICATION FOUNDATION
国家“十二五”重点图书出版规划项目
NATIONAL TWELFTH-FIVE-YEAR-PLAN KEY BOOK PUBLISHING PROJECT

文库总主编　丁　勇

# 特殊儿童生活教育

主　编
张文京

副主编
李晓庆　李　丹

参编人员
（按姓氏笔画排序）
于晓辉　李乐惠　李昕芮　严晓琴　陈建军
张　萍　赵　婕　徐　静　谢立瑶　廖诗芳

南京师范大学出版社
NANJING NORMAL UNIVERSITY PRESS

**图书在版编目(CIP)数据**

特殊儿童生活教育/张文京主编. —南京：南京师范大学出版社，2015.1(2020.11重印)
(特殊儿童教育与康复文库/丁勇总主编)
ISBN 978-7-5651-1980-4

Ⅰ. ①特… Ⅱ. ①张… Ⅲ. ①儿童教育—特殊教育—生活教育—研究 Ⅳ. ①G76

中国版本图书馆CIP数据核字(2014)第285293号

| | |
|---|---|
| **丛 书 名** | 特殊儿童教育与康复文库 |
| **书　　名** | 特殊儿童生活教育 |
| **本册主编** | 张文京 |
| **责任编辑** | 向　磊 |
| **出版发行** | 南京师范大学出版社 |
| **地　　址** | 江苏省南京市宁海路122号(邮编:210097) |
| **电　　话** | (025)83598919(总编办)　83598412(营销部)　83598297(邮购部) |
| **网　　址** | http://www.njnup.com |
| **电子信箱** | nspzbb@163.com |
| **照　　排** | 南京理工大学印刷照排中心 |
| **印　　刷** | 南京工大印务有限公司 |
| **开　　本** | 710毫米×1000毫米　1/16 |
| **印　　张** | 22.25 |
| **字　　数** | 388千 |
| **版　　次** | 2015年1月第1版　2020年11月第3次印刷 |
| **书　　号** | ISBN 978-7-5651-1980-4 |
| **定　　价** | 56.00元 |

**出 版 人**　张志刚

# 总序一

Preface 1

今年1月，国务院办公厅转发了教育部等7部门联合发布的《特殊教育提升计划（2014—2016年）》，这是深入实施《国家中长期教育改革和发展规划纲要（2010—2020年）》（以下简称《纲要》），加快推进特殊教育发展，大力提升特殊教育水平，切实保障残疾人受教育权利的又一重要体现。《纲要》将“特殊教育”单列一章，提出“关心和支持特殊教育”“完善特殊教育体系”“健全特殊教育保障机制”等要求。特殊教育是我国国民教育体系的重要组成部分。近些年来，国家对特殊教育的重视程度不断加强。在社会经济快速发展的同时，特殊教育发展也进入了一个大力推进的新时期。党的十八大报告提出了“支持特殊教育”的口号，十八届三中全会明确指出：“推进学前教育、特殊教育、继续教育改革发展。”

我国障残儿童有相当数量，受教育是《世界儿童权利宣言》和我国宪法赋予他们的权利。特殊教育也是帮助他们走进社会、独立生活的必要途径。特殊教育的目标是使障残儿童回归主流社会，成长为一个自力更生，能为社会做出贡献的人才。这需要具备两个重要条件：一是残疾儿童要有自信，有能力回归社会；二是社会上的普通人要尊重他们，帮助他们。这两方面都需要通过教育来实现。特殊教育的目的与普通教育一样，也是促进儿童身心的健康发展。只是障残儿童需要更多的关爱和帮助，更多的温暖和鼓励。在教育内容和方法上，需要根据障残儿童的特殊情况采用不同的方式，但目的是促进他们的发展。特殊教育是教育公平的重要内容，是建设和谐社会的重要基础，也是国家综合国力的体现。当前，全社会对特殊教育的认识还有待进一步提高，特殊教育的发展与普通教育相比还相对落后，发展还很不平衡，特殊教育经费短缺，办学条件亟待改善，办学规模远不能满足社会发展需要，特殊教育教师队伍建设有待进一步加强，特殊教育的管理水平亟待提高。

特殊教育的发展，首先需要对特殊教育有一个正确的认识，树立正确的特殊教育观念。特殊教育有狭义和广义之分。狭义的特殊教育是障残儿童的教育；广义的特殊教育还包括超常儿童及有情绪问题、行为问题、社会适应问题等儿童的教育。我国特殊教育主要是指狭义的特殊教育。所谓特殊教育的特殊，是指这部分受教育者在生理的或者心理的某个方面有缺陷，阻碍着他们的发展，特殊教育就是帮助他们排除阻碍他们发展的障碍，使他们得到与普通人一样的发展。障残儿童并非所有智能都丧失，他们往往丧失了一部分器官的功能。教育，可以弥补他们的缺陷，或者使他们损伤的器官功能得到部分的恢复，或者培养其他器官的功能来代偿某种器官功能的不足。

发展特殊教育，除了政府重视和加大投入外，要发动全社会来奉献爱心。残疾人是我们的兄弟姐妹，他们比正常人有更多的困难，正常人有责任、有义务帮助他们。这不是出于怜悯，更不是恩赐，这是全社会的责任，也是每一个公民的责任。特殊教育事业是爱的事业。只有做到像《礼记·礼运》中所讲的“矜、寡、孤、独、废疾者皆有所养”，我们才能建成和谐社会。

特殊教育本身需要进行改革创新。根据我国当前的实际情况，完全采取“回归主流”的方式，把障残儿童放在普通学校学习，还缺乏必要的条件。主要是普通学校缺乏特殊教育的师资，不可能像日本那样在普通学校里设立养护班。但“全纳教育”“回归主流”都是当前世界教育的新理想，我们需要以这种新的教育理念来指导我们的特殊教育，让障残儿童尽量与健康儿童接触，障残比较轻的、有条件的，最好让他们在一起学习。这样，既培养了障残儿童的自信心和自尊心，又教育了健康儿童对障残同伴的关心和爱护。

师资是特殊教育发展的前提与保障。师范院校应该重视特殊教育的研究和师资培养。1982 年，教育部建立了我国第一所专门的特殊教育师资培养机构——南京特殊教育师范学校，当时属于中等师范教育。该校 2002 年升格为专科学校，现在又将跨入本科教育阶段。这是可喜的事情。我国大学里的第一个特殊教育专业是我在北京师范大学担任副校长期间于 1986 年设立的，同时还成立了特殊教育研究中心。现在全国已经有多个师范大学设立了特殊教育专业。但是还很不够，特殊教育的师资还非常缺乏。我们要宣传特殊教育的重要性，大家都来关心这个社会最弱势群体，有更多的优秀青年来向他们献出爱心。

特殊教育的发展，还要加强对特殊教育的研究，用心总结我国特殊教育的经验，研究和形成有中国特色社会主义的特殊教育理论体系。《特殊儿童教育与康复文库》是一套关注障残儿童及其他特殊需要儿童生存与发展的系列图书。文库从提升社会公共利益的角度来关注、支持、参与残疾人及其家庭的健康与发展，从全社会和谐发展的高度来关心他们的福祉。文库立足于服务特殊教育教师、特殊儿童、家长及专业工作者，围绕特殊儿童教育与康复，按照阐释基本理论、揭示现实问题、提出合理化建议的逻辑框架，吸取国际上最先进的方法技术和理论，系统阐述特殊儿童的教育与康复问题。文库既注重理论探讨，又重视实践操作。相信这套文库的出版会对丰富我国的特殊教育研究和指导特殊教育实践、推进特殊教育改革有着重要的作用和价值。

文库系列丛书即将面世，出版社和总主编丁勇同志要我写几句话，是以为序。

2014 年 8 月

# 总序二
Preface 2

儿童是祖国的花朵，也是我们的未来。每个孩子的成长都需要家庭、学校和社会的关怀和支持，而我们要给残疾孩子更多的关爱和帮助。

残疾儿童由于身心障碍差异的多样性和复杂性，接受基础教育就不那么容易了。比如，老师教盲孩子，需要会盲文；教聋孩子，又需要用手语；同是发展性障碍的儿童，孤独症和脑瘫孩子的身心特点、教育方法又各有不同。不仅如此，在进行认知训练的同时，有些孩子还必须辅以感觉运动、言语语言等康复性的训练，才能有效支持他们的发展。这些需要特殊教育的残疾孩子，他们在生命的成长过程中，需要社会学、心理学、教育学、医学等多学科的介入，也需要全社会相关专业人员的合作参与。

我们怎样理解残疾儿童的特殊性？什么是特殊教育？怎样为残疾儿童提供特殊的支持与服务呢？这是特殊儿童教育发展面临的重要课题。它不仅是很多残疾儿童家长关心的事情，也是特殊教育、康复机构共同研究探讨的问题。

残疾儿童是有特殊需求、需要给予特别关爱的，与所有其他孩子一样共享着生命的发展权和教育权。残疾儿童的教育康复水平也体现了社会文明进步的水平。残疾儿童需要特殊教育，而特殊教育又需要特教老师。有了好老师，残疾孩子才能拥有美好的未来。美国作家海伦·凯勒正因为有了沙利文这样的好老师，才从一个盲聋哑三重残疾的孩子，成为世界著名的作家。

由南京师范大学出版社出版的《特殊儿童教育与康复文库》，是一套促进残疾儿童身心发展的丛书，基本涵盖了特殊儿童的教育与康复实践与理论的基本问题，内容全面、系统，有实践经验，也有理论基础。其中《特殊儿童生涯发展与转衔教育》《特殊儿童体育与运动》《特殊儿童生活教育》《特殊儿童物理治疗》《特殊儿童作业治疗》等分册内容，都是第一次系统地与我国读者见面。

《特殊儿童教育与康复文库》不仅可以作为高等院校、科研机构进行学术研究的参考资料，也可以为残疾儿童家长和在特殊教育、康复机构第一线的工作者提供具体的方法指导。这套文库的出版对普及和提高残疾儿童康复教育具有特殊意义，对改善和提高残疾儿童的生活自理能力也会起到重要作用。

我深深地祝福每一个残疾孩子，希望他们永远健康快乐！

2014 年 8 月

## 总序三

Preface 3

随着我国社会经济的进步与特殊教育和医疗康复事业的发展，特殊儿童的教育与康复越来越受到社会的关注和重视。这不仅仅是因为特殊儿童教育有着不同于其他儿童教育的“特殊”之处，更重要的是教育与康复对特殊儿童而言，是保障他们平等参与社会生活，促进其健康成长和公平享有社会发展成果的重要途径。

毋庸讳言，我国目前特殊教育与残疾人事业基础还比较薄弱，残疾人社会保障政策措施还不够完善，残疾人在基本生活、医疗卫生、康复、教育、就业、社会参与等方面还存在许多困难；绝大多数残疾人尚未走出家庭，他们的总体生活状况与社会平均水平仍存在较大差距；在特殊儿童教育与康复方面，较发达国家还存在着明显的差距，实践工作者的理论知识与技能水平亟待提高。为了适应我国特殊教育与残疾人事业发展的需要，向社会、学校和家长科学地普及服务于残疾儿童及其他特殊需要儿童的教育、康复的理论知识与实践技能，改善、提高残疾儿童的生活自理能力，推进社会文明进程，我们在国家新闻出版广电总局的指导下，在国家出版基金的支持下，组织编写了《特殊儿童教育与康复文库》。

本文库以《残疾儿童权利与保障》分册为总领，其下分为“特殊儿童教育”与“特殊儿童康复”两个子系列，共 20 分册。在两个子系列中，又分别以《特殊儿童教育导论》和《特殊儿童康复概论》为引领，再按照特殊儿童发展的各个领域的教育、康复训练内容为结构框架，展开两个系列具体内容的编写。文库基本涵盖了特殊儿童的教育与康复实践的基本问题，内容全面，系统性强。

“特殊儿童教育”系列包括:《特殊儿童教育导论》《特殊儿童教育评估》《特殊儿童早期发展支持》《特殊儿童沟通与交往》《特殊儿童认知训练》《特殊儿童行为管理》《特殊儿童生活教育》《特殊儿童体育与运动》《特殊儿童生涯发展与转衔教育》。“特殊儿童康复”系列包括:《特殊儿童康复概论》《特殊儿童物理治疗》《特殊儿童作业治疗》《特殊儿童语言与言语治疗》《特殊儿童心理治疗》《特殊儿童艺术治疗》《特殊儿童舞动治疗》《特殊儿童功能性视力训练》《特殊儿童定向行走训练》《特殊儿童辅助技术》。

文库立足服务特殊教育教师、特殊儿童及其家长、残疾人社会工作者的目标,围绕特殊儿童教育与康复两个中心,按照阐释基本理论、揭示现实问题、提出合理化建议的逻辑框架,系统阐述特殊儿童的教育与康复问题。文库编写在坚持科学性的前提下,力求突出学科的专业性和创新性,特别是注重吸收当代国际特殊教育与康复研究的最新成果,使文库能够站在时代的前沿,反映相关专业领域里的最新理念和技术方法。在具体内容的编写上,同时注意处理好两大关系:一是注意处理好理论与实践的关系,尤其对操作性较强的分册内容,注重以案例印证原理,以原理阐释案例,具体与抽象相结合来阐述问题;二是注意处理好学术性与实用性的关系,主要体现为文库内容在具有研究性的同时,并不排斥专业的实用性与操作性。

由于文库内容涉及概念的复杂性,在此需要对本文库中所涉及的两个重要概念“残疾”与“康复”做一个特别说明。基于传统的指称,“残疾”(disability)、“障碍”(handicap)和“缺陷”(impairment)由于含义相近,在我国三个术语经常交互替代使用,不太注意区分。而世界卫生组织对这三个概念有着明确的区分,并且在英文中已用更显中性的 disability(残疾)取代了 handicap(障碍)。考虑到汉语中“障碍”要比“残疾”在褒贬含义上更显中性,同时出于传统理解的习惯,本文库在“残疾”“障碍”“缺损”等概念上并不作严格的区分,尽管是不同的意义,但这并不妨碍分册中对相关的概念作区分和解释。关于“康复”,本文库主要指的是较为狭义的医学康复概念,即运用医学治疗的手段进行的康复。

本套文库由我为总主编,但主要的工作均由各分册主编和相关的撰稿人员完成。在文库的编辑和出版过程中,我们得到了中国残疾人联合会与国家新闻出版广电总局有关领导和专家的指导和支持。南京师范大学出版社的领导和文库的责任编辑等同志们也给予了倾心帮助,付出了辛勤劳动,保证了本文库的顺利出版,在此深表感谢；同时还要特别感谢台湾特殊教育界同行，尤其是林宝贵等先生的指教和参与，为本文库质量的提高做出了宝贵的贡献。

编写特殊儿童教育与康复方面的文库，虽然不能说在我国是首创，但毕竟屈指可数。至于本套文库在多大程度上对社会、学校和家庭在特殊教育与康复领域的理论研究与实践活动起到指导作用，只有留待广大读者去评判了。我们期待着读者的批评，进一步完善我们的项目；也期待更多的理论工作者和实践工作者投身到特殊教育和残疾人事业工作中来，为保障残疾儿童及其他特殊需要儿童的生活与发展，改善、提高他们适应社会、服务社会的能力，推进社会文明进程，贡献一份力量！

丁勇

2014 年 8 月

# 前 言

Foreword

近年来，无论在特殊教育学术研究方面，还是在特殊教育学校的课程与教学方面，对特殊儿童独立生活能力的培养都越来越受到家长、特殊教育教师和学者们的重视。伴随着特殊儿童障碍程度的加剧，让特殊儿童掌握基本的生活技能成为特殊教育的课程核心，因此，相应的生活语文、生活数学等课程，在教学设计上也不再局限在教室，而是以特殊儿童日常生活为主，拓展到了超市等生活场所。尽管人们已经意识到特殊儿童生活技能训练在特殊教育中扮演着非常关键的角色，但相关的研究尚处于探索阶段，相关的理论和实践还相当薄弱。因此，完善特殊儿童生活教育的理论、构建特殊儿童生活教育的课程体系是目前特殊教育发展中一项非常重要的任务。

本书以应用性为指导，编写时突出以下要旨：第一，用简明的语言阐述特殊儿童生活教育相关的概念、理论及原则；第二，明确特殊儿童生活教育的过程和方法，具有实用性及可操作性；第三，研究案例的选择具有前沿性、针对性、科学性和示范性。

专门针对特殊儿童的生活教育提出方法和指导，这在中国大陆地区尚属首次，填补了我国大陆地区特殊儿童生活教育课程与教学的空白。本书将理论与实践有机结合，其出版有助于特殊儿童家长、特殊教育教师、特殊教育专业学生的学习和应用，让他们能对特殊儿童生活技能训练的研究和实践领域有全面的了解。本书既可以作为特殊教育专业的教材，同时也可以作为特殊教育教师和家长的参考书，为特殊儿童家长、特殊教育教师和特殊教育工作者等提供有益的指导。

为了便于读者理解、掌握和应用，本书在框架的设计上强调理论指导实践、实践验证理论的原则。本书分为十二章，编写者分别为：张文京、许家成（第一章），张萍（第二章），李昕芮（第三章），李乐慧（第四、八、九章），李丹（第五、七章），赵捷（第六章），廖诗芳（第十、十一章），李晓庆（第十二章）。全书由张文京、李晓庆、李丹统稿。

本书编写的顺利完成，得到了多方同仁和领导的大力支持，感谢北京联合大学特殊教育学院许家成教授百忙之中为本书审稿、定稿，感谢南京特殊教育师范学院（筹）丁勇书记和其他同仁的大力支持，感谢苏州盲聋学校季兰芬老师、北京市平谷特教中心李旺老师、南京市江浦特殊学校培智部张琳老师、南京市爱德儿童发展中心丁涛老师，以及苏州花朵幼儿园的老师们，也感谢南京师范大学出版社的领导和编辑们为本书付梓所付出的辛勤劳动。

张文京

2014 年 6 月

# 目 录
Contents

# 第一章　特殊儿童生活教育概述

生活教育是陶行知先生倡导的教育哲学观，可以概括成如下几句话："生活即教育"，"社会即学校"，"行是知之始，知是行之成"和"教学做合一"。陶行知的生活教育观看似直白简练，却有深邃的内涵，不仅有"中西合璧"的底蕴，更有鲜明的时代特色。

首先，"生活即教育"，"社会即学校"，出自美国教育哲学家杜威，但是表述的方式不完全一样，杜威的提法是"教育即生活"，"学校即社会"。陶行知将这两句话"翻了半个筋斗"，成了自己的话，而这样一来，视点便不同了。陶行知的视野更广阔，堪称大教育观、大学校观，也更符合事实的本来面目，蕴含有更丰富的人生哲理。

"行是知之始，知是行之成"，源自中国明代著名思想家王阳明"知行合一"的思想。也是同样的情形，陶行知将王阳明的原句"知是行之始，行是知之成""翻了半个筋斗"。这也是陶行知名字的由来。陶行知在行、知关系上，明确主张"先行后知"，与我国当代著名心理学家潘菽主张的"意向主导下的认识"的原理一致。

正是有了这两个前提，才有了"教学做合一"的教育思想。真正的教育应在生活历程中，在真实的社会背景下，而人在认识客观世界过程中，也只有通过实践才能获得真知，这就是所谓"绝知此事要躬行"。

陶行知生活的时代是民族危亡、苦难深重的年代。陶行知身体力行，担负起教育救国的使命。他设想"培养一百万个乡村教师"，"改造一百万个乡村"，以此来实现他教育救国的梦想，并为此投入了毕生的精力。这就是陶行知生活教育观所具有的鲜明时代特色。

而如今，中国正在由传统农业社会走向现代数字化社会，已经成为今天世界上第二大经济体，但是却还有数以万计的特殊儿童尚未实现接受教育的权利（教育部在 2014 年的《特殊教育提升计划 2014—2016》中指出，我国还有 8 万名残疾儿童没能入学）。陶行知当年提出的生活教育观在今天仍具有丰富而鲜明的现实意义。我们将这种生活教育的理念贯穿于特殊儿童教育的全过程，解决特殊儿童的受教育问题，进而实现全纳教育。

本章为全书的第一章，在广义的生活含义基础上介绍特殊儿童生活教育的内涵，特别是主要生活技能的教育训练，特殊儿童生活教育的内容设计及原则，特殊儿童生活教育的基本方法三个方面，为后面章节起到提纲挈领的作用。

## 第一节　特殊儿童生活教育的内涵

### 一、特殊儿童生活教育的定义

特殊儿童的生活教育，即在生活历程、社会环境中，为特殊儿童实施“教学做合一”的教育。这一定义包括了三个基本要义，第一是生活，第二是社会环境，第三是“教学做合一”。分别阐述如下：

生活，是人为生存发展而进行的各种活动，也是人类个体生命所有的日常活动与经历的总和。中国生活学首倡者黄现璠认为：生活，狭义上是指人在生存期间为了维生和繁衍所必须从事的不可或缺的生计活动，它的基本内容即为人的衣食住行等；广义上指人的各种活动，包括日常生活行动、工作、休闲、社交等职业生活，个人生活，家庭生活和社会生活。①

杜威认为，“努力地使自己继续不断地生存，这是生活的本性，因为生活的延续只能通过经久的更新才能达到，所以生活便是一个自我更新的过程”②。

社会环境，是生活的温床。每一个人都处在一定的社会背景下，每一个生活着的人，一定处于某一个微观的社会环境中，如具体的家庭、学校和社区。自 20 世纪 50 年代至今，特殊教育的发展出现了一个持续的趋势——反对隔离、走向融合。隔离是一种“非常的生活”，不是特殊儿童需要的生活，人只有在一种“常态的生活”中，才能是一个“正常的人”。这就是特殊儿童生活教育需要的社会环境，也是本书倡导的生态教育观。

“教学做合一”，是生活教育的落脚点，是陶行知的教学理论的精髓。“教学做合一”出自“行知合一”的理念。“做”是核心，做便是教，做便是学。因此，“教学做合一”是“生活法，也就是教育法”③。

根据陶行知“教学做合一”的生活教育一体论的内涵，突出“做”在“教”与“学”

---

① 黄现璠，甘文杰. 试论“中国生活学构建”[J]. 广西社会科学，2007(3)：1－12.

② 杜威. 民主主义与教育[M]. 王承绪，译. 北京：人民教育出版社，2001：14.

③ 陶行知. 教学做合一下之教科书[M]//陶行知全集·第 2 卷. 长沙：湖南教育出版社，1985：650.

三者关系上的核心地位,本书十分注重“做”,并突出“做”当中的生活技能。生活技能的训练在特殊儿童生活教育中具有十分重要的意义,也因此成为本书的一个重要特点。

技能指通过练习获得的、能够完成一定任务的动作系统。人的衣食住行等活动包含着技能。技能按其熟练程度可分为初级技能和技巧性技能。初级技能只表示“会做”某件事,而未达到熟练的程度。初级技能如果经过有目的、有组织的反复练习,动作就会趋向自动化,从而达到技巧性技能阶段。技能按其性质和表现特点,可区分为动作技能(如书写、骑车等)和心智技能(如演算、写作等)。技能形成过程中,各种技能动作之间会相互影响。生活技能与生活相关,因为生活的内涵宽泛,所以生活技能包罗万象。生活技能由联合国世界卫生组织于 1991 年最先提出,是指人们在日常生活中处理各种情况的技能,包括决策技能、创造性思考技能、有效沟通技能、自我意识技能、体谅他人技能、解决问题技能、处理情绪与压力技能等。因此,生活技能涵盖了特殊儿童所有与生活有关的活动技能。

生活技能训练是对特殊儿童必备生活技能的训练。特殊儿童生活在学校中,也生活在家庭、社区和社会中,特殊儿童的成长过程是一个不断社会化的过程,也是一个不断提高生活技能的过程。特殊儿童的学习特点与普通儿童不同,他们学习的目的性较差,不易理解教师和家长教授的言语知识,他们往往是在操作、感受、体验中学习,在活动中建构知识。因此,特殊儿童必须通过系统的训练,才能掌握生活的技能,进而过上独立的生活。

## 二、特殊儿童生活教育的目的

在如今中国教育过于注重学科体系的现状中,让教育回归生活的观点值得重视。为了确保特殊儿童的教育权利,生活教育具有不可替代的作用。正如特殊儿童生活教育含义中所阐述的,特殊儿童生活教育的目的在于培养良好生活态度、传授基本生活知识、获得独立生活能力,最终提高他们的生活质量。

### (一) 培养良好生活态度

通过生活教育,培养特殊儿童良好的生活态度,包括有良好的生活愿望、积极的行为、善于与他人合作、调整自己的不良情绪、正确面对挫折与困难等。例如,面对别人的歧视时,特殊儿童不因为身心的障碍而退缩,而应肯定自己存在的价值,认为自己是对社会有贡献的人。

（二）传授基本生活知识

在生活教育过程中，要传授特殊儿童基本的生活知识，包括认识物品和他人、知道工具的使用方法、分辨物品的性质、判断事件的进展状况等。例如，当特殊儿童独自在家，需要自己煮饭的时候，他们需要认识煮饭的相关物品，包括米、水、电饭锅，知道电饭锅的使用方法，了解米与水的比例，判断饭是否煮好等。以上这些技能都需通过家长或教师传授基本的生活知识和技能才能得以完成。

（三）获得独立生活能力

特殊儿童通过生活教育，可以获得独立生活能力，包括独立地自我照顾、独立地学习生活语文（生活数学、生活常识）的知识、独立地与别人沟通与交往、独立地选择和消费等。例如通过乘车技能的训练，智障儿童可以独立地乘车回家，不需要家长接送。

（四）提高生活质量

对特殊儿童进行生活教育，最终目的是关注他们的生活质量。有关特殊人群生活质量研究以个人成果为目的，拟定了生活质量的八项核心领域：权力、参与、自我决策、生理发展、物质权利、社会融合、情绪发展和个人发展。训练特殊儿童的生活技能，将提升他们的生活质量。

## 三、特殊儿童生活教育的意义

实施以“做”为核心的生活教育，在真实的生活环境中，让学生学会生活的核心技能，并用于生活，将生活与教育融为一体，真正做到“生活即教育”，这对特殊儿童的人生，意义非同寻常。

（一）有助于特殊儿童获得安身立命的本领

通过生活教育，让学生获得生活技能，这是特殊儿童生存、发展、成长的根本，掌握了生存技能或部分必备技能的特殊儿童便获得了开启生活大门的钥匙。当特殊儿童学会穿衣、吃饭、上厕所，学会了应对家庭、学校、社会生活，并经学习产生行为结果，由结果感受到适应及生活技能的功能性运用，他们会在逐步适应生活的过程中发现并发展自己的能力。于是，在遭遇生活的困难、挫折，品尝人生的苦辣酸甜时，他们会逐渐形成对生活的掌控力，建立自信心。

（二）有助于特殊儿童赢得尊重与尊严

特殊儿童生活教育为特殊儿童带来对生活的理解和领悟。他们不再是被动、单向地适应生活和被生活决定，而能主动地参与生活各方面，顺应、改变、创造生活，他们迎接生活的挑战并历练自己，能感知自己的缺陷与不足，也能感知自己的努力和成效，自尊、自重油然而生，也因此有了尊严感。这些内心的体验凝聚为一种生活的态度，有了生活态度的导引，特殊儿童收获的是生活的快乐、幸福，从而过上高品质的生活。

（三）有助于发展亲子关系

家长也是特殊儿童生活教育的施教者。特殊儿童的父母、亲人对于自己的孩子，有着不同于教师、康复员的关系，生活技能训练对家长而言，是家庭教育永远的课程。家庭生活技能训练可密切家长与孩子的关系，增强父母与孩子之间的情感。家庭生活技能训练有充裕的时间和广泛的素材，家庭里的人、事、物自然而然就成了生活技能训练的最佳场域。家庭亲子教育突出自然、自由、自觉性，构成了生活教育训练的重要情景，促进家长与孩子的共同成长。

（四）有助于提升教师的专业能力

在“教学做合一”的理念中，教师与学生之间关系发生了根本的变化。陶行知认为，教与学都以做为中心。在做上教的是先生，在做上学的是学生。[①] 在这个意义上，先生与学生失去了通常的严格区别，在“做”中相教相学成为普遍现象，教学相长也提升了教师的专业能力。特殊儿童生活教育的施教者（教师、康复员等）通过特殊儿童的生活技能训练提高自身专业能力和服务能力；对特殊儿童进行生活技能训练的同时，共同分享其间的教学感悟，共同经历生存与生活体验，并共同成长。

## 第二节　特殊儿童生活教育的内容设计及原则

与普通儿童发展相比较，特殊儿童可能由于发展时间点的延迟、发展速度的缓慢、发展水平的障碍而表现出生活和社会适应方面的困难。特殊儿童生活教育的目的是培养特殊儿童良好的生活态度，传授生活知识和技能，使其获得生活能力。

### 一、特殊儿童生活教育的内容设计

生活教育课程内容以普通儿童发展轨迹为基本出发点，选取儿童当前生活和

① 陶行知.教学做合一下之教科书[M]//陶行知全集·第2卷.长沙:湖南教育出版社,1985:650.

未来生活中可能需要的基本的生活技能，目标内容选取以普通儿童身心成长的顺序和规律为标准，以适应性教育为目的，课程的实施以功能型教育为手段。

生活教育课程由生活板块、学习板块、职业板块三大板块构成。这三大板块涵盖了特殊儿童当前和未来的基本生活内容。

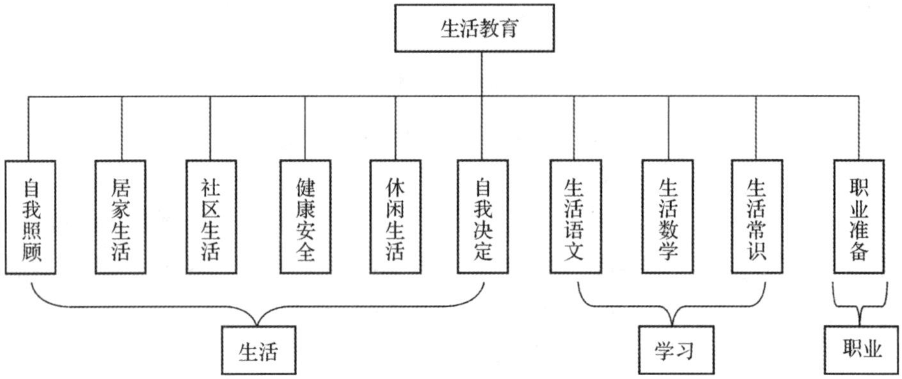


课程目标大系共分十大领域：

| | |
|---|---|
| 自我照顾——领域一 | 居家生活——领域二 |
| 社区生活——领域三 | 健康安全——领域四 |
| 休闲生活——领域五 | 自我决定——领域六 |
| 生活语文——领域七 | 生活数学——领域八 |
| 生活常识——领域九 | 职业准备——领域十 |

生活教育课程十大领域所含内容：

1. 自我照顾

自我照顾是指人们为独立生活而必须反复进行的、最基本的、具有共同性的身体动作群，即衣、食、住、行、个人清洁等方面的基本动作和技巧。自我照顾包括饮食、穿着打扮、如厕、个人清洁四个方面技能。

2. 居家生活

居家生活指家庭生活中的基本技能，包括家事清洁、衣物整理、食物料理、金钱处理、家庭布置、家庭沟通等六个方面。居家的时间规划、安全、社区行为等则划入适应性学科和其他领域中。

3. 社区生活

社区生活是指人在社会环境中与社区接触、交往的积极行为建树，如结交朋友、表达好感、微笑合作、表现诚恳、赢得信赖，以及对人关心理解、平等。辅以对负向行为的遏抑修正，如发脾气、妒忌等。社会生活还包括对社区环境的认识，对社区资源的利用和社区中的行为能力，包括结交朋友、表达感情、团体适应、交通能力、采购能力、获得服务、参加社区活动、遵守社区活动规范等八个方面。

4. 健康安全

健康安全是指维持自己的良好状态，是安身立命的根本。健康安全的内容包括饮食卫生、疾病防治、性知识。

5. 休闲生活

休闲生活是指个人喜好并选择多样的休闲娱乐种类及形式的能力。休闲占人生几乎三分之一的时光，是人生活的重要组成部分。休闲娱乐既包含休闲又包含选择、互动及学科能力的运用和行动能力等方面。休闲生活内容包括选择休闲活动、自我休闲活动、团体休闲活动等三个方面。

6. 自我决定

自我决定是指做决定的能力，是对自我的把握、分析、判定，是自我主动性的体现。自我决定能力涵盖了认识自我、时间规划、自我主张、解决问题、自我调控、生涯规划等六个方面。

7. 生活语文

生活语文以生活为核心组织课程内容，使学生掌握与生活紧密相关的语文基础知识和技能。具备听、说、读、写基本能力，感受、理解和热爱祖国语言文字。培养学生的生活能力、社会交往和沟通能力，为形成良好公民素质和文明行为打基础，为创造美好的家庭打基础。授课时采用适合学生的多种语言形式：手语、口语、书面语、盲文、沟通图，将知识传授与补偿缺陷、调动潜能相结合。生活语文的内容包括语言沟通、识字与阅读、写字与习作等三个方面。

8. 生活数学

生活数学突出体现该学科的基础性、普遍性和发展性，获得数学知识、用数学思维方式解决日常生活或其他学科问题。体会数学与自然、社会与生活的关系。在“个体的数学能力均可获得发展”的理念基础上使特殊儿童数学得到适于个人需求的发展。包括数前概念、数的认识、数的运算、量与计量、空间与图形、统计与概率、实践与应用七个方面。

9. 生活常识

生活常识是指感知自然、社会，对日常生活基本现象的常识性了解，学习自然、社会、生活现象以及形成原因及解决策略，建立对社会及科学、环境的认识与学习模式。包括认识常见动物、常见植物、天气与四季、地理环境、其他有关自然知识、习俗传统、权利与义务、国情八个方面。

10. 职业准备

职业，指一个人拥有一份兼职或全职（支持性的或非支持性的）工作或是参与社区中义务的活动，从事职业即是获得报酬、薪资，养活自己的行为。职业准备是为未来职业生活所做的准备，也是未来职业生活技能的教育训练过程。特殊儿童职业准备包括职业态度、职业知识、职业能力三个方面。

## 二、特殊儿童生活教育的原则

### （一）生态化原则

每个特殊儿童都是鲜活的个体，生活的环境和生活的轨迹都不一样。在对特殊儿童进行生活教育的时候，需要将特殊儿童置于其生活环境当中，真切分析特殊儿童与其环境之间的关系，环境对特殊儿童的影响，特殊儿童对其环境的认知、理解、运用，从而生成属于特殊儿童生活教育的目标，进而衍生出形成性生态课程。形成性生态课程高度个别化，是量身定做的课程，置于特殊儿童生活环境，是对其生活、学习、工作环境以及与之相关活动进行的分析所形成的课程，适合个别化教育需求。

形成性生态化课程产生、形成均在教育教学的真实情景和现场活动进行中，如在生活场景中认识社区、使用社区（购物、休闲），在学习活动（如数学计算教学、汉语拼音教学等）以及劳动情景（如收拾整理房间、洗车、种植、搬运等）中生成具体的课程。

### （二）支持性原则

“支持”成为今天特殊教育的一个关键概念。美国智力与发展性障碍协会自1992年引入“支持”的概念以来，大约每十年对“支持”的概念就有一次修订。根据最新修订的“支持”概念，支持是“提升发展、教育、兴趣和福祉，并且加强个人功能的资源和策略”①。支持作为一个重要原则被广泛地运用在特殊教育和残疾人事业中，形成了支持性生活、支持性教育和支持性就业的实践模式。

因此，本书将“支持”作为特殊儿童生活教育的重要原则，运用于生活教育的全

① 美国智能及发展障碍协会.智能障碍：定义、分类与支持系统[Z].2009:97.

过程。笔者主张，在生活教育中优先、大量地运用生活环境中的自然资源，主要采用自然支持来解决面临的功能障碍，但经过自然支持之后，对剩下不能用自然支持解决的问题和障碍，再采用专业支持。这就形成了一个优先的支持服务的传递系统。

在特殊儿童的生活教育中应用支持与支持系统的实践证明可以增加特殊儿童的独立性、生产力、融合性和满意感，有效地提升了他们的生活质量。

（三）直观性原则

夸美纽斯认为，教学应该从观察事物本身开始，一切事物应尽可能放在儿童的感官面前，例如，听觉应该跟视觉联系起来，语言要和动作的活动联系起来。直观性教学在某种程度上反映了人类的认识规律，让儿童在活动中综合运用感官体验事物的外部状态、声音、气味和味道等，还可以运用现代化的教学手段进行直观教学，让特殊儿童对于生活技能的获得需要进行直接的操作、感知、试误和修正。

特殊儿童的学习依赖于他们亲身所获得的直接经验，特殊儿童通过动作与具体物体接触，在生活中尽情地活动和思考。在生活中学习，特殊儿童就可以较容易地感知事物特征、掌握社交技巧、学习游戏规则，并将学到的知识和技能运用到实际生活中。

（四）系统性原则

知识和技能本身具有逻辑性，因此特殊儿童在学习时也是从易到难，从慢到快的，在具体实施过程中要注意理论和实践相结合，以过程为导向，因材施教。

特殊儿童生活教育的系统性包括教育目标选取要根据特殊儿童的年龄特点、认知特点和学习方式循序渐进，有逻辑、连贯、全面地进行。不同年龄的特殊儿童参加同一类型的活动，其表现为随着年龄水平的提高，活动内容和水平也逐步加深和提高。

## 第三节　特殊儿童生活教育的基本方法

本书在陶行知的“教学做合一”的基础上，融入了现代特殊教育的生态教育和支持性教育的理念，以满足特殊儿童生活教育的需要。因此，本书将特殊儿童生活教育的方法归纳为三个大的方面：一是生活教育的基本方法，二是生活教育的生态化方法，三是生活教育的支持策略。

## 一、生活教育的基本方法

陶行知提出的以“做”为核心，“在做上教，在做上学”，是特殊儿童生活教育的基础方法。我们在这里介绍在教育实践中最基础，且证明是行之有效的方法。

（一）工作任务分析

1. 工作任务分析含义

工作任务分析是现代行为科学在教育学科上被广泛采纳与运用的方法。Baine(1978)认为，“工作分析是一种分析最后目标的过程，以决定在规定情况下要表现特定标准的学习者，须具何种分项技能”。Gold(1976)将工作任务分析为“所有可以导致学习者学得工作的足够动力的活动”，而“动力，指训练者需用以使学习者学得工作的策略和程序”。

概括而言，工作任务分析指：对某一技能或工作(整体的工作目标)，依其顺序或构成而做的分解(分解为小阶段、小步骤、小目标)，通过教学策略的实施，进行各小目标及最后目标的评量，最后整体工作完成。这是一系列化整为零、化繁为简、步步为营，再化零为整，最后通过综合的分析，评量工作的过程，也是一种训练方法。分析评量的项目与课程内容一致，特殊教育中采用工作任务分析的做法较为广泛。

工作任务分析包含目标、内容、方法、过程、评量五大要素。第一，明确某项工作的总目标。比如洗脸，工作的总目标是自己能主动去洗脸、会洗脸。第二，工作由许多具体内容组织而成。洗脸这一工作需要准备毛巾、洗脸盆、水、香皂等，要学习用盆盛水，掌握用水量、调节水温，将毛巾浸湿、拧干，在面部擦拭，倒水后将毛巾、洗脸盆归回原处等工作内容。工作内容也是工作的细小步骤，称为工作小目标、小项目。第三，工作的完成是依序进行的，分为开始、展开和结束三个阶段。工作内容开始至结束的动态系统就是工作全过程。第四，工作过程中运用何种方法，如老师手把手教、全协助、半协助、口头提示、模仿、集体练习、自己尝试等，来完成工作内容。第五，工作分析的内容、形成的小目标，在教学前、中、后均应有评量，以保证教学有始有终，有可靠的依据。

2. 工作任务分析法实施步骤

(1) 确定工作任务分析的最后目标。

确定工作任务分析的最后目标，实际上是指对什么活动做工作任务分析，这在训练活动一开始就应明确。目标明确，整个工作任务分析才能良好进行。应注意，目标不能太泛、太宽，要有一定限制。如生活自理训练，作为工作任务分析的大目标就是显得空泛，不好把握，将生活自理训练分为盥洗、如厕、衣着、整饰、饮食等，分别列出工作任务分析目标，就显得切近、明确、具体、客观、易于操作。

(2) 分析工作任务的最后目标。

分析工作任务分为以下四个层次：第一，分析工作本身。工作任务分析的首要依据是工作本身，比如"扫地"的工作任务分析，主要针对此项工作本身进行任务分析，明确任务目标。第二，看专家操作。其目的是使工作任务分析更准确，专门人员的操作标准、纯熟，以正确顺序记下所有步骤，如骑三轮车、织毛线等。第三，自己操作。教师有意识地亲自操作，仔细分析各步骤，做好记录。第四，联系学生实际，根据其需求做工作分析。比如，针对视障儿童，准时进教室以"听到铃声"为准，而针对听障儿童则是"看时钟，看灯光提示"。

(3) 排列目标序列、梯次。

排列目标序列、梯次，是指在对活动本身进行分析，并选择了分析维度的基础上，将最后目标化整为零分解成小目标、小步骤，并按一定的规律排列目标，形成梯次。梯次排列(项目排列)原则包括以下几个方面：第一，依工作本身自然构成梯次，由易到难，由简单到复杂，如"穿短帮便鞋"的工作梯次排列。第二，依技能形成过程的规律由基础渐至高层次，如"饮食训练"，咀嚼吞咽食物的最基本的技能，是基础，故排在最前；"做饭前准备和饭后收拾""适当的用餐习惯"是对饮食品质的要求，是高一层次的、更复杂、难度更大的训练，故排在最后。第三，了解学生需求及水平，决定梯次排列跨度。一般情况下普通儿童的工作分析序阶、梯次、排列跨度可大些，特殊儿童教育工作分析则应该细密、跨度小些。

(4) 叙写项目(目标)。

决定了项目(目标)的排列与分布后，需要对项目进行表述，即项目叙写。项目叙写首先应可观察，尽量将目标以外显动作描述出来，如"跳三十厘米远""说出三种动物名称"。项目叙写要可评量，一般能够观察得到的目标比较好评量。目标叙写要尽量能反映怎样做，比如鞋带打结训练第一步，是"将叠在上面的鞋带末端绕过另一边鞋绳，并穿过有洞的位置"。

(5) 设置评量。

设置评量是工作任务分析的重要步骤和环节，工作任务分析的内容是训练、学习的内容，也是我们对教育情况评量的内容。工作任务分析研究进行的同时，教师评量也在进行。为强化工作分析的评量功能，应该在每个分项目标之后，设置评量栏，便于学生和教师及时、准确掌握情况。如“读的能力”中“阅读基本能力”的分析评量，见表1-1。

**表1-1　阅读基本能力工作任务分析**

| 代号 | 教学目标 | 检核 | | | |
|---|---|---|---|---|---|
| 1 | 儿童能集中注意力看图片或文字 | | | | |
| 2 | 儿童能分辨不同的图形 | | | | |
| 3 | 儿童能分辨不同的单字 | | | | |
| 4 | 儿童能分辨不同的语词 | | | | |
| 5 | 儿童能分辨不同的句子 | | | | |
| 6 | 儿童能自一堆字或图形中找出指定者 | | | | |
| 7 | 儿童能指出刚看过的字或图形 | | | | |
| 8 | 儿童能对特定字或图形做出联结反应 | | | | |

设置评量栏的目的，是为了在教学过程中能及时记下特殊儿童的学习情况，找到特殊儿童的学习困难之处，确定教学起点和内容，决定某阶段的学习目标。设置评量栏的同时，应有评量标准的拟定，便于评量进行。

(6) 实施训练。

工作任务分析的最后一个步骤是实施训练。工作任务分析法实施训练时，包括以下两个方面：第一，实施训练前先对特殊儿童做一教育诊断（按拟出的教学目标进行评量），据此设计训练活动。第二，按训练活动设计，可以进行正向链锁或逆向链锁。正向链锁是指按工作顺序，特殊儿童先做第一步，教师则完成后面步骤，特殊儿童一步一步学习，直至达到最后目标。逆向链锁则是指教师操作前面步骤，将最后一步让特殊儿童完成，然后次第倒着前推两步、三步，让特殊儿童完成，最后让特殊儿童独立完成全部工作，这种方法是为了给特殊儿童一个完成了全部工作的感觉，增加其信心，比如教师协助穿好了衣服，将最后一步“拉好衣边、衣角”留给特殊儿童做，特殊儿童做好了就赞扬他：“衣服穿好了，真棒！”特殊儿童会认为，自己在整个穿衣过程中有很成功的表现。

### （二）直接操作法

#### 1. 直接操作法含义

直接操作法是指教师应用组织精密、层次分明的教材与有效的小组训练相结合的方法，直接预防与补救特殊儿童学业及其他技能缺失的教学方法。直接操作法源于美国教育学者 Bereiter 及 Engelmann 的学前哲学及经验。这一方法被应用到智障儿童教材编选，语文和数学教学，社会技能、生活技能学习等方面，其主张是，任何特殊儿童都能学习，只要教师给予系统的训练，选择适当的教材，应用适当的训练方法；对于低成就特殊儿童应“多教”而不应“少教”；让特殊儿童在短时间内学得多，保持久，能迁移类化到新情境当中。

2. 直接操作法实施步骤

（1）介绍阶段。

介绍阶段即教师示范，给出教材，注意焦点提示，示范解决问题的策略、步骤。

（2）协助练习阶段。

协助练习阶段，是指教师协助特殊儿童做有组织有系统的练习，特殊儿童应用所学原则，在新的范例上教师给予适当协助。

（3）独立练习阶段。

独立练习阶段，是指教师只给特殊儿童反应信号，特殊儿童独立应用所学的技能解决问题，这是学习迁移及独立操作习惯的培养。

## 二、生活教育的生态化方法

在生活中，任何一种“做”均与环境联系在一起。因此，生活教育将“在做上教，在做上学”与具体的生活环境联系在一起，形成了生态化教学方法。本节介绍的“模拟情景法”和“真实情境法”是特殊儿童生活教育中常用的基本方法。

### （一）模拟情景法

1. 模拟情景法含义

模拟情景法是指教师根据日常生活中的人、事、物，创设情景模拟现实情况实施训练的方法。陶行知先生的生活教育，即强调日常生活是对人生动、形象、有效的教育。人在情景中学到的东西最多、最真实，教育植根在生活当中才有生命力，才能成长。模拟情景法给特殊儿童以气氛、暗示与模仿，能直接见到结果，易接受、理解，易收实效。情景中的训练是所有教学的首选，特殊教育主张在哪里用的东西就在哪里教和学，模拟情景法可以在真情景中。比如在卧室教穿脱衣服、整理床铺；到公园教不乱扔果皮，公园的花只可看，不要踩踏。模拟情景法首先要弄清情景的要求，比如进图书馆不大声喧闹，到菜市场注意保持清洁，购物要排队付账等。

模拟情景法应充分运用情景中的人、事、物，要有对情景的基本认识、理解，才能正确运用。模拟情景法还可以模拟、仿真，如过家家、学开汽车，模拟建立在对“真”情景的认知、理解基础上，且是对真情景的“再创”，应充分发挥“再创”中的思维训练，并付诸行动。

2. 模拟情景法实施步骤

(1) 选择与分析情景。

选择适合的情景，依据是目前特殊儿童生活最需要的、教学活动设计中目标涉及的，特殊儿童经验过的。情景分析包括两个方面：一是该情景对人的要求，一是特殊儿童处在该情景中的需求。情景对人的要求应分析：在什么条件下/有哪些人/做什么/怎么做；特殊儿童在该情景的需求应做生态环境分析：某儿童/在什么条件下/与谁一起/做什么/怎么做/做得怎样。将两方需求做一对照，便能明确特殊儿童在该情景中应学习的目标。

(2) 利用与创设情景。

教师应该随机性利用情景和创设情景展开训练活动。与情景中相关人员联系，告知他本训练活动的意图(目的)、主要的进行方式和程序，及相关人员如何配合，均需在活动前做好安排(时间约定、地点落实以及相关人员、物质等配合)。若需部分控制情景，训练前应做有关条件的准备和设置，设计教学活动并形成教案。

模拟情景法无时不在，无处不在。情景最要紧的是自然、真切。大量的情景法应该给特殊儿童以平常心，让特殊儿童在不知不觉中，水到渠成地达到目标。当然要达到这一目标，教师需在背后精心策划和运用丰富经验。模拟情景法讲究时间把握，要求教师有很敏锐的感受，能准确、迅速地抓住问题的关键或关键问题，要能组织相关的训练活动。

### (二) 真实情境法

1. 真实情境法含义

真实情境法是指特殊儿童在真实的生态情境中进行训练的方法。特殊教育强调人与环境的关系，探究特殊人群生存、生活、生命之根本，主张在生活当中学习、学会生活。特殊教育生态理论与实践以高度个别化、情境化、形成性、弹性、智慧与丰富性、创造性、广泛性为特点，形成特殊教育课程、教育诊断、教学模式、教学法、教学环境、教学评量等集为一体的全新教育教学行动。

儿童生活含家庭生活、社区生活、学校生活，而生活以时间、空间为基点。在做时、空为基点，某环境活动分析和其时间(段)的活动分析时，弄清楚“孩子与谁”“何时何地”“做什么”“怎么做”“做得怎样”，即了解儿童个体在具体的时空从事什么活动，并了解是如何做的，要求家长、教师仔细多次观察儿童在此环境、场合下的行为后，再做文字记录。记录应尽量准确、精练，将这几个栏目合在一起了解儿童在常态时空、常态环境下进行日常活动时，其现场真实行为表现，弥补了以往诸多评量只给等级分值，缺乏对特殊儿童本人在此环境下的行为表述和其他评价，对行为环境了解不足的问题。

2. 真实情境法实施步骤

(1) 特殊儿童与真实情境分析。

特殊儿童与真实情境分析包括特殊儿童的基本资料的搜集和真实情境的生态分析两个方面。特殊儿童资料搜集包括晤谈、观察、测量、记录等，例如直接观察、学生记录、教师自编测验、审阅学生作品或作业表现等，其中晤谈的对象包括学生、家长或雇主等关键人物。真实情境的生态分析通过实地进入个案目前及未来可能的生活环境，进行评估，以了解个案的生活问题与需求。在评估过程中，可根据个案具体情况设计生态评估内容，以方便整个评估过程的进行与记录。具体的分析内容包括：第一，找出主要环境中个案常常去或喜欢去的地方，例如学校里的音乐教室、家里的厨房、小区里的公园等。第二，分析在次要环境中个案常常做或喜欢做的各种活动，例如音乐教室内的歌唱活动。第三，分析个案目前各方面的表现、进行活动时所需具备的技能，以及进行活动时所需要的辅助。

(2) 设计训练活动。

设计训练活动时，考虑以下十个方面的内容：第一，在不同领域都重复出现的技能；第二，目前环境所必需的技能；第三，未来环境所必需的技能；第四，可应用在多种场合的技能；第五，有与一般儿童互动的机会；第六，可增进特殊儿童独立生活能力；第七，可增进特殊儿童融入最少限制的环境，可扩大特殊儿童参与生活圈的能力；第八，符合生理年龄、目前能力与心理年龄；第九，特殊儿童对该活动有反应；第十，生活在特殊儿童周围的人也可以参与的项目。

## 三、生活教育的支持策略

在特殊儿童生活教育实践中，支持策略越来越受到欢迎。它简单、明了、富有成效。本节说明了常见的支持策略，它们可以用于生活教育的各个领域。

（一）示范

特殊儿童在生活中通过观察模仿成年人和同伴，从而获得技能、知识。因此教师和家长可以给特殊儿童做示范，清楚、详细地示范步骤和规则。家长和教师充分利用生活情境现场，如在起床时示范穿衣、整理衣裤、叠被、理床，在盥洗间教洗漱、收拣。注意在哪里用的技能就在哪里教，示范要正确，同一技能不同人教时顺序、方法要一致，可配合口语进行，对儿童的反应及时评价。通过日常生活的模仿学习，特殊儿童可以获得真实的生活态度、知识与能力。教师和家长应深知自己的示范作用，在日常生活中要严于律己，从语言和行动上严格要求自己，做到言行一致、言行文明。

（二）协助

特殊儿童获得技能的速度比普通儿童慢，对于所学的内容也很难掌握，所以对特殊儿童进行生活技能训练时，要多重复所训练的技能，直到特殊儿童熟练掌握。例如系鞋带可能需重复上百次练习，方能学会。重复教学可能是结构化的不同协助的重复，例如按系鞋带步骤，从全协助—半协助—不协助，而操作结构不改变的重复。重复教学可能是在不同场景中的重复，例如家中见到父母说“你好”“再见”，在学校见到老师、同学说“你好”“再见”，在街上遇到熟人说“你好”“再见”。

（三）小步子

小步子训练建立在对技能训练目标的分解、细化上，针对特殊儿童感到有一定困难和较为复杂的工作分解细化，而后实施小步子训练。

1. 形成步阶

特殊儿童教学步阶，较普通儿童教学更细密，这样可将困难工作通过小步子、小坡度的搭建，降低难度。步阶形成依特殊儿童的学习起点、学习能力及速度等特点确立，而对相同的生活技能训练内容，儿童不同，学习的步阶分布有别。训练的步阶还依训练的具体内容而定，如对“穿圆领衫工作分析”和“发 ɑ 音分析”在分析角度上有区别。

2. 实施小步子训练

实施小步子训练，一般按总—分—总模式进行，旨在建立该工作分步序列和整体结构。首先是将工作的整体呈现给特殊儿童，建立该工作的整体感，然后再分步阶，在分步训练中完成第一步后，进入第二步，依序教导，训练中注意每步落实的练习，同时为避免分步练习造成的统整缺失，训练中应不断进行部分统整，至该工作各步训练完成后进行全统整，这对于小步子训练很必要。

### （四）长短期目标结合

短期训练目标是指特殊儿童当下所急需的生活技能目标，如吃饭、穿衣、购物等。长期训练目标是指主要看目前生活环境的需要和下一个环境或未来环境的需求以及儿童发展的趋势。训练目标主要依据目前生活环境的需要和下一个环境或未来环境的需求，在所能范围内选择实用性的目标。比如目前环境需要儿童会“在家自己上厕所”，下一环境则需“会在学校自己上厕所”，最终泛化到“特殊儿童会上公共厕所”。所需还意味着儿童成长、发展所需，如脑瘫儿童动作发展、聋儿沟通能力发展、盲童定向行走能力等发展均是他们的“所需”能力。

### （五）提示系统

当特殊儿童进行生活技能训练遇到困难时，我们可以为他们提供视觉、听觉和动态提示系统等方面的支持。常见的提示系统有图片提示系统、语音提示系统、沟通板提示系统和动态提示系统等。

### （六）专业支持

专业支持是指具有学科专业背景的支持策略与方法。目前在特殊儿童教育中应用比较多的方法有物理治疗、作业治疗、心理治疗、辅助科技等。

#### 1. 物理治疗

物理治疗是利用物理因素，如光、声、电、水、温度等物理因素进行的康复治疗，分为理疗和运动疗法。在特殊教育中针对运动障碍儿童，如脑瘫儿童，主要采用的是运动疗法。运动疗法主要关注粗大动作方面的问题，如身体维持正常姿态（摆位）；关节活动范围、肌力和肌张力、平衡等，神经平衡疗法是常用的方法。

#### 2. 作业治疗

作业治疗是康复个体精细动作的功能方法。根据当事人的功能障碍，对日常生活、工作、休闲活动中存在的功能障碍进行测评，进行一系列的作业过程分析，如对作业活动的目标、功能水平、环境条件、运动的步骤以及关节活动范围、涉及的肌肉群、重力、平衡功能等因素，进行精细分析，选择相应的作业训练的样本，对特殊儿童进行训练，增强他们的独立性和生活能力。

#### 3. 心理治疗

心理治疗是应用心理学的一个分支。广义地说，心理治疗就是环境、生活条件的改善、周围人（尤其是医生）的语言作用，特殊布置，以及医生所实施的专门心理治疗技术等的治疗。狭义的心理治疗专指心理治疗师针对特殊儿童所采用的心理治疗技术和治疗措施等。在心理治疗中根据不同的心理学派别的理论和观点，如行为心理理论、认知心理理论、人本主义心理学理论和弗洛伊德的心理学理论，指导特殊儿童建立积极健康的心态，调节和采用有针对性的方法对特殊儿童的心理障碍进行心理治疗。

4. 辅助科技

针对特殊儿童的身心障碍，不仅可以采用上述的各种专业支持，也可以不去“修理这个人”，而是改变环境，提供辅助科技。

根据美国辅助科技法（100 - 47 号公法）的概念，辅助科技包括辅助技术设施和辅助科技服务两个部分。辅助技术设施是指任何一种项目、一件设备或产品系统，不论是来自商品供应的，或经过修改的，或特别定制的，用于改善、维持和增进障碍者功能的设施。辅助科技服务是指任何一项直接帮助障碍者在选择、获取或使用科技辅助设施的服务。

在科技迅猛发展的今天，人的运动能力、生活能力和学习能力都可以通过改变环境、提供辅具而得到改善和增强。

# 第二章　自我照顾

特殊儿童自我照顾教育训练是特殊儿童生活技能训练的重要组成部分，其目的是让特殊儿童在生活中学会自我照顾。本章主要介绍自我照顾教育训练的概述、教育要点和案例。

## 第一节　自我照顾概述

### 一、自我照顾的概念

自我照顾是指人们为独立生活而必须反复进行的、最基本的、具有共性的身体动作群，即衣、食、住、行、个人清洁等方面的基本动作和技巧。简单来讲，自我照顾就是自我服务。婴儿从一出生就开始接触日常生活，如哺喂、进食、盥洗、穿着、排便、睡眠等。日常生活的护理和日常生活能力的发展不仅是维护和增进婴幼儿健康的必要活动，而且还可以促进他们社会性和情感的发展，并能引起他们对周围事物的兴趣，增进自信心、成就感、掌控感，使他们更努力地探索外界的刺激，发展其感官辨别能力、自助能力，增强他们对语言的理解和运用等。可见，日常生活对婴幼儿来说是一项十分重要的活动，而自我照顾就是完成日常生活活动各种动作和技巧所达到的程度，是一个人适应社会的最基本的能力，从某种意义上说，它是一切适应的基础，是儿童适应生活所必须具备的能力。所以，有意识地开展自我照顾的教育活动，可以加强和提高特殊儿童的生活自理能力，使其在将来的团体生活中更好适应更多的挑战，培养良好的基本生活习惯，为其塑造人格发展的完美雏形，奠定入世的稳固基础。特殊儿童的自主独立是照顾者们的最大心愿，凡特殊儿童能力所能及者，家人或照顾者绝不可为其代劳。通过自我照顾训练，特殊儿童可以提升各方面的能力，增强自立、自强、自尊的信心与能力，并贡献于家庭和社会。

### 二、自我照顾的内容

自我照顾主要训练与人们独立生活密切相关的衣、食、住、行、个人清洁等内容。自我照顾教学的范围非常广泛，本章根据学前儿童日常生活的特点，主要涉及饮食、穿着打扮、如厕、个人清洁四个方面。其中，饮食技能训练包括了进食基本能力、餐具使用、饮食常识以及餐饮礼仪四个方面的内容；穿着打扮训练包括会穿脱简单衣物、会穿脱复杂衣物、会穿脱饰品、会使用雨具、会依场合着装、会依气候着装、会保持衣着整洁美观七个方面的内容；如厕训练包括会控制大小便、会在厕所大小便、会在厕所穿脱裤子、会处理便后以及会辨识男女厕所五个方面的内容；个人清洁训练包括会处理每日例行的身体清洁、会维护身体清洁、会处理身上偶然出现的脏乱以及会就寝四个方面的内容。在这里，我们提出了自我照顾训练的主要内容、自我照顾训练要达成的长期目标。同时，我们还为长期目标提供了必要的短期目标，作为家长和照顾者开展自我照顾训练的活动建议。当然，所列出的短期目标可能有所缺漏或与儿童所在地的生活习惯有一定的出入，训练时也可根据儿童的实际需求和当地的社会生活条件和习惯自行拟订一些短期目标，以满足儿童需要，充实训练活动。

（一）饮食

饮食技能训练包括进食基本能力、餐具使用、饮食常识以及餐饮礼仪四个方面。

进食基本能力训练的具体内容包括：会咀嚼食物，会吞咽食物，会吐出食物，会咬啃食物（如啃苹果、排骨等），会吃需剥糖纸的糖果，会吸水，会喝水，会吞水，会吐水，会拿着馒头和糕点等食物吃，会拿煮玉米棒、烤红薯等食物吃，会拿香蕉、葡萄、西瓜等剥皮、带籽类水果吃等。

餐具使用训练的具体内容包括：会用勺子盛饭在碗里，会用勺子盛汤在碗里，会用勺子吃饭，会用筷子吃饭，会用筷子夹一般的菜吃，会用筷子夹胡豆、豌豆、黄豆粒等较小的食物吃，会用筷子夹面条吃，会用杯子喝，会用吸管喝，会用碗喝，会开饮料喝等。

饮食常识训练的具体内容包括：认识常见的食物（如米饭、面条、白菜、萝卜、肉、鱼等），认识常见的水果（如香蕉、橘子、梨等），认识常用的餐具和食具（如锅、碗、筷、杯、勺、碟等）等。

餐饮礼仪训练的具体内容包括：会在餐前摆好碗筷及桌椅，能收拾餐桌，会在进餐时保持安静，能做到不用手乱抓食物吃，能做到不将自己不喜欢的食物倒在桌上或别人碗里，能做到不乱吐食物，能做到不抢食自己爱吃的东西，能做到吃饭时有正确姿势（不东倒西歪、不到处乱跑），吃饭时不泼洒饭菜，吃饭时能将残渣等放在桌上或专用盘里等。

（二）穿着打扮

穿着打扮训练包括会穿脱简单衣物、会穿脱复杂衣物、会穿脱饰品、会使用雨具、会依场合着装、会依气候着装，以及会保持衣着整洁美观七个方面。

会穿脱简单衣物训练的具体内容包括：会脱短袜子、会穿短袜子、会脱便鞋、会穿便鞋、会脱拉袢或带松紧的鞋、会穿拉袢或带松紧的鞋、会脱有松紧的裤子、会穿有松紧的裤子、会脱开胸衫、会穿开胸衫、会脱圆领套头衫、会穿圆领套头衫、会解适当大小的扣子、会扣适当大小的扣子、认识袜子、认识鞋、认识裤子、认识衣物、认识扣子等。

会穿脱复杂衣物训练的具体内容包括：会穿脱长袜、会分辨鞋的左右，会脱有鞋带的鞋子，会穿有鞋带的鞋子，会分辨衣服的前后，会分辨衣服的正反，知道衣服主要部分的名称（如袖子、领子），会脱带拉链的衣服，会穿带拉链的衣服，能分辨裤子的正反，能分辨裤子的前后，知道裤子主要部分的名称（裤腰、裤管、裤脚），会自己脱棉毛裤、毛裤、会自己穿棉毛裤、毛裤、女孩子自己穿脱半腰裙、女孩子自己穿脱连衣裙、会戴帽子、会戴手套、会戴围巾等。

会穿脱饰品训练的具体内容包括：会解开皮带，会系好皮带，会解下红领巾，会系上红领巾，会取下蝴蝶结、胶圈等，会系好蝴蝶结、胶圈等，会取下发卡，会戴上发卡，会取下胸章、臂章，会戴上胸章、臂章，会取戴手表等。

会使用雨具训练的具体内容包括：会认识雨衣、伞（或认识当地常用的雨具），能脱雨衣，能穿雨衣，会收折雨伞，会打开雨伞，会正确使用雨具遮挡风雨，会将使用后的雨具放置于适当位置晾干，会利用伞或帽子等雨具遮阳等。

会依场合着装训练的具体内容包括：能穿着整齐到学校，能穿着漂亮服装去做客或过节，在影院、图书馆、汽车站等公共场所能着装整洁，能穿轻便衣、裤、鞋上体育课或从事较剧烈活动，参加少先队活动时能佩戴红领巾，知道居家时着装可以随意等。

会依气候着装训练的具体内容包括：能辨识一年四季不同的衣着、能依气候变化选择恰当衣物、会在气候变化时更换增减衣物。

会保持衣着整洁、美观训练的具体内容包括：会整理身上的内外衣着（如翻好衣领、扎好皮带）、会在活动中注意保持衣着整洁、能选择自己喜爱的衣物、能选择自己喜爱的饰物等。

（三）如厕

如厕训练包括会控制大小便、会在厕所大小便、会在厕所穿脱裤子、会处理便后、会辨识男女厕所五个方面。

会控制大小便训练的具体内容包括：大小便时能告诉大人求得帮助、能根据环境控制大小便、能自己进入厕所找到正确位置后大小便等。

会在厕所大小便训练的具体内容包括：男生会站着小便、女生会蹲着大小便、能找到正确的蹲位、能解便入池（槽）等。

会在厕所穿脱裤子训练的具体内容包括：会进入厕所后才开始脱裤子、男生小便时会解开拉链或扣子、男生小便后会扣好扣子及拉链、会将裤子脱至适当位置后解便、便后会拉起裤子至腰上、会在穿好裤子整理衣着后才出厕所等。

会处理便后训练的具体内容包括：大便后会用纸擦拭干净、便后会将便纸扔入纸篓、会使用冲便设施冲洗便池、会自己倒洗便盆、便后用香皂洗手等。

会辨识男女厕所训练的具体内容包括：知道进公厕男女有别、知道根据自己的性别选择男女厕所、能识别男女厕所的图形标志、能识别男女厕所的汉字标志、能识别男女厕所的拼音或英语标志、能独立使用学校的厕所、能独立使用公厕等。

（四）个人清洁

个人清洁训练包括会处理每日例行的身体清洁、会维护身体清洁、会处理身上偶发的脏乱、就寝四个方面。

会处理每日例行的身体清洁训练的具体内容包括：会洗脸、会漱口、会刷牙、会擦嘴、会洗手、会洗脚、会洗屁股、会擤鼻涕、会剪指甲、会洗澡、会处理月经（女生）等。

会维护身体清洁训练的具体内容包括：会维护脸部的清洁、会维护手部的清洁、会维护脚部的清洁、会维护口腔清洁、会维护躯干的清洁等。

会处理身上偶发的脏乱训练的具体内容包括：会主动更换打湿的内外衣裤、鞋袜，会主动更换脏了的内外衣裤、鞋袜，剧烈活动后会处理头背部的湿热（如用毛巾擦干或“隔背”），会清洗脏乱的小衣物，会清洗脏乱的较大衣物等。

就寝训练的具体内容包括：会按时就寝，会自己铺床（如打开被子、放好枕头），会自己脱鞋袜放到床下，会自己脱衣、裤，会将脱下的衣裤放到固定地方（如椅子上、床边等），会自己进入被子里并将被子拉到脖颈处掖好，会注意睡眠姿势（侧卧、不蒙头），夜间（午间）均能自己处理大小便，能按时起床，能依序做好起床的活动（穿衣、裤、鞋、叠被、理床）等。

## 三、自我照顾的作用

### （一）提高特殊儿童的生活质量

使特殊儿童掌握了衣、食、住、行、个人清洁等方面的基本技能，可以让其能够及时处理自己的日常生活需要，维护身体健康，对于提高其生活质量具有重要意义。自我照顾是个体日常生活中最迫切需要的技能，如果个体缺乏这些技能，则势必依赖他人才能生活。例如，年龄已13岁的小明，如果无法独立地选择自己平常所喜欢的衣着款式，他就必须依照母亲的选择或爱好穿着。当个体具有良好的自我照顾技能时，相对地，个体就有更好且更多的选择权和更宽广的自主权。例如，当一个人能够独立做饭、购物或点餐时，他自然而然地就能够选择自己喜欢的食物。所以自我照顾能力的提高可以增强特殊儿童的自信心，帮助其树立自我形象，还可以使他们初步具有基本的生活能力和卫生习惯，过上能够自主选择且相对独立的生活，从而大大提升其生活质量。

### （二）促进特殊儿童动作技能的发展

自我照顾训练涉及衣、食、住、行、个人清洁等方面的基本动作和技能，这些技能的训练对于特殊儿童的粗大和精细动作发展均有促进作用。自我照顾并不是单纯的自理能力的训练，它和认知能力、运动能力等是互相联系、互相影响的，例如“会使用勺子”，能够促进儿童抓握能力的发展，为以后握笔写画做好准备；“能独立保持蹲姿上厕所”，能够促进儿童粗大动作的发展，为以后的跑跳做好准备。自我照顾训练对精细动作和粗大动作的发展能起到大大促进的作用。

### （三）提高特殊儿童融入社会的程度

特殊儿童有了一定的自我照顾能力，就可以在更广泛的范围参与社会生活，进而进入职业领域。特殊儿童要切实地步入社会、融入社会，除了社会需要调整环境、改变观念以适应特殊儿童外，特殊儿童自身能力的养成也是非常重要的。试想一个完全不能自我照顾的人如何能真正融入社会？只有在其拥有一定的自我照顾能力的时候，才能开展个人的职业陶冶的训练；有了基础技能，才能发展出专项技能。所以，自我照顾训练是特殊儿童步入职业领域不可跨越的先决条件。

## 第二节　自我照顾的教育过程

### 一、自我照顾教育的评估

（一）自我照顾教育的评估内容

根据自我照顾教育训练的长短期目标进行评估。评估的长期目标为饮食、穿着打扮、如厕、个人清洁四个方面，每个长期目标由若干个短期目标构成。

饮食的短期目标包括：进食基本能力、餐具使用、具有饮食常识以及餐饮礼仪。

穿着打扮的短期目标包括：会穿脱简单衣物、会穿脱复杂衣物、会穿脱饰品、会使用雨具、会依场合着装以及会依气候着装。

如厕的短期目标包括：会控制大小便、会在厕所大小便、会在厕所穿脱裤子、会处理便后、会辨识男女厕所。

个人清洁的短期目标包括：会处理每日例行的身体清洁、会维护身体清洁、会处理身上偶发的脏乱、就寝。

（二）自我照顾教育的评估标准

对每个短期目标的评估分为四个等级："尚未开始发展，无法适应环境的需要""仅发展些微能力，需要特别协助，才能适应环境的需要""已发展较多能力，只需部分协助，便能适应环境的需要""已发展出适应环境需要的能力"，按掌握程度从差到好分别得 0—3 分。比如对第 1 个长期目标"饮食"中的短期目标"进食基本能力"所采用的评估标准如下：

0. 要别人喂食

1. 动作协助下会拿着食物吃

2. 别人将食物放在他手中会拿着食物吃

3. 会自己伸手抓食物并拿着食物吃

（三）自我照顾教育的评估方法

1. 观察法

观察法即在日常生活中观察特殊儿童在自我照顾方面表现的一种方法。观察法一般利用自己的眼睛、耳朵等感觉器官去感知观察对象。由于人的感觉器官具有一定的局限性，观察者往往要借助各种现代化的仪器和手段，如照相机、录音机、摄像机等来辅助观察。其中最为重要的环节就是要事先制订好观察提纲，因观察提纲是提供给观察者使用的，应力求简便，需列出观察内容、起止时间、观察地点、观察对象和目标行为出现的频率。为了使用方便，提纲也可设计成观察表或观察卡片，在观察时做好详细记录，最后整理、分析、概括观察结果，得出结论。

2. 访谈法

访谈法即访谈员通过与家长访谈和教师访谈，了解特殊儿童在家庭和学校中自我照顾的表现情况的一种方法。访谈是访谈员根据访谈的需要，以口头形式，向家长和教师提出有关问题，通过家长和教师的答复来收集特殊儿童的客观事实材料，通过双方交流、双向沟通以达到较为深入地了解特殊儿童在家庭和学校中自我照顾的表现情况的目的。这种方式具有较大的弹性，访谈员可以事前设计访谈提纲，提供半结构化或结构化的问题，但访谈提纲是根据一般情况和主观想法制订的，有些情况不一定考虑十分周全，访谈员可以在访谈中根据家长和教师的反映，对访谈问题做出及时的调整或展开以便得到较为全面和深入的情况资料。

3. 测验法

测验法即通过特殊儿童社会适应能力的评估，了解特殊儿童自我照顾能力的发展水平和存在的问题的一种方法。可以用标准化的儿童社会适应量表来评估特殊儿童自我照顾能力的发展水平；也可以根据特殊儿童的个体情况设计出符合其身心发展特质的针对自我照顾能力发展水平的问卷或量表。在实施测验时应按照测验手册上写明的实施程序和指导语来进行测验，也要按照测验手册上的方法记分和处理结果，以得出较为客观的特殊儿童自我照顾能力的发展水平，客观评价和解释结果。

## 二、自我照顾教育的要点

特殊儿童自我照顾的教育训练需要对其做一个全面的评估，了解儿童自我照顾能力发展水平、喜恶、要求和其他能力的发展情况。教师和家长要多通过日常的观察，必要时运用一些量表，了解他们的体能、智能和自理能力，如进食、穿着、个人清洁、如厕和就寝等。通过评估来设立自我照顾训练的目标，所制定的目标应该是儿童最需要而又容易达到的目标。

### （一）自我照顾教育训练的教学方法——工作任务分析法

针对特殊儿童自我照顾训练，我们常用的就是工作任务分析法。因为每项自我照顾技能都包含若干次级技能。工作任务分析法即用科学方法将某项技能逐步细化，分成若干次级技能，有系统地排列其学习层次，每一层次再以若干具体明确的行为目标来标示，遵照编订的学习层次，依序逐步指导儿童学习，学习效果颇为显著。

如“刷牙”技能可以细分如下：

| 1 | 2 | 3 | 4 | 5 | 6 | 7 | 8 | 9 | 10 | 11 | 12 |
|---|---|---|---|---|---|---|---|---|---|---|---|
| 调节水量装满水杯 | 牙膏挤在牙刷上 | 漱口 | 将牙刷放入口中 | 平刷 | 上下刷 | 清理齿槽 | 漱口 | 清洗口中牙膏 | 揩干口脸 | 刷牙用品整理 | 刷牙用品归位 |

**图 2－1　“刷牙”工作任务分析举例**

次级技能“刷牙用品整理”可以用以下具体的行为目标标示：

- 将牙刷冲洗干净
- 盖好牙膏盖
- 将口杯中水倒干净
- 牙刷、牙膏放入口杯中
- 口杯归位

每一次级领域还可以根据特殊儿童的实际情况按步骤进行细分。

在实际运用工作分析法时，常采用两种形式。

顺序法（顺向链锁法）：依照工作的步骤，从第一步开始训练，完成第一步后再训练第二步，直至最后一步。

例如，教儿童穿袜子时，训练儿童先将袜子用双手撑开，将袜子套进脚尖，然后将袜子拉至脚跟，再将袜子拉过脚跟，最后将袜子从脚跟往上拉好。

倒序法（逆向链锁法）：依照工作步骤从最后一步开始，完成这一步后再倒退教前一步，直至第一步。

例如，教儿童穿袜子时，先由训练者将袜子拉过脚跟，然后教儿童将袜子往上拉好；之后再由训练者将袜子穿至脚跟，然后教儿童将袜子拉过脚跟往上拉好；最后儿童双手将袜子撑开，套上脚尖并将袜子往上拉好。

顺序法（顺向链锁法）

| 儿童操作 | 训练者操作 |
| --- | --- |
| 1 | 2→3→4→5 |
| 1→2 | 3→4→5 |
| 1→2→3 | 4→5 |
| 1→2→3→4 | 5 |
| 1→2→3→4→5 | 0 |

倒序法（逆向链锁法）

| 训练者操作 | 儿童操作 |
| --- | --- |
| 1→2→3→4 | 5 |
| 1→2→3 | 4→5 |
| 1→2 | 3→4→5 |
| 1 | 2→3→4→5 |
| 0 | 1→ 2→3→4→5 |

注：数字代表步骤的序号

以上两种形式要根据特殊儿童不同的情况选择其中一种，避免不按特殊儿童的实际能力一刀切的错误的训练方法。

使用工作任务分析法逐步训练特殊儿童的技能时应注意，每一单独步骤都学会后，应进行统整，使儿童能将所有的步骤连贯起来，完成该项活动。

同时，在训练时对不同的儿童应根据其发展水平和兴趣特点等采用不同的提示（动作协助、手势提示、口头提示、无需提示），在使用这些提示时应由难到易、由多到少，逐步减少至最后独立。

### （二）自我照顾教育训练的注意事项

#### 1. 自我照顾教育训练应持之以恒地进行

自我照顾教育训练所要训练的内容即是日常生活活动。这些活动每天都在生活中发生，所以应与日常生活紧密结合，尽可能采用日常生活情境训练，随机教学。秉持这样的理念，生活中处处是训练的场所，时时是训练的机会。在日常真实生活情境中特殊儿童学到的技能不用迁移，会立即产生实际效果，也比较易于学会和保持。在自理能力训练中，应制订训练计划，确定好训练时间、场所等，坚持一致，耐心教导，避免三天打鱼，两天晒网，要持之以恒，通过反复的练习，才可能达成提升自我照顾能力、养成良好生活习惯的目标。

2. 自我照顾教育训练应基于特殊儿童的能力水平

自我照顾能力的发展与其他领域的发展密切相关，必须在具备一定的先备技能的基础上训练才能开展。在选择生活训练目标时，需首先确定特殊儿童是否具备训练所需的基本的注意力、模仿力、粗大动作技能和精细动作技能等，同时，还要注意特殊儿童的智能和体能的水平。当他们还没有形成基本的动作和自理能力时，便要从日常的游戏活动和体能的训练中学习，如当他连抬腿的动作都未发展出来时，需要首先学习抬腿的动作，可以通过跨藤圈的游戏学习基本的动作。

3. 自我照顾教育训练应增加训练的趣味性

日常生活活动每日都在重复，而特殊儿童往往需要大量的练习才能达成既定的目标，这些都容易使其感到枯燥、乏味，从而产生抵触情绪，影响训练效果。自我照顾训练趣味化、活动化可以有效地解决这一可能的问题。在训练的过程中，把训练内容渗入到游戏和音乐之中，增加了很多趣味性，使特殊儿童对学习产生兴趣，乐于接受训练。

## 三、自我照顾教育的相关服务

特殊儿童由于本身障碍的限制，在自我照顾训练中存在事倍功半的情况。在这种情况下，要注意提供辅助工具和改善环境来实现相同的功能。对于有严重障碍的儿童，如果训练他们自己去完成一项缺乏相应能力的活动，不但要花费相当长的时间，训练过程十分艰难，而且训练效果也不理想。对于这种情况，我们可以通过提供辅助工具或改变环境来实现这种功能。例如，儿童的脚发育不良，训练行走十分困难，除了进行训练，还可考虑采用轮椅等辅助工具帮助其行走。对精细动作发展不佳的特殊儿童，可以考虑提供不用系鞋带的鞋，洗手槽的水龙头改为感应式水龙头等。对于可以听懂指令、但无法通过语言表达与人沟通的特殊儿童，可以提供沟通语音板等辅助工具解决。

辅助支持是非常必要的，但训练过程中一定要避免支持过度。不管是人力或辅具的支持，还是环境的改变，若支持过度则无法充分发挥特殊儿童的潜能，而且易使儿童养成依赖性。

# 第三节　自我照顾案例

## 【案例 1】

### 一、案例情况

由 10 人组成的特殊教育班级中，8 名智力障碍儿童，2 名自闭症儿童，7 名男生，3 名女生，年龄为 5—8 岁。本班大部分儿童无法独立自我照顾，吃饭穿衣多由照顾者完全协助，班级所有儿童皆有独立站和坐的能力。

### 二、活动设计

1. 活动主题：穿衣操。
2. 训练目标：独立将双脚伸进松紧带短裤的裤腿内。
3. 活动过程和方法。

(1)准备活动。

- 让儿童站成训练队形。
- 训练者示范穿衣操动作(用藤圈或呼啦圈)。

(2)训练活动。

藤圈训练(如图 2-2)：

- 双手平握藤圈置于膝盖部。
- 抬一只脚放入圈内。
- 抬另一只脚放入圈内。

图 2-2　藤圈示范

- 将藤圈拉起至腰部。
- 独立将双脚放进双手握着的藤圈内。

实物训练(分男女生训练或情景训练):

- 双手撑开短裤。
- 抬一条腿伸进松紧带短裤的一侧裤腿内。
- 抬另一条腿伸进松紧带短裤的另一侧裤腿内。
- 将松紧带短裤拉起至腰部并整理好。
- 独立将双脚伸进松紧带短裤的裤腿内。

(3)总结活动:所有儿童逐一演示穿着过程,强调穿着步骤和要领,规范动作质量。

## 三、案例评析

此活动先通过藤圈分解动作要领后再用实物教学,突显了训练活动的层次性;通过合适的藤圈,能规范完成分解的步骤,特殊儿童也能较快地掌握每个步骤的要领。但由于实物短裤的裤腿比藤圈小许多,特殊儿童抬腿的难度也随之增加。大多数儿童由于手部无法控制短裤裤腰,导致很难将脚放入裤腿一次成功,需反复练习,双手掌握恰好力度和抬腿弯曲度刚好的时候才能完成。所以在训练开始的时候应准备裤腿和裤腰比较宽松的短裤,以降低难度,在特殊儿童掌握要领后再换成裤腿和裤腰较小的短裤。

**【案例 2】**

## 一、案例情况

点点(化名),女,2008 年 6 月出生,现今 6 岁,2011 年由儿童医院诊断为疑似自闭症。点点是个活泼可爱的小女孩,开朗爱笑,喜欢跟人打招呼,喜欢重复他人说话,能够说简单句,但有些字的发音不清,而且音调怪异,经常会一个人发笑。自我照顾方面,无法独立大小便,也无法独立保持蹲姿 5 秒,在学校很难融入课堂学习,注意力持续时间短,很难参与一般课堂活动,特别是认知类的学习,显得特别困难,能够参与部分操作性的活动,知道班上所有同学的名字,但不会主动与同伴互动。家长希望点点能够逐步达到独立自我照顾的水平,特别是独立如厕,以减少家长的照顾负担。

## 二、活动设计

1. 活动主题：如厕训练。

2. 训练目标：能自行如厕，脱裤大小便。

3. 活动的过程。

(1) 他人帮助脱下裤子，儿童自行坐在厕凳(训练如厕特制的凳子)上。

(2) 在训练员协助下，点点坐痰盂如厕。

(3) 在口头提示下，点点自己拿痰盂如厕。

(4) 无提示下，点点独立拿痰盂如厕。

(5) 在训练员帮助下，点点下蹲在厕坑如厕(厕坑有扶手)。

(6) 有便意时，点点能自行到厕所蹲坑如厕。

## 三、案例评析

此活动将如厕这一重要的自理行为分为 6 个步骤来执行，训练员对个案点点的协助也是由多至少，逐层递减，协助形式由刚开始的动作协助至过程中的口头提示到最后的完全撤除。点点在训练之前已有可独立下蹲的先备能力，只是由于训练不够，下蹲维持时间较短，经过 4 个月的坚持训练，现在基本能够独立上厕所解便。

但此活动针对的个案是有基本的动作行为能力及对粗大动作有较好控制能力的，此活动设计不适合没有发展出下蹲动作的个案，有其局限性。

**【案例 3】**

## 一、案例情况

敏敏，女，2005 年 12 月出生，现今 9 岁半，出生后由儿童医院诊断为脑瘫。敏敏从 2009 年开始康复治疗至今 5 年，无法独立扶物站，无法独立用助行车行走，会说少量简单句，如“我要吃”，但吐字不清晰，能够听懂简单指令，如坐下、拿起来等，无法独立拿勺吃饭。

## 二、活动设计

1. 活动主题：自己吃饭。

2. 教学目标：自己用勺子进食(如图 2-3)。

图 2-3　协助吃饭动作

3. 活动过程和方法。

(1) 在他人动作协助下将饭舀起放到嘴边，口头提示下敏敏将饭放入嘴里吃。

(2) 在他人动作协助下将饭舀起提高至胸前，口头提示下敏敏将饭放入嘴里吃。

(3) 在他人帮助下将饭舀起，口头提示下敏敏将饭放入嘴里吃。

(4) 口头提示下敏敏将饭舀起放入嘴里吃。

(5) 敏敏独立使用勺子进食。

## 三、案例评析

此活动简单易行，提供了用勺子进食详尽准确的训练步骤。照顾者动作协助的力度是逐层递减的，由开始的动作协助下将饭舀起放到嘴边至过程中的动作协助下将饭舀起提高至胸前，再到后面的口头提示，使得敏敏自己发挥的空间更大。此活动设计的亮点在于动作协助的部位也一直都在发生着变化，由开始的手肘和手臂全部托住过渡到轻扶手臂，再到后面的轻托手肘，托扶的力度也是在逐层递减，使得敏敏在不知不觉中学会了独立拿勺吃饭。

此活动的不足之处在于没有考虑到敏敏手指有效控制勺子的部分，由于照顾者是托着敏敏的手肘和手臂的部位，所以无法帮助其控制手指拿勺，在训练的过程中，经常出现勺子掉落的情况，建议训练初期使用辅具勺，用胶带将勺子固定在手上，这样就不会在训练过程中反复出现掉勺子的情况。

# 第三章　居家生活

特殊儿童居家生活是特殊儿童生活教育的重要组成部分，其目的是让特殊儿童在生活中学会居家技能。本章主要介绍居家生活概述、居家生活的教育过程和居家生活的活动案例。

## 第一节　居家生活概述

### 一、居家生活的概念

居家生活是指家庭生活中的基本能力，如家事清洁、衣物整理、食物料理、家庭布置、家庭沟通等，居家的时间规划、安全、社区行为等划入适应性学科和其他相关领域中。居家生活的教育训练的主要功能是培养特殊儿童处理简单家务事的能力和利用社会资源、解决家事问题的能力，使之能自己简单解决吃的问题，顺利与家人相处。训练特殊儿童居家生活能力时，除了加强个人的卫生和生活自理能力之外，还应该教他们把生活环境整理得干净清爽，像扫地、拖地、刷洗、擦拭、收拾环境、清洗衣物等工作都是不可忽视的。不但可以让特殊儿童养成勤于劳动的好习惯，在他们脱离父母的羽翼后，也可以顺利适应社会，并发展出独立工作的技能。

在居家生活中，做家事应该是家长给予特殊儿童最好的家庭教育之一。特殊儿童协助做家事，可发展身体和心理上的技能，包括训练他的观察力、理解力、应变能力及体能。当特殊儿童每学会一项新的任务，他的能力和自信心便会向前迈进一步。通过做家事，特殊儿童也会有参与感、成就感和荣誉感，更重要的是，做家事培养了特殊儿童对家庭的责任心和归属感，协助他独立自主。

### 二、居家生活的内容

#### （一）家事清洁

家事清洁训练包括清扫、洗涤、擦拭、垃圾处理四个方面。

清扫训练的具体内容包括：会正确使用清扫工具，知道简单的清扫顺序，会清扫家庭客厅、居室等。

洗涤训练的具体内容包括：会正确使用洗涤工具、知道简单的洗涤顺序、会洗涤小物件（如袜子、手帕等）、会洗涤一般衣物（如内衣、内裤、轻薄衣衫等）、会使用洗衣机、会洗涤家用餐具或炊具（如碗盘、锅等）等。

擦拭训练的具体内容包括：会擦拭桌椅台面、会擦拭橱柜门窗等。

垃圾处理训练的具体内容包括：会简单的垃圾分类、会正确存放垃圾、会正确倾倒垃圾等。

（二）衣物整理

衣物整理训练包括了折叠、晾晒、保存三个方面。

折叠训练的具体内容包括：会折叠小件衣物、会折叠一般衣物、会折叠被子等。

晾晒训练的具体内容包括：会晾晒小件衣物、会晾晒一般衣物、会晾晒被子等。

保存训练的具体内容包括：会存放小件衣物（如鞋、袜、内衣裤等）、会将衣物分类放在适当的地方储存等。

（三）食物料理

食物料理训练包括会清洗食物、会处理熟食品、会使用炊具、会调制食品、会存放物品五个方面。

会清洗食物训练的具体内容包括：会正确使用食品清洁剂、会清洗蔬菜、会清洗水果、会清洗相关食材、清洗后相关物品归位等。

会处理熟食品训练的具体内容包括：会加热冷饭菜、会冲泡即食食品等。

会使用炊具训练的具体内容包括：会使用微波炉、会安全操作燃具、会使用炊事器具等。

会调制食品训练的具体内容包括：会使用调味品（如油、盐、酱、醋）、会基本的食品制作方法（如蒸、煮、炒、拌）、会使用电饭煲煮饭、会烧水煮面条、会做简单小菜、调制食品后能将相关物品清洁归位等。

会存放食品训练的具体内容包括：能分辨各类常见食品、能将一般食品依类别存放在适当的地方、能按食品存放标志存放食物等。

（四）金钱处理

金钱处理训练包括有适当的金钱来源、会清点钱币、会存放钱币、会购物预算、会记账五个方面。

有适当的金钱来源训练的具体内容包括：会从父母处得到零花钱、会从长辈处得到礼钱(如压岁钱、生日节日赠礼)、会通过劳动获取相应报酬等。

会清点钱币训练的具体内容包括:会清点整钞、会清点零钱、会清点出定额钱数等。

会存放钱币训练的具体内容包括:知道钱的用途、有存钱的意识、不乱花钱、会将钱存放在父母处、会将钱存放在自己身上、会将钱存放在家中适当的地方、会将钱存入银行等。

会购物预算训练的具体内容包括:会在购物前确认所购物品的价格、会列出购物清单、会按清单预算出所购物品的价格、会准备与预购物价相当的钱币等。

会记账训练的具体内容包括:知道记账的作用、会记收入账、会记支出账、会记流水账等。

### (五）家庭布置

家庭布置训练包括会摆设家具、会摆设装饰品两个方面。

会摆设家具训练的具体内容包括:知道常见家具的名称、知道常见家具的用途、会按家具的功能摆设家具等。

会摆设装饰品训练的具体内容包括:会摆设座式装饰品(如花瓶、雕塑、绒毛物件等)、会摆设挂式装饰品(如装饰画、镜框、挂件等)等。

### (六）家庭沟通

家庭沟通训练包括认识家庭成员、能适当与家庭成员沟通、能用适当态度对待家庭成员三个方面。

认识家庭成员训练的具体内容包括:能辨识父母、知道父母姓名、知道父母联系方式、知道父母职业及工作单位、知道自己与父母的关系、知道家庭中重要长辈及亲友等。

能适当与家庭成员沟通训练的具体内容包括:对家庭成员的刺激有反应(如喊叫、手势、微笑、抚摸等),能用适当的语言、表情、手势、动作与家庭成员沟通,能理解家庭成员的要求,能向家庭成员表达自己的需求和情感,能明白家庭成员说话的意思,能对家庭中一般问题发表自己的意见和建议,遇到困难能向家庭成员求助,能主动参与力所能及的家庭事务等。

能用适当态度对待家庭成员训练的基本内容包括:能尊敬长辈,听从教导;会常用的礼貌用语;对家人有礼貌、懂谦让,关爱家庭成员;能听从吩咐,接受意见;做错事时能向家人认错道歉;会到亲友家做客等。

### 三、居家生活的作用

#### （一）提高特殊儿童的独立生活能力与生活品质

居家生活的各项技能其实与自我照顾的技能也密切相关，居家生活技能训练可以促进特殊儿童的独立生活能力的提高，使其在日常生活实践中逐渐养成居家生活技能，往往还会达到事半功倍的效果。特殊儿童往往缺乏独立生活自理和居家技能，常常依靠他人的生活照顾，很难维持一定的生活品质。透过居家生活训练，可以满足特殊儿童在家庭或社区中基本的生活需求，并维持独立自主，使其享有基本的生活品质。

#### （二）培养特殊儿童的责任心与减轻照顾者的负担

通过开展简单家务劳动，使特殊儿童意识到自己对于家庭有一定的贡献，可以为父母分担家务，这将促使他们以更主动的姿态参与家庭生活，真正成为家庭的一分子。透过居家生活技能训练，可以提升特殊儿童的居家生活技能，从而减轻主要照顾者及其他家庭成员的负担。

## 第二节　居家生活的教育过程

### 一、居家生活教育的评估

#### （一）居家生活教育的评估内容

根据居家生活训练的长短期目标进行评估。评估的长期目标为家事清洁、衣物整理、食物料理、金钱处理、家庭布置、家庭沟通六个方面。每个长期目标由若干个短期目标构成。

家事清洁的短期目标包括：清扫、洗涤、擦拭、垃圾处理。

衣物整理的短期目标包括：折叠、晾晒、保存。

食物料理的短期目标包括：会清洗食物、会处理熟食品、会使用炊具、会调制食品、会存放物品。

金钱处理的短期目标包括：有适当的金钱来源、会清点钱币、会存放钱币、会购物预算、会记账。

家庭布置的短期目标包括：会摆设家具、会摆设装饰品。

家庭沟通的短期目标包括：认识家庭成员、能适当与家庭成员沟通、能用适当态度对待家庭成员。

（二）居家生活教育的评估标准

对每个短期目标的评估分为四个等级："尚未开始发展，无法适应环境的需要""仅发展些微能力，需要特别协助，才能适应环境的需要""已发展较多能力，只需部分协助，便能适应环境的需要""已发展出适应环境需要的能力"，按掌握程度从差到好分别得0—3分。比如对第1个长期目标"家事清洁"中的短期目标"清扫"所采用的评估标准如下：

无法使用清扫工具——0

能在动作协助下使用各种清扫工具——1

能在口语提示下使用各种清扫工具——2

能独立使用多种清扫工具，清扫家庭主要环境（如客厅、居室、厨房、厕所、过道、楼道、场院等）——3

（三）居家生活教育的评估方法

特殊儿童的居家生活技能评估目的在于了解儿童的居家生活技能发展水平，发现其在日常生活中的需要，并依据特殊儿童的能力水平和学习特点设计适当的教学方法和策略。居家生活技能的评估主要评量技能的精熟程度，分为三级计分方式："不熟练"，即儿童无法完成居家生活技能的每一个步骤，需要加强练习；"需要协助"，即儿童能够完成基本步骤，但是需要大人协助；"独立完成"，即儿童对居家生活技能掌握良好，能独立完成，不需要任何协助。

对照各个短期目标的评估标准，按照"尚未开始发展""仅发展些微能力""已发展较多能力""已发展出适应环境需要的能力"四个等级对特殊儿童各领域的能力水平进行打分，标注在"特殊儿童生活技能训练课程目标评估体系"表格相应位置。计算出各个短期目标的总分，在"特殊儿童生活教育侧面图"中的相应位置完成发展曲线，以便为教育训练提供参考。

## 二、居家生活教育的要点

### （一）把握时机，利用情境进行居家生活教育训练

居家生活中有很多生活的琐事，有的特殊儿童有着强烈的好奇心，看见大人扫地、擦桌子、拖地板，也会依样画葫芦。可把握时机训练儿童做简单的家事，耐心地

告诉他正确的方法，并在适当的时机给予适度的协助和支持，陪着他一起完成。如大人收拾晾晒好的衣物时，可引导儿童跟着一起帮忙，从折叠小件衣物开始，逐步训练到可以将衣物分类整理并放置在适当的地方。当家庭电话响起，可借机教儿童接听电话的技巧，教他如何接听电话、如何与人做简单的电话交流、如何根据需要给人打电话等。当大人做饭菜时也可要求儿童部分参与，如帮忙清洁蔬菜、清洗水果，帮忙按下电饭锅的开关，帮忙将剩余的饭菜分类放进冰箱等。

（二）培养系统的居家生活工作习惯

指导特殊儿童有条理地工作，会使他不但做起来比较顺手，也比较容易把工作的步骤记下来。将儿童要用的工作用具一律由左至右排列，提供一个有系统的工作程序，使他能够独立地完成工作，不需大人太多的协助。如练习扫地时，可以把扫把、簸箕、垃圾桶从左到右排在一起，儿童就可以依照顺序做扫地、扫进簸箕、倒进垃圾桶三项工作。

把工作材料放在儿童会用到的地方，也可以帮助他顺利地完成工作。如把刷洗浴室的海绵、刷子、清洁剂一起放在浴室的水桶里，可协助儿童知道要使用的工具是什么。另外，让儿童习惯使用从左到右、从上到下的工作程序，这样当他们在擦拭门窗或桌子时，才不会东擦擦、西擦擦，做起家事来毫无章法。

（三）工作任务分析法，将居家生活内容化整为零

在训练特殊儿童居家生活技能之前，最好先帮他把这项技能做一个工作任务分析，将复杂的学习内容（工作内容）化整为零地逐步呈现，让他按部就班地学会。工作分析的步骤是将一个工作目标细分为若干个有系统的小步骤，依次将其串联起来，再加上一些特殊教学技巧的协助。方法如下：

1. 将工作目标分析成为一个个独立的步骤，然后将动作依序编排。

2. 每个动作是具体的、可观察的，说明时应力求精简。

3. 每个步骤只包含一个独立的动作。

4. 单一的工作目标的分析步骤不要太多或太繁复（一般约在十个以内），否则应再拆分成若干个小目标。

如“洗手”的工作分析：①转开水龙头→②冲湿双手→③擦肥皂→④搓手掌、指缝→⑤冲洗双手→⑥关好水龙头→⑦擦干双手→⑧挂好毛巾。

有时给儿童一项工作任务，往往这项工作需要花费较长的时间或涉及较大的范围，我们需要先将环境加以处理，让儿童可以清楚地分辨工作范围，再依序完成

工作。如练习拖地时，可能需要把一间宽大的房间分隔成几个区域。我们可以利用房间中原有的地垫、橱柜等间隔方式来提示儿童自然的分区，也可以用彩色胶带或文字、箭头、数字等标示，将房间地面人为进行分区，直接在地面标示出需要拖地的区块、路线和顺序，大人就不需要一路协助着儿童拖地。又如，在练习擦窗户时，一大片落地窗儿童可能无法擦得很完整，初步练习时，也可以用彩色的细胶带贴成几小格，来加强儿童工作的顺序组织能力。以上这些提示技巧的设计是可以被逐渐去除的，长此以往，特殊儿童才会逐步发展出独立居家生活的技能。

### （四）清楚呈现居家生活工作的结果

如果对特殊儿童说："你要把地上的垃圾扫成一堆，然后扫进簸箕里，用力一点，才能把垃圾扫干净。"他们可能难以了解工作的结果。把垃圾扫成一堆并不是件容易的工作，要有一定的空间感和理解能力，还要有成熟的扫地技巧。倒不如在地上用粉笔画一个圈，再指导儿童把垃圾扫进圆圈里，就可以扫成一堆了。"扫干净"也是一个很不具体的说法，如果地面原本就不太脏，练习扫地就会徒劳无功，此时可以在地面上撒一些纸屑或垃圾，让儿童可以更清晰地分辨出扫地的重点。在刚练习擦桌子时，也需要把桌面弄得更脏一点、粉尘更多一点，当儿童用湿抹布一擦时，马上就可以看出"干净"的意义，也更有利于儿童了解这个工作的具体目标是什么、结果怎样。除此之外，当儿童把工作做对或完成时，大人可以用夸张的赞美来鼓励他，这就是对他的最佳提示，他会感受到自己做对了、做好了，然后动力十足地持续练习。

### （五）在居家生活中学习

居家生活能力的训练过程，其实也就是引导特殊儿童学习生活的过程，可尝试将认知的相关内容融入居家生活能力训练中，不但可以让特殊儿童学会独立生活，还可以教导他们日常生活中的基本概念，如分类的概念、配对的概念、对应的概念、位置的概念。

分类的概念：家长可提供机会让儿童协助收下晒干的衣服，练习叠衣服，然后请他把自己的衣服挑出来，收到固定的衣柜中。在他衣柜的门上，可依照睡衣、内衣、袜子、裤子等，分别标示相应的格子。等叠好了衣服，儿童就可以自己把衣物放到相应的位置。等他们长大一点，需要自己准备衣物洗澡时，也能学会依照衣柜的标示来挑选要穿着的衣物。

配对的概念：从晾衣架上收下来成堆的袜子，是最适合用来学习配对概念的教具。教导儿童找出相同花色或大小的袜子，一双双地卷起来，不但可以增强视觉辨别的能力，也可以训练手部动作的灵巧度。购买成套的衣服和裤子可用来让儿童练习配对衣物。另外，抓住适当的时机训练儿童搭配衣服的技巧，也可以让他们在潜移默化中培养穿着的美感。当儿童搭配得出色时，一定要大加赞赏他的眼光，这样他才会持续地勇敢尝试。

对应的概念：让儿童参与餐前的准备工作，如摆放餐具、盛饭等活动，是训练儿童对应概念的最佳时机。请他数一数有几个人一起用餐，应该准备几张椅子，几个碗，几双筷子，然后对应每个人的座位摆放好餐具。当有客人到家里拜访时，也可以请他依照实际人数来准备杯子倒茶水或饮料给客人。

位置的概念：教特殊儿童位置的概念，如上下、左右、前后、里外等，其实并不容易，因为物品的位置是相对的，而不是绝对的。儿童需要从不断变化的物我位置关系来学习正确的概念，而不只是把名称和零碎的印象记忆下来。在练习居家生活能力和做家事时，就有这样的好机会，让特殊儿童具体地从生活中学习位置概念，如一边洗手，一边可以告诉他“洗左手、洗右手”；擦桌子时，可以指导儿童“擦上面、擦下面、擦里面、擦外面”；练习刷牙洗脸时，也可以配合图片的提示，指导儿童变换上下左右刷洗的位置；练习折叠衣服袜子时，可以提醒儿童辨别衣服、袜子的正面和反面。

## 三、居家生活教育的相关服务

### （一）提供多元的协助方式

指导特殊儿童居家生活能力的方式可以是口头的说明，或者是非口语的手势动作和示范，而提示的内容也必须符合特殊儿童的理解程度。不需要长篇大论地说：“先把你刚刚玩的玩具收拾好，嵌塞积木要拆开，放回箱子里，才可以出去玩。”可以改成指着积木说：“请拆开。”再指一指箱子说：“请收好。”然后指一指门：“再出去玩！”特殊儿童就比较能确切地了解工作的先后顺序，并预知结束时间。

此外，视觉协助对很多特殊儿童是非常有效的。如教儿童洗碗时，要练习压适量的洗洁精，不要只是说：“压几下洗洁精，不要太多哦！”可以给儿童一个画了线的小量杯，指一指杯上的线告诉他：“到这里。”这件清洁工作就会简单多了，多次练习之后，儿童自然会学会使用适量的洗洁精洗碗。在教导特殊儿童正确进行衣物收纳时，也可将不同的橱柜贴上对应的标签，如上衣、裤子、袜子、内衣裤，可根据儿童的实际学习特点标示标签，可以文字、简笔画或照片等方式呈现，指导时只需告诉特殊儿童将衣服与图片或文字配对，整理后放入对应的橱柜即可。

（二）运用居家生活所需的辅具

辅具的使用为特殊儿童的学习和生活提供支持服务，需要结合特殊儿童的生活情境来考虑辅具的评估、训练和使用。由于很多特殊儿童在日常生活的各种活动中都可能或多或少地遇到一些困难，为了培养儿童独立生活的能力，减轻照顾者的负担，日常生活辅具的使用显得尤为重要。根据不同的活动类型，常见的日常生活辅具分为进食辅具、衣着辅具、如厕及洗浴辅具和其他日常生活辅具，包括一些加粗柄的餐具、防洒餐具、旋转餐具、方便穿脱的衣服、移位辅具等。如针对有语言障碍的特殊儿童，可为其设计使用辅助沟通系统，帮助他在真实的生活情境中与人沟通。针对视觉、精细动作等能力不佳，在操作玩具、生活用具以及计算机等物品方面存在困难的儿童，可设计各种特殊开关来为他们提供协助，如大键开关、脚踏开关、头控开关、呼吸式开关等，让他们可以更好地操作各种物件。针对肢体障碍的儿童，可提供协助移行、上厕所、沐浴等辅具，如助行器、浴室防滑垫、安全扶手等。

## 第三节　居家生活案例

### 一、案例情况

宁宁，男，11 岁，2 岁时由儿童医院心理科诊断为智力障碍，伴有轻微癫痫，遵医嘱服用抗癫痫药物，控制良好。宁宁现就读于某特殊教育学校，上课能安静听课，但注意力不集中、易分散，课堂反应慢；记忆力差，概括、分析、综合能力较差；语言障碍明显，口语表达混乱不清；生活自理能力较好，有一些不良习惯，脾气不好，有时会出现情绪问题。宁宁的父亲大学文化，在文教单位工作，但工作繁忙；母亲初中文化，目前辞职在家专门照顾宁宁，负责孩子的医疗和教育训练。父亲在工作之余也会参与对孩子的教育训练，父母均重视孩子的未来发展，母亲积极性高，会根据孩子需要购买玩具、书籍等。宁宁所在的特殊教育学校每学期会对宁宁进行能力评估，并与家长和专业人员一起为宁宁拟订一份满足宁宁教育需要的个别化教育计划（IEP），具体列出本学期内宁宁在语言、认知、社会技能等能力发展领域的长期目标和短期目标。在本学期IEP拟订过程中，家长希望宁宁能参与一些家事，训练宁宁的居家生活技能。由于真实环境中的训练更能帮助特殊儿童习得相应技能，并能即学即用不用知识的迁移，所以该部分教育目标的教学环境设置在宁宁家中，班级特教老师教给家长居家生活训练的原则和具体方法，而直接指导者为宁宁的母亲。本章节就教育目标之一“收纳衣物——会将衣物分类放在适当的地方储存”的训练过程做一简单介绍。

## 二、活动设计

正确的示范是技能训练的先决条件，可由家长先示范做一遍，接着让特殊儿童一起做，再来让特殊儿童独立完成，家长观察其做家事的过程，通过观察发现其不会的地方，找出存在的问题，和特殊儿童一起想办法解决，并针对不好的地方再练习。现就“收纳衣物——会将衣物分类放在适当的地方储存”这一教育目标，对宁宁的训练过程如下。

第一轮训练：

示范：宁宁妈妈将晾晒后的衣服按不同家庭成员、不同衣物类型放进不同的橱柜里。

练习：宁宁妈妈将晾晒后的衣服教给宁宁，并请他帮忙放进不同的橱柜里。宁宁妈妈观察宁宁练习的过程，发现宁宁会模仿妈妈将衣物放进不同的橱柜里，但是不能区分不同家庭成员的不同衣物。

修正：在特教老师的指导下，宁宁妈妈调整每次需要请宁宁帮忙收纳的衣物，首先训练宁宁能明显区分妈妈的衣服、爸爸的衣服、宁宁的衣服，练习将三个不同人的衣物放进三个不同的橱柜；其次训练宁宁将自己的衣物分类放进自己的衣橱，如上衣、裤子、袜子等；最后再训练宁宁按不同家庭成员、不同衣物类型进行收纳。

第二轮训练：同样由宁宁妈妈先示范，并带着宁宁一起做，然后由宁宁独立完成。经多次练习后发现，宁宁可以根据简单的规则进行分类，60%的情况下会正确将衣物放进对应的橱柜。妈妈反思后发现，宁宁的记忆力较差，比较难以记住不同衣物对应的橱柜，这就是一部分衣物宁宁不能正确放置在对应橱柜的原因。

再修正：结合宁宁的学习特点，目前宁宁主要以图片、图片+文字的学习为主，在特教老师的指导下，宁宁妈妈制作了每个橱柜的小卡片，标示了不同橱柜里面的衣物类型，如爸爸的西装西裤、妈妈的花色裙子、宁宁自己的衣服；或宁宁自己的上衣、裤子、袜子。小卡片以衣物图片＋文字“上衣”“裤子”“袜子”为呈现方式。

第三轮训练：宁宁妈妈先带着宁宁一起将橱柜进行标志，将事先制作好的小卡片贴在相应的橱柜上，并教会宁宁认识各个小卡片。然后宁宁妈妈示范根据衣物找到相应的橱柜标示图片进行配对，再将衣物放进对应的橱柜。接下来让宁宁进行练习，每次先将衣物配对橱柜上的图片，然后再分别正确放置。结果发现，宁宁基本上可以自己收纳衣物了，而且可以练习看图片和文字，一举数得。

## 三、案例评析

示范、观察，再练习，进而修正或改善训练的方式在宁宁学习收纳衣物的训练当中是非常有效的。综观对宁宁“收纳衣物”的训练过程发现，家长要善于给特殊儿童机会，把握时机，利用真实的生活情境进行训练，特殊儿童更容易学习，并能将所学用到生活情境中，特别是居家生活技能的训练更需要如此。此外，家长要善于观察和调整自己的指导方法，要根据特殊儿童的不同能力水平调整不同难易程度的训练目标和训练方法，并需要在特殊儿童有良好表现时给予赞扬，让特殊儿童因为有机会帮忙、有机会自己做家事、有机会帮助大人做家事而获得成就感。

# 第四章　社区生活

社区是指人们共同生活的一定区域，也成为占有一定地域的人口集中体，它由五个要素组成，分别是人口、地域、制度、政策和机构。学校、公园、居委会都属于社区，人们的生活和工作都是集中在社区里进行的，社区里的人们通过共同生活、共同劳动而相互熟悉，形成共同的社区意识。社区意识就是人们对所在社区的认同感、归属感和参与感。在小型居住社区里，人们还会形成相互帮助、相互照应的亲密情感联系。特殊儿童社区生活教育是特殊儿童生活技能教育的重要组成部分，其目的在于帮助特殊儿童适应社区生活，回归主流社会。本章主要介绍社区生活概述、社区生活的教育过程、社区生活案例三个方面的内容。

## 第一节　社区生活概述

### 一、社区生活的概念

社区生活是指在社会环境中，对社区环境的认识以及在接触交往中积极行为的建构，对社区资源的利用和在社区中的行为能力。社会生活包括社交技能和使用社区两个方面。社交技能指人在社会环境中与社会接触、交往的正面行为建构，如结交朋友、表达好感、微笑、合作、表现诚实、值得信赖、合理娱乐、对人关心、理解、平等；同时有对负向行为的遏抑、修正，如发脾气、嫉妒、打架、争强、好胜、自私、打岔、逗留过久、过分要求、秽语污言、怀疑一切人、过分犹豫不决等等。使用社区指对社区环境的认识，对社区资源的利用，在社区中的行为能力，如购买常用物品，对社区中商业单位（百货公司、菜场）、公共设施（运动场、电影院、医院、街道、人行道）、行政、治安（政府、公安局等）的运用，相关技能的掌握，合理的表达，如应有的举止、言谈、互助行为等。

### 二、社区生活的内容

#### （一）结交朋友

结交朋友训练包括具有交友的需求愿望、对别人的友好态度能正确应答、能认识朋友、会选择朋友、有恰当的交友方式五个方面。

具有交友的需求愿望训练的具体内容包括：认识交友意义（获得帮助、有伙伴玩起来愉快），产生交友愿望，能体验交友的愉悦等。

对别人的友好态度能正确应答训练的具体内容包括：能分辨他人的友好态度（对你微笑、轻轻拍你、拉你的手），能用言语正确应答，能用姿势、动作、行为正确应答，能用表情正确应答，以后的交往中能主动表示友好等。

能认识朋友训练的具体内容包括：能记住朋友的姓名、能识别朋友的长相、能分辨朋友的声音、能了解朋友的行为特点等。

会选择朋友训练的具体内容包括：能根据是否友善选择朋友，能根据爱好、兴趣选择朋友，能根据互助程度选择朋友，能在同学、伙伴中选择朋友，能在老师、家长指导下选择朋友，能根据道德判断来选择朋友，拒绝不良伙伴等。

有恰当的交友方式训练的具体内容包括：在交友中能互相帮助互相尊重（友善待人），能与朋友分享自己的物件（如玩具、食品等），能主动与朋友接触（如交谈、问候），能向朋友表达感情（关心朋友或喜爱朋友），能做到不打搅对方（在别人做事或休息时），能控制情绪（不乱发脾气）等。

### （二）表达感情

表达感情训练包括了有表达感情的愿望需求、能识别感情、表达感情的方式、能有分寸地表达感情四个方面。

有表达感情的愿望需求训练的具体内容包括：知道表达感情对自己的意义（可以使自己愉快，获得别人的赞扬），愿意向周围人表达感情等。

能识别感情训练的具体内容包括：识别基本感情（喜悦、愤怒、悲哀、恐惧等），识别不同方式的感情表达（语言、动作、表情、行为等）等。

表达感情的方式训练的具体内容包括：有正确的表达感情的行为方式（语言、动作、表情等），能根据情景表达各种感情（如在不同场合、对不同对象、针对不同氛围等）等。

能有分寸地表达感情训练的具体内容包括：能够掌握亲人与外人的情感表达分寸、能根据性别掌握情感表达分寸、能够掌握熟悉人与陌生人的情感表达分寸、能够掌握同龄人与不同年龄人的情感表达分寸、能根据不同场景控制情绪、能接受朋友家人的劝解、能做适当情绪转移等。

### （三）团体适应

团体适应训练包括有进入团体的愿望、能认识团体、能遵守团体规范、能协调与团体成员的关系、团体活动的体验五个方面。

有进入团体的愿望训练的具体内容包括：有进入团体的愿望，能认识参与团体活动的意义，能产生进入团体活动的愿望等。

能认识团体训练的具体内容包括：能认识团体成员，能认识团体规则，能认识团体标志，能认识团体宗旨，能认识团体领导等。

能遵守团体规范训练的具体内容包括：能了解团体规范内容、目的（如团结、友爱、平等、助人等），能主动遵守团体规范，能对能遵守团体规范的行为做出积极反应，能接受团体批评与处罚，能认识自己违反规范的错误行为等。

能协调与团体成员的关系训练的具体内容包括：懂得团体成员关系协调对团体的价值，懂得对团体伙伴要谦让、友爱、互助共享等，接受团体对自己和他人的安排（服从领导），愿接受团体的劝解（发生矛盾时），能与伙伴经常交流（如沟通感想，在一起玩耍、学习、劳动）等。

团体活动的体验训练的具体内容包括：体验团体活动的愉快感（如体验共同分享的愉悦、自我愉悦），能体验团体成员间的互助友爱，能体验团体合作精神，能体验领导与被领导的关系，能体验团体服务社会的宗旨（服务社会的实践），能体验遵守社会规范产生的情感（如因保持电影院清洁受到赞扬）。

### （四）交通能力（或社区移动）

交通能力训练包括了能认识交通工具（依当地具体情况而定）、能识别交通标志、具有交通安全意识、能利用交通工具、能处理交通中的突发事件五个方面。

能认识交通工具（依当地具体情况而定）训练的具体内容包括：认识公共汽车、环城车，认识出租车，认识轨道交通（如地铁、轻轨等），认识电梯（如升降梯、扶梯等），认识火车、飞机、轮船，认识索道、缆车、电瓶车，认识自行车、摩托车、三轮摩托车等。

能识别交通标志训练的具体内容包括：识别斑马线（过街人行道），识别汽车站（招呼站）站牌，识别红绿灯指示，识别过街地道或天桥指示牌，识别路口交通示意牌，识别交通场站（如地铁、汽车站、火车站、机场等）的进口与出口标志，识别铁道指示灯，识别交警与交巡警平台标志等。

具有交通安全意识训练的具体内容包括：能意识到交通安全的重要性，具备交通安全常识（如红灯停、绿灯行，黄灯亮了等一等），养成良好的交通行为习惯（如不在马路上打闹等），认识控制情绪在交通安全中的作用等。

能利用交通工具训练的具体内容包括：认识各种交通工具的功能、用途，会乘坐公共交通工具（如公共汽车、轨道交通工具），会叫出租车，会乘电梯（如升降梯、扶梯），会乘坐火车、飞机、轮船，会利用适当的交通工具到达目的地（如乘车到学校、医院）等。

能处理交通中的突发事件训练的具体内容包括：会处理错乘、漏乘的情况，会处理车坏了（车出故障）的情况，会处理交通事故发生的情况，会处理车票或行车物品遗失的情况，会处理车船上患病、受伤的情况，会处理未到目的地就下车的情况，会处理在车上遇见偷窃的情况等。

### （五）采购能力

采购能力训练包括能做购物前的准备、能选择购物场所、能识别商品、能做购物决断、懂得购物礼仪五个方面。

能做购物前的准备训练的具体内容包括：检查需求情况（确定需购商品），准备钱款，准备搬运工具（口袋、提包、篮子、小车等），购物咨询（咨询购物场所、地点、品种、价格等）等。

能选择购物场所训练的具体内容包括：会根据购物需要正确选择购物场所，选择便民超市（如油、盐、酱、醋、日用品等），选择百货商场，选择服装鞋帽店，选择五金家电商店，选择餐饮店（餐馆、饮料店等），选择菜市场（集市）等。

能识别商品训练的具体内容包括：会利用说明书识别商品的特性，会识别商品用途，会识别商品质量，会识别替代品，能识别假冒伪劣商品等。

能做购物决断的具体内容包括：能按需求程度考虑，能按价格做选择，能按质量做选择（品牌选择），能按商品外观做选择等。

懂得购物礼仪训练的具体内容包括：购物时遵守秩序、购物时能使用礼貌用语等。

### （六）获得服务

获得服务训练包括能了解社区服务项目、能选择获得服务项目、能有礼貌地获得服务三个方面。

能了解社区服务项目训练的具体内容包括：知道到医院就医，会收寄信函、包裹、快递，知道到派出所、公安局、交警大队、治安联防、街道办等地方获取治安户籍等服务，知道学校是传授知识、培养人的地方，知道到少年宫、影院、展览馆、歌舞厅、文化馆、公园等地获取文娱服务，知道从理发店、餐馆等获取生活服务，知道银行存取款等有关金融服务，会使用电信服务（如通过电话联系购物、搬家等服务）、网上购物、获取相关信息，知道从体育场获取体育运动服务，知道政府机构、民政、法院、残联等机构是获得政策、法令、保障、保护的地方等。

能选择获得服务项目训练的具体内容包括：能了解自己面临的服务需求（如想上学、需就医），能了解各服务机构的服务内容，能了解各服务机构的地点和远近，能进行服务咨询（如向邻里、长辈、有关部门和人士咨询），能了解服务机构的作息时间等。

能有礼貌地获得服务训练的具体内容包括：了解获得服务的礼仪（根据不同服务项目，具有不同的服务礼仪），能认识各种服务人员（如医生穿白大褂，交警臂章上有“公安”字样、头戴大檐帽等），能根据情景场合选择礼仪行为（遵守公共秩序、不损坏公物、不乱拿别人东西等）等。

（七）参加社区活动

参加社区活动训练包括有参加社区活动的愿望、能认识社区活动项目、能利用社区活动场所和资源、具有参加社区活动的技能四个方面。

有参加社区活动的愿望训练的具体内容包括：能不排斥社区活动，能了解社区活动和自己的关系，能从社区活动中体验快乐、成功，愿意表现自己的特长，能容纳他人的评价（赞扬和批评），能乐于与人交往并助人等。

能认识社区活动项目训练的具体内容包括：能认识社区节日、群众性庆祝活动，能认识集体（如街道单位团体）文娱活动，能认识社区助人为乐活动（如助孤、助贫等），认识邻里、伙伴间活动（如游戏、比赛等），能认识公园、文化馆、电影院举办的活动，能认识学校举行的各种活动等。

能利用社区活动场所和资源训练的具体内容包括：能利用公共活动设施（如公园、展览馆、文化馆、电影院、歌舞厅、剧场、体育馆），能利用少年儿童活动设施（如青少年活动中心、科技馆、游乐园），能利用街道或社区群众性组织和团体（如居委会、妇联、各种协会），能利用社会慈善机构或福利机构，能利用社区教育机构及其下属组织和团体等。

具有参加社区活动的技能训练的具体内容包括：有选择力所能及的社区活动的能力，有表达自己参与社区活动愿望的能力，有正确扮演活动角色的能力，有遵守活动规则的能力，有同他人有效配合的能力，有基本的活动技能（唱、跳、运动、交谈、劳动技能等）等。

（八）遵守社区活动规范

遵守社区活动规范训练包括了解社区活动规范的内容、能遵守社区中的人际交往规范两个方面。

了解社区活动规范的内容训练的具体内容包括：了解公共活动场所管理规章制度，了解基本行为规范（守纪律、守秩序、避免违法行为等），遵守社会公德，能听从有关管理人员的指挥，能对社区活动行为进行评价，对违反社区活动规范行为能进行制止等。

能遵守社区中的人际交往规范训练的具体内容包括：能尊重他人，能平等相待，能礼貌谦让（不随地吐痰、不乱扔纸屑果皮、不强行霸占），能对他人表示友善并对他人友善行为做出反应，在人际交往中根据规范注意调控自己的行为和情绪（不乱发脾气、不大喊大叫）等。

## 三、社区生活的作用

### （一）社区生活教育有利于特殊儿童逐步走向成熟

社区生活是特殊儿童逐步走向成熟的标志。社区生活是特殊儿童成长发展的基本形式和趋势。特殊儿童的成长发展是一个社会化的过程。特殊儿童从出生到成人的不同年龄段，伴随着变化的生活与变化的社会环境，他们由家庭、学校到社会，自我角色由子女、学生到员工或丈夫、妻子、父母，多角色重叠转换，人际交往有父母、家人、邻里、老师、同学、上下级等各类社会成员角色。在应对处理错综复杂的人、事、物关系中，特殊儿童会遭遇障碍、冲突、挫折，经学习、吸纳、调整，获得理解、支持、成功，不断进取，完成社会化过程。

### （二）社区生活教育有利于特殊儿童回归主流

康复的最终目标是帮助这些特殊儿童长大成人后，能够参与正常的社会生活。为了达到这一目标，必须从小为这些特殊儿童提供人际相处、基本交往和使用社区各种服务设施和参与社区生活的机会，帮助他们逐步从家庭生活圈进入社会生活圈，培养他们社会生活的能力。

### （三）社区生活教育有利于提高特殊儿童的生活质量

特殊儿童通过训练掌握一定的社交技能，有利于他们更好地参与社会活动，利用社区中的各种资源，与周围人和谐相处。特殊儿童掌握了社交技能可以更好地融入社会，这有助于扩大他们的生活范围，结交更多的朋友，遇到问题能够更快速有效地解决，提高他们的生活质量。

## 第二节　社区生活的教育过程

### 一、社区生活教育的评估

（一）社区生活教育评估的内容

根据社会生活教育的长短期目标进行评估。评估的长期目标为结交朋友、表达感情、团体适应、交通能力、采购能力、获得服务、参加社区活动、遵守社区活动规范八个方面。每个长期目标由若干个短期目标构成。

结交朋友的短期目标包括：具有交友的需求愿望、对别人的友好态度能正确应答、能认识朋友、会选择朋友、有恰当的交友方式。

表达感情的短期目标包括：有表达感情的愿望需求，能识别感情、表达感情的方式，能有分寸地表达感情。

团体适应的短期目标包括：有进入团体的愿望、能认识团体、能遵守团体规范、能协调与团体成员关系、团体活动的体验。

交通能力的短期目标包括：能认识交通工具、能识别交通标志、具有交通安全意识、能利用交通工具、能处理交通中的突发事件。

采购能力的短期目标包括：能做购物前的准备、能选择购物场所、识别商品、能做购物决断、懂得购物礼仪。

获得服务的短期目标包括：能了解社区服务项目、能选择获得服务项目、能有礼貌地获得服务。

参加社区活动的短期目标包括：有参加社区活动的愿望、能认识社区活动项目、能利用社区活动场所和资源和具有参加社区活动的技能。

遵守社区活动规范的短期目标包括：了解社区活动规范的内容、能遵守社区中的人际交往规范。

（二）社区生活教育的评估标准

对每个短期目标的评估分为四个等级："尚未开始发展，无法适应环境的需要""仅发展些微能力，需要特别协助，才能适应环境的需要""已发展较多能力，只需部分协助，便能适应环境的需要""已发展出适应环境需要的能力"，按掌握程度从差到好分别得 0—3 分。比如对第 1 个长期目标"结交朋友"中的短期目标"交友的需求愿望”所采用的评估标准如下：

0. 完全没有交友的需求愿望

1. 在别人的提示下有交友的需求愿望

2. 偶尔有交友的需求愿望

3. 能主动、经常表达交友的需求愿望

（三）社区生活教育的评估方法

1. 课程本位评估法

运用本书附录特殊儿童生活课程中有关社区生活的课程评量。对照各个短期目标的评估标准，按照“尚未开始发展”“仅发展些微能力”“已发展较多能力”“已发展出适应环境需要的能力”四个等级对特殊儿童各领域的能力水平进行打分，标注在“特殊儿童生活技能训练课程目标评估体系”表格相应位置。计算出各个短期目标的总分，在“特殊儿童生活教育侧面图”中的相应位置完成发展曲线，以便为教育训练做参考（见附录 1、附录 2、附录 4）。

2. 观察法

家长和教师要对儿童日常的生活进行观察，了解特殊儿童社交技能和使用社区的能力，了解其弱势，找到社区生活教育的最近发展区。

3. 实作评估法

通过特殊儿童具体操作来做评估的方法，在社区生活中，很多内容都可以通过在真实情景中进行具体操作完成评估。

## 二、社区生活教育的要点

在社会生活教育训练中，应尽量教给特殊儿童最有用、最有效、最能促进社会生活能力形成的、具功能性的东西，避免浪费特殊儿童宝贵的学习时间和空间。同时下面介绍的是社会生活教育最基本的方法，具体的社会生活训练技巧，还需结合特殊儿童需求，对应教学目标，灵活选择教学方法。

（一）在真实的社区生活环境中进行生活技能的训练

利用社会生活中自然、常态环境，创造适合特殊儿童需要的社会生活环境，增进学生对社会生活问题、现实问题的学习。

特殊儿童学习使用社区的环境应是他现在或者将来每天要生活和学习的社区环境。因此，特殊儿童使用社区是从日常生活开始训练的，我们应根据儿童的年龄和能力来选择儿童主要学习的场所。每天通过日常社区生活中的每个细节来进行训练，特殊儿童可以在家长和教师的带领下参与社区活动，特殊儿童生活的社区环境主要有公园、广场、电影院等。在天气好的时候，家长或教师可带领特殊儿童外出逛街购物、到公园游玩、看电影等。外出的时候，教导儿童交通安全、行为举止等知识。外出要有目的，不能闲逛，要认路，会在需要的时候向值得信赖的人求助。

### （二）开展主题教学

学校课堂教学，只能为儿童形成适应能力提供某些能力、方法等方面的密集性训练，而真实情景的实践参与才是适应能力形成的必经途径。学校与住家周边有许多商铺，有大型的超市、广场等。特殊儿童日常社会生活接触比较多的商铺有文具店、超市、面包店等。如去文具店买文件袋、铅笔、计算器等，去超市买日用品、牛奶、袋装食品等，去面包店买蛋糕、面包、点心等。

教师和家长可以充分地利用这些资源，确定教学主题，通过主题分析，生成目标，对主题个别化教学目标进行分析，明确实施教学所需的情景支持、人力支持，以及各类人员在不同情景中的支持范围和支持强度。例如“买菜”主题，根据对主题个别化教学目标的分析，确定了教学实施情景有学校课堂、儿童生活的家庭、社区菜市，教学参与人员包括教师、家长、菜市摊主。学校教师负责给儿童提供交往语言、钱币认识、菜的辨别、买菜流程的教育支持以及协助家长为儿童构建自然支持，为家长、社区菜市摊主提供指导内容及方法的支持；家庭负责提供配合学校相关目标的个别巩固训练及带儿童到菜市实践，帮助儿童构建自然支持；而菜市摊主则需提供配合学校采集教学资源和给全体儿童提供计算价钱、给儿童提供“挑选适量菜”“辨别菜的好坏”“依纸条买菜”等内容的自然支持。以社会生活适应为主题，还需要学校各课程相互配合，教师团队通力合作，形成教育合力，分工合作实施教育目标。再如“买菜”主题在教学实施时，它整合了生活语文、生活数学、生活适应、社区实践等课程，生活语文课对儿童进行买菜的沟通训练，生活数学课进行钱币的认识、管理教育，生活适应课进行分辨蔬菜的好坏的教学，社区实践课进行真实情景中的实践指导教学。

### （三）通过角色扮演进行社区生活训练

通过角色扮演、游戏、音乐等来训练特殊儿童的模仿能力。例如角色扮演医生、病人，让他们穿上白大褂，挂上听诊器为“病人”看病。角色扮演既活跃了特殊儿童身心，又使其学会了与人相处的方式。还可以通过一些简单儿歌，配合一些简单动作让他们模仿练习，如举右手、举左手、拍拍手。三个动作，三句话，很简单。开始时一边唱读，一边做动作，他们可能跟不上，教师可做动作提示。还可以让儿童上讲台，模仿老师上课，争当小老师，让儿童体验不同的角色。教师还可以教儿童观察和跟随同学进行社交活动，做好示范，让他们模仿及掌握适当的社交技巧。

（四）通过团体游戏进行社区生活训练

特殊儿童家长对孩子娇生惯养，包办得过多，容易形成以自我为中心，有什么好吃的、好玩的东西，自己首先占有、不顾他人，长此以往形成习惯，长大了就会积习难改。因此，应该训练特殊儿童从小学会等待、忍让。要特殊儿童从小学会轮流等候，可以通过小组游戏来训练。例如穿山洞，几人一组坐成一排（或站成一排），排头的一位先玩，玩完后站在原来位置上，再轮到第二位玩，如果守规则，就可以继续玩，如不守规则就不让他玩。参加其他活动也一样，从日常的每个细节着眼，来训练他们学会轮候。或者让特殊儿童走独木桥，独木桥的宽度每次只能通过一个人。平时家长带特殊儿童外出活动，也要守秩序，不争先恐后，如排队玩公共设施、排队乘坐公共交通工具。通过从小教育，言传身教，使特殊儿童逐渐形成良好的行为，这样别人也容易接纳他们，从而有助于其学习与人相处、与人合作，交到朋友。

（五）开展个别化训练

为有效提高特殊儿童的社交技能，有时也需要做一些个别训练。例如训练特殊儿童听指令完成某项工作的能力。教师说：“×××，请你把椅子搬过来。”如果特殊儿童听不明白什么是椅子，就要提示他，或请他人带动他搬椅子到指定位置，让他明白“搬椅子”这句话跟搬椅子这个动作是相一致的，经过多次这样的练习，渐渐减少提示的内容和提示的频率，以达到当他一听见这个指令就能独立完成该项工作的目标。当特殊儿童具备基本的听指令完成工作的能力时，教师和家长可尝试叫特殊儿童完成需多步骤才能完成的技能，以训练特殊儿童多种综合能力。如：“×××，请你见到老师点头说声‘老师好’。”那么就要让特殊儿童明白“老师”指的是谁，“见到老师”是什么意思，他会不会点头，他会不会说“老师好”，什么时候该说“老师好”。这些都需要提示，如果叫他三次都未听明白指令，也未有所行动的话，就要让其他人示范；如他不会，就让他跟着模仿，边点头边说“老师好”；之后可多设置情景让他练习。如果他能完成，就给予鼓励。以后提示可以渐渐减少，直到他见到教师就能向教师点头说“老师好”。

（六）善用强化

有效地利用强化，可培养儿童的良好行为。例如专注力训练中，开始训练安坐时，通常先用儿童感兴趣的、颜色鲜艳、有趣的玩具，或有声玩具，吸引他们坐下来，并与他们一起玩。不能让儿童坐着什么事情都不干，让他有事情做，把他的注意力吸引到活动中来，儿童在不知不觉中就能坐一段时间了。例如可以通过玩乘车游戏、串彩珠（由大至小，由用硬绳串到用软绳串）和拾豆入瓶等项目训练安坐。当特殊儿童稍能坐下并停留短暂的时间，教师马上要赞扬他，并让他知道赞扬的原因，例如，“你能坐下来串珠真乖，老师很喜欢你”，并一边说一边抚摸他头部，或奖励他喜欢的食物。教师还可以让特殊儿童做“木偶人”游戏，嘴上还可以念儿歌，“我们都是木偶人，不能说话不能动”，看哪个儿童保持木偶人不动的姿势最久就算赢，最先动的儿童要表演一个节目来表示惩罚或让赢了的儿童来学当小老师主持游戏。又如在课堂上，有的儿童坐得好，有的坐得不好，教师可以表扬坐得好的儿童，如“大家看，×××小朋友坐得多好啊，老师奖励他一个小五星”“老师喜欢上课坐得好的同学”等，用多样化的方法时刻提醒儿童坐好。那么，儿童会渐渐延长坐的时间，未坐好的就会效仿坐好的儿童。当他们都坐好后，教师马上赞扬。

## 三、社区生活教育的相关服务

建立以个案支持为主的支持系统：从个案的父母家人开始，逐步扩展到邻居、伙伴、同事、朋友和附近社区居民，形成自然支持系统，协助儿童实现常态的社区生活。特殊儿童各种能力的缺损，使他们在社会生活诸多方面想参与却不能参与。例如“买菜”，在对家长、菜市摊主做主题教学调查时，他们都提出了同一个问题：特殊儿童连账都不会算，如何买菜？因此，在特殊儿童社会生活实践参与的同时，教师或家长还应进行环境建设以适应特殊儿童成长需要。通过调整环境，让环境为特殊儿童提供支持，最大限度地挖掘家庭支持力量和社区支持力量，以促成特殊儿童社会生活适应能力的形成。再以“买菜”为例，学校的买菜沟通训练等是对特殊儿童潜能的开发，给特殊儿童的家长、社区菜市摊主提供支持，让他们明白在这一主题教学中他们怎么样给特殊儿童提供支持，帮助特殊儿童达成“会买菜”的目标是对环境的调整和环境支持的开发。特殊儿童在教师、家长、社区人员的共同支持下，适应社会生活的能力将逐步提高。

此外，还可以营建关于残疾人的积极、科学的社区文化；制定落实残疾人权利的政策措施，从而使人们视各类儿童在一起学习、生活为常态，融合场景处处可见。

# 第三节　社区生活案例

## 一、案例情况

本班级共有7名特殊儿童，其中3名女生，4名男生，均为智障儿童，年龄在13—16岁之间，包括唐××、李××、胡××、黄××、刘××、聂××、叶××，这7名儿童的生活自理能力均较好，有基本的语言沟通能力。其中，叶××在社区生活方面的能力相对较差，其他6名儿童社区生活能力相当，没有显著的差异。

## 二、活动设计

教育活动的名称：买菜。

教育活动的目的：会买菜

本主题来自特殊儿童个别化教育计划社会生活的相关目标。结合本社区菜市特点及本地买菜的习惯，对“买菜”做如下任务分析（如表4-1）：

**表4-1　“买菜”任务分析**

| 主　题 | 任务分析 |
| --- | --- |
| 买菜 | 1. 能记住要买的菜的名称<br>2. 会保管钱物<br>3. 能找到菜市<br>4. 会区分菜市各区域<br>5. 能找到自己要买的菜<br>6. 会问菜的价钱<br>7. 能说清自己买多少（或自己挑选适量的菜）<br>8. 会辨别菜的好坏<br>9. 会算账、付钱<br>10. 能收好余钱，并回家交给家人 |

以上任务分析结果是社区买菜这一环境对特殊儿童的能力要求，环境要求与特殊儿童能力现状配对评量结果如下（如表4-2）：

**表 4-2 特殊儿童能力现状记录表**

| 环境要求 | 特殊儿童能力现状 | | | | | | |
|---|---|---|---|---|---|---|---|
| | 唐 | 李 | 胡 | 黄 | 刘 | 聂 | 叶 |
| 1. 能记住要买的菜的名称 | √ | √ | √ | √ | √ | √ | □ |
| 2. 会保管钱物 | √ | √ | √ | √ | √ | √ | √ |
| 3. 能找到菜市 | √ | √ | √ | √ | √ | √ | √ |
| 4. 会区分菜市各区域 | √ | √ | √ | √ | √ | √ | √ |
| 5. 能找到自己要买的菜 | √ | √ | √ | √ | √ | √ | □ |
| 6. 会问菜的价钱 | ○ | ○ | ○ | ○ | ○ | ○ | ○ |
| 7. 能说清自己买多少(或自己挑选适量的菜) | ○ | ○ | ○ | ○ | ○ | ○ | ○ |
| 8. 会辨别菜的好坏 | ○ | ○ | ○ | ○ | ○ | ○ | ○ |
| 9. 会算账、付钱 | □ | □ | □ | □ | □ | □ | □ |
| 10. 能收好余钱,并回家交给家人 | ○ | ○ | ○ | ○ | ○ | ○ | ○ |

注:已具备适应环境的能力为√,只需给予适当支持就能发展出适应环境的能力为○,尚不具备适应环境能力为□。

从以上环境要求与特殊儿童能力现状的配对评量中可看出,环境要求 1、3、4、5 已与特殊儿童现有能力匹配,只是叶在“能记住要买的菜的名称”和“能找到自己要买的菜”一项上还需支持。而 7 名学生在 2、6、7、8、9、10 项,能力配对不匹配。因此,把本主题环境要求的 2、6、7、8、9、10 项确定为教学目标。

现对 2、6、7、8、9、10 项目标做进一步分析,见表 4-3:

**表 4-3 特殊儿童能力评量记录表**

| 环境要求 | 特殊儿童能力评量 | | | | | | |
|---|---|---|---|---|---|---|---|
| | 唐 | 李 | 胡 | 黄 | 刘 | 聂 | 叶 |
| 1. 会问菜的价钱<br>说句子:叔叔(阿姨),××菜多少钱一斤?(××菜多少钱一把?) | ○ | ○ | ○ | ○ | ○ | ○ | ○ |

续表

| 环境要求 | 特殊儿童能力评量 | | | | | | |
|---|---|---|---|---|---|---|---|
| | 唐 | 李 | 胡 | 黄 | 刘 | 聂 | 叶 |
| 2. 能说清自己买多少(或挑选适量菜) | ○ | ○ | ○ | ○ | ○ | ○ | ○ |
| 2.1　说句子:我称一点,我买一把 | ○ | ○ | ○ | ○ | ○ | ○ | ○ |
| 2.2　会挑选适量的菜 | ○ | ○ | □ | □ | □ | □ | □ |
| 3. 会辨别菜的好坏 | ○ | ○ | □ | □ | ○ | □ | □ |
| 3.1　会辨别大小 | √ | √ | √ | √ | √ | √ | √ |
| 3.2　会辨别外形的好坏 | √ | ○ | ○ | □ | ○ | □ | □ |
| 3.3　会辨别烂的、好的 | ○ | ○ | ○ | □ | ○ | □ | □ |
| 3.4　会辨别是否新鲜 | ○ | ○ | □ | □ | ○ | □ | □ |
| 4. 会算账付钱 | □ | □ | □ | □ | □ | □ | □ |
| 4.1　会识认钱(5角、1元、5元、10元) | √ | ○ | ○ | ○ | ○ | ○ | □ |
| 4.2　会计算价钱 | □ | □ | □ | □ | □ | □ | □ |
| 5. 收好余钱,回家交还家人 | ○ | ○ | ○ | ○ | ○ | ○ | ○ |

通过对目标进一步分析后与特殊儿童能力配对评估可发现:特殊儿童在买菜时交往语言上需教师给予适当支持后就能进行买菜沟通,“收好余钱,回家交还家人”需教师提供适当支持。在“辨别菜的好坏”方面,唐、李、刘需教师提供适度支持,而胡、黄、聂、叶需提供全支持。在算账付钱方面,认识钱,唐不需提供支持,而李、胡、黄、刘、聂需适量支持,叶需全支持,计算价钱上7名特殊儿童均需全支持。

综上分析,可看出特殊儿童在买菜上所需的支持强度与支持范围。把需提供适度支持的项目(评估为○)作为家校合作教学目标,把需提供完全支持的项目(评估为□)作为社区菜市摊主提供自然支持的内容。

根据上述分析,本主题教学目标、支持情景、支持策略如表4-4:

**表 4－4 教学目标与教学支持的拟定**

<table>
<tr><th>教学主题</th><th colspan="2">教　学　目　标</th><th>支持者</th><th>实施情景</th><th>支持策略</th></tr>
<tr><td rowspan="3">买菜</td><td>情感态度目标</td><td>知道承担家庭责任、主动参与社区活动。</td><td rowspan="2">教师、家长、摊主</td><td rowspan="2">生活语文课、生活数学课、社区实践课</td><td rowspan="2">1. 教师提供语言训练、钱币的认识指导<br>2. 教师、家长提供实践指导<br>3. 家长提供日常买菜的实践机会</td></tr>
<tr><td>知识技能目标</td><td>1. 会与摊主进行买菜沟通（全体），说清句子：叔叔（阿姨），××菜多少钱一斤？（××菜多少钱一把？）我买一把，我称一点<br>2. 会辨别菜的好坏（唐、李、刘），会辨别四季豆、土豆的好坏（叶、胡、聂、叶）<br>3. 进一步熟悉对 10 元内钱的认识（唐、李、胡、黄、刘、聂），区分 5 角、1 元（叶）</td></tr>
<tr><td>自然支持目标</td><td>1. 挑选适量菜（胡、黄、刘、聂、叶）<br>2. 辨别菜的好坏（刘、聂、叶）<br>3. 计算价钱（全体）<br>4. 能在固定摊位依纸条买菜（叶）</td><td>摊主、教师、家长</td><td>社区菜市</td><td>1. 教师、家长经常带儿童到菜市熟悉菜市环境，促进儿童与环境中的人、事、物的相互了解<br>2. 摊主提供自然支持<br>3. 每次买菜家长给“叶”写上纸条（买什么菜，买多少）</td></tr>
</table>

本次社会生活课“买菜”由学校、家庭、社区三位一体共同参与并实施教学。在学校、家庭、社区的合作教学中各自的侧重不同。学校教师负责给学生提供交往语言、钱币认识、菜的辨别、买菜流程的教育支持以及协助构建自然支持，为家长、社区菜市摊主提供指导内容及方法的支持。家庭负责提供配合学校相关目标的个别巩固训练及带特殊儿童到菜市实践，帮助构建自然支持，而社区则提供配合学校采集教学资源的支持和给特殊儿童提供自然支持。

教育活动过程：

本主题教学实施分三阶段，整体感知阶段→分化学习阶段→综合实践阶段。

○ 整体感知阶段（社会生活，1 课时）

教学内容:明确学习主题,了解买菜流程。

○ 分化学习阶段(3 课时)

第一课时社会生活,教学内容:辨别菜的好坏。

第二课时生活语文,教学内容:学习买菜时的沟通语言。

第三课时生活数学,教学内容:10 元以内钱币的认识。

○ 社会生活综合实践阶段(分别安排两次社区菜市实践买菜,每次 3 课时)

第一次教学重点:特殊儿童实践买菜,教师提供个别辅导,帮助建立自然支持。

第二次教学重点:特殊儿童独立买菜,社区菜市摊主给需要支持的特殊儿童提供自然支持。

课时教学设计举例:

课例一:整体感知阶段(社会生活)

教学内容:明确本单元主题,了解买菜流程。

实施情景:社会生活(菜市场买菜)。

教学资源:叶家长买菜过程录像片断。问价、选菜、称重、付钱的实景图片。

教学流程:

**(一) 观看录像,激趣导课**

1. 播放叶的爸爸买菜的录像片断。

2. 师引导观察,并提问回答:你们看到谁? 他在干什么?

3. 引出主题:买菜。

4. 你们想帮家里买菜吗? 该怎样买菜呢?

(用儿童熟悉的人物、环境引入,儿童很快就会进入兴奋状态,激起学习的欲望。同时儿童初步感知买菜流程)

**(二) 看图片、说句子,了解买菜流程**

1. 师逐一出示"问价、选菜、称重、付钱"的图片,引导儿童观察:图片上有谁,在干什么?

(此过程中依儿童个体语言发展现状,分别引导说句子、说相关词语)

2. 看图片:引导儿童依顺序说买菜流程。

**(三) 总结评价**

1. 请每位儿童说买菜流程,师生共同评价。

唐、李、刘需在少量提示下,用句子叙述。

聂、黄、胡、叶在引述下，用关键词叙述。

2. 总结学习效果，鼓励儿童回家说给父母听。

课例二：统整实践（第一次社会生活实践）

实践内容：

1. 正确运用沟通语言与摊主沟通。

2. 在实景中保管钱物的训练。

支持范围：

1. 摊主协助教师在情景中进行语言训练。

2. 教师为儿童开发自然支持（告诉摊主哪几位儿童需支持，支持的内容是什么，怎样支持）。

教学准备：

社会生活实践课前一天教师在家校联系本上写上实践时间、内容，需给儿童准备多少钱，以及请家长告诉儿童要让他为家里买什么菜，并请家长把菜名写在联系本上。

教学实践过程：

1. 齐说实践主题。

2. 每个儿童向全体同学、教师汇报要买什么菜，带了多少钱，钱放在哪儿的，教师边听边对照家校联系本家长反馈的信息检查儿童说的是否正确，对说不清楚、说错了的个别教说。

3. 出发前教师提醒保管好钱，提醒路上安全、文明事项。

4. 菜市实践买菜：

7名儿童分两组，一名教师带3—4人，分别指导儿童买菜。

(1) 自己找到要买的菜。

(2) 与摊主进行买菜沟通。

(3) 自己选菜。

(4) 付钱后收好剩余的钱。

(5) 自己提好所买的菜。

在这一过程中，教师根据儿童不同情况，在不同环节重点指导，并请摊主提供支持，配合训练。

（带特殊儿童到菜市实践买菜应错过菜市买菜高峰时段，以免教学干扰摊主做

生意）

5. 回校总结。

(1) 儿童汇报自己买的什么菜，余钱放在哪儿的。

(2) 教师对儿童的表现进行鼓励，并提醒儿童在放学路上不玩钱，回家把余钱交还父母，路上不玩菜。

(3) 教师把今天实践情况以及儿童余钱数写到家校联系本上，请家长在家检查，并提醒家长带儿童再次实践买菜。

## 三、案例评析

### (一) 评量分析，准确把握儿童的学习需求

本案例通过逐层递进的评量分析，准确把握儿童在学习中的学习起点，为学习主题教学目标的拟定、教学资源的准备、教学方法的选用、教学过程的组织、个体学习过程中所需支持范围和支持内容的确定提供了依据。

### (二) 教学实施直接利用儿童自己的生活

在主题实施中直接利用儿童熟悉的环境中的人、事、物以及个体与环境的互动的素材来实施教学，激发儿童参与的积极性、主动性。

### (三) 学校、家庭、社区三位一体共同参与并实施教学

在学校、家庭、社区的合作教学中各自的侧重不同。学校教师负责给儿童提供交往语言、钱币认识、菜的辨别、买菜流程的教育支持以及协助构建自然支持，为家长、社区菜市摊主提供指导内容及方法的支持。家庭负责提供配合学校相关目标的个别巩固训练及带儿童到菜市实践，帮助构建自然支持，而社区则提供配合学校采集教学资源的支持和给特殊儿童提供自然支持。

# 第五章　健康安全

健康与安全是一切教学活动的前提条件与保障，对特殊儿童的成长同样重要，应当引起家长和教育工作者的重视。本章主要讲述学校和家庭教育中常见的健康安全教育的内容和培养特殊儿童健康安全意识的方法。特殊儿童的健康安全教育要以实现特殊儿童的身心健康安全为目标，提高特殊儿童对健康的认识水平，帮助儿童逐步形成有益于健康的行为和习惯，提高自我保健和自我保护的意识和能力，促进身心和谐健康发展，帮助儿童逐渐地学会以健康的方式来生活。

## 第一节　健康安全概述

### 一、健康安全的概念

健康安全是指维持自己良好的状态，是安身立命的根本，比如饮食、疾病、预防治疗、急救常识、性知识、安全常识（遵规守法、与陌生人交往、求助）、健康检查、日常生活习惯、自我保护、紧急情况应对等。

### 二、健康安全的内容

#### （一）生活健康卫生教育

生活健康卫生教育主要目的是帮助特殊儿童获得日常生活必需的、基本的生活和卫生知识，培养特殊儿童良好的生活习惯、卫生习惯和初步的生活自理能力，逐步提高特殊儿童自我保健意识和能力，让特殊儿童逐步学习健康的生活方式。如：疾病防治；个人卫生习惯的培养；基本生活能力的培养；健康生活方式的教育；保持环境整洁教育及预防保健教育等。督促儿童勤洗手、多喝开水、吃熟食、勤剪指甲、勤换衣服等。要求班级开展卫生方面的主题活动，让特殊儿童树立起自我保护意识，掌握简单的卫生生活常识。在健康方面，对于特殊儿童来说，科学合理的营养很重要。在饮食方面要加强营养，让特殊儿童多吃蔬菜、水果。保证摄入的膳食纤维的数量充足、种类齐全，要包含各种营养物质，如葡萄糖、蛋白质、维生素和矿物质以及水等。按时进餐不仅是身体生长发育的必要条件，也是锻炼和提高生活自理能力的重要途径。

家长和教师要加强日常保育工作，开展丰富多彩的户外活动，增强特殊儿童体质，但尽量避免带儿童到人多的地方去。鼓励特殊儿童讲究个人卫生，做好个人疾病防护。根据气候变化，随时注意为儿童增减衣服，传染病流行期间，尽量少去人群集中的公共场所，室内勤通风。作为家长，要为儿童做好相应的预防接种。学校的教师应做到早发现、早治疗、早报告，定期给儿童体检，做好儿童保健检查工作，按时给儿童接种疫苗，要保证特殊儿童每天有充足的睡眠和休息。

由于特殊儿童对外界环境的适应比较困难，不要频繁地变换特殊儿童的生活和学习环境，以免对特殊儿童造成生理和心理的不适。

#### （二）身体锻炼

体育锻炼对特殊儿童具有特别的意义，特殊儿童每天坚持 1—1.5 小时的适合自身特点的锻炼，不仅能增强他们的体魄，还能培养他们顽强的意志力。因此，学校要重视早操、课间操和大课间活动。利用体育器械进行户外身体锻炼，可以激发特殊儿童参加体育活动的兴趣，培养特殊儿童积极锻炼身体的良好习惯，全面协调地发展特殊儿童的体能，增强特殊儿童体质，提高特殊儿童适应自然的能力；同时还可以通过体育活动让特殊儿童了解基本的体育卫生知识，培养特殊儿童勇敢、勇于克服困难等良好的心理品质。

#### （三）心理健康教育

特殊儿童和普通儿童一样可能会产生心理方面的问题。因此，要特别关注特殊儿童心理健康教育。培养特殊儿童良好的心理品质，增强特殊儿童自身的心理承受能力，提高特殊儿童对社会生活的适应能力。心理健康教育包括：情绪情感的教育、良好个性的培养、社会适应能力的培养、性教育等几方面。

#### （四）安全教育

安全教育主要是帮助特殊儿童获得和掌握日常生活中最基本的安全知识和技能，让儿童逐步懂得爱护自己和他人，不断增强儿童的自我保护意识和能力，如居家生活中的安全教育、交通安全的教育、灾害避险的教育、自救自护的教育等。

### 三、健康安全的作用

#### （一）健康与安全关系到每个特殊儿童的成长

儿童时期是人一生中成长最迅速、最基础的时期，让特殊儿童有一个幸福、快乐、健康、安全的人生是所有家长和教师的美好愿望，儿童期的健康发展是儿童今后发展的根本。但由于特殊儿童年龄小、生活经验贫乏、自我保护意识弱、自我保护能力有限，缺乏基本的防范意识，儿童期也是人一生中最容易出现事故和危险的时期，所以对特殊儿童进行安全教育是非常必要的。应把保护特殊儿童的生命和促进特殊儿童的健康放在工作的首位，树立正确的安全健康观念。在重视特殊儿童身体健康的同时，要高度重视特殊儿童的心理健康。对特殊儿童进行健康教育，对其一生有重要的影响。

（二）健康与安全关系到特殊儿童的身心健康

健康不仅是生理健康，而且是个体在身体上、心理上和社会适应方面的健全状态。健康既是特殊儿童身心和谐发展的结果，也为特殊儿童身心充分发展提供保障。增强特殊儿童的健康不仅能提高特殊儿童儿童期的生活品质，而且有益于多种疾病的早期预防。健康是特殊儿童的幸福之源，如果没有健康，特殊儿童就不可能参加各种学习、游戏，甚至无法正常生活。

## 第二节　健康安全的教育过程

### 一、健康安全教育的评估

（一）健康安全教育的评估内容

根据安全健康教育训练的长短期目标进行评估。评估的长期目标为饮食卫生、疾病防治、性知识、安全四个方面，每个长期目标由若干个短期目标构成。

饮食卫生的短期目标包括：饮食卫生基本知识、饮食卫生习惯。

疾病防治的短期目标包括：疾病感觉、分辨、表达，常见疾病简单知识，常见急救常识。

性知识的短期目标包括：了解男女性别特征、了解青春期知识、具有性道德常识。

安全的短期目标包括：安全意识、安全基本知识。

（二）健康安全教育的评估标准

对照各个短期目标的评估标准，按照“尚未开始发展”“仅发展些微能力”“已发展较多能力”“已发展出适应环境需要的能力”四个等级对特殊儿童各领域的能力水平进行打分，按掌握程度从差到好分别得 0、1、2、3 分四个等级，标注在“特殊儿童生活课程目标评估体系”表格相应位置。最后计算出各个短期目标的总分，在“特殊儿童生活教育侧面图”中的相应位置完成发展曲线，以便为教育训练做参考。各短期目标的具体评估标准见附录3“特殊儿童生活教育评估标准”第4领域。

例如：

4. 健康安全

4.1　饮食卫生

4.1.1　饮食卫生基本知识

0. 不懂饮食卫生

1. 经较多协助可注意自己的饮食卫生

2. 经口头提示可注意自己的饮食卫生

3. 能随时注意自己的饮食卫生

4.1.2　饮食卫生习惯

0. 没有好习惯

1. 经较多协助可注意自己的饮食卫生

2. 经口头提示可注意饮食卫生

3. 有良好的饮食卫生习惯

4.2　疾病防治

4.2.1　疾病感觉、分辨、表达

0. 对疾病没有感觉

1. 能知道自己生病(可感觉)

2. 能说出自己生病的感觉

3. 能感觉、分辨、表达自己生病

4.2.2　常见疾病简单知识

0. 完全不知道有什么疾病

1. 能说出常见疾病1种

2. 能说出常见疾病2种

3. 能说出常见疾病3种以上

4.2.3　常见急救常识

0. 完全不知急救常识

1. 能举出1种急救方法

2. 能举出 2 种急救方法

3. 能举出 3 种及 3 种以上的急救方法

4.2.4　预防

0. 完全不知道预防疾病的措施

1. 能举出预防疾病的措施 1 种

2. 能举出预防疾病的措施 2 种

3. 能举出预防疾病的措施 3 种或 3 种以上

4.3　性知识

4.3.1　了解男女性别特征

0. 完全不能区分男女生

1. 能举出男女性别特征 1 种

2. 能举出男女性别特征 2 种

3. 能举出男女性别特征 3 种

4.3.2　了解青春期知识

0. 不了解任何青春期知识

1. 能举出 1 种青春期知识(如知道 1 种卫生习惯)

2. 能举出 2 种青春期知识

3. 知道 3 种以及 3 种以上的青春期知识

4.3.3　具有性道德常识

0. 没有隐私的观念

1. 有些微隐私的观念

2. 能保护自己的性隐私

3. 能自尊、自重、自爱

4.4　安全

4.4.1　安全意识

0. 没有一点安全意识

1. 知道部分危险会对自己造成伤害

2. 能说出并回避危险

3. 能保护自己和别人的安全

4.4.2　安全基本知识

0. 没有安全知识

1. 能举出 1 条安全常识

2. 能举出 2 条安全常识

3. 能举出 3 条及 3 条以上安全常识

（三）健康安全教育的评估方法

1. 测验法

(1) 普通儿童健康安全量表。

按照发展性课程的观点，特殊儿童拥有和普通儿童一样的生长发育规律，其成长发育和普通儿童具有相同的轨迹。因此我们可以用普通儿童发育量表来测评特殊儿童生理和心理的发育情况和健康情况。

(2) 特殊儿童生活教育量表。

特殊儿童的健康安全有其特殊性，除了用普通儿童通用的量表外，还可以运用专门为特殊儿童编制的健康安全量表。例如本书附录"特殊儿童生活教育课程"中有关安全健康的课程评量。

2. 观察法

家长和教师要对儿童日常的生活进行密切观察，及早发现儿童健康方面的问题，及早发现生活中的安全隐患，做到早发现、早治疗，早发现、早排除。家长和教师可以从儿童的一些生理反应敏感地察觉到儿童健康方面的问题。例如，儿童最近不思饮食，大便呈白色、水样，家长和教师就应该注意观察儿童是否胃肠道方面出现了问题。在家庭和学校环境中，家长和教师要观察哪些儿童没有安全意识，哪些地方是儿童容易磕绊到的地方，那么家长和教师就应该要特别注意这些儿童的安全问题，并将这些有安全隐患的地方做出合理的改造，防患于未然。家长和教师平时要多和儿童谈心，了解他们内心动向，及时开导，要特别观察儿童心理上的微妙变化，特别是处于青春期的儿童。

## 二、健康安全教育的要点

对特殊儿童进行健康教育，首先是健康安全知识的传授，要让特殊儿童知道健康安全的基本常识，怎样做才能健康安全，告诉他们为什么要这么做，该怎么做；第二，对特殊儿童进行健康态度与安全意识的培养，让特殊儿童有健康安全意识，促进身心和谐、健康发展；第三，进行安全行为和健康习惯的培养，在生活和学习中，让安全健康习惯成为儿童内化的一种意识，成为一种习惯，帮助特殊儿童学会以健康安全的方式来生活。既要高度重视和满足特殊儿童受保护、受照顾的需要，又要尊重和满足他们不断增长的独立需要，避免过度保护和包办代替，鼓励并指导特殊儿童自理、自主地尝试。

### （一）将安全健康教育渗透于儿童一日活动之中

陈鹤琴说过，“儿童离不开生活，生活离不开健康教育，儿童的生活是丰富多彩的，健康教育也应把握时机”。在日常活动时，教师应有意识、有计划、有目的地对特殊儿童进行安全教育，抓住一日活动中的各个有效环节随机强化，每时每刻将安全教育融入到特殊儿童校园生活和家庭生活中。在居家时让特殊儿童了解讲卫生的重要性，在户外活动时了解保护自己的运动方法。如在组织特殊儿童玩大型运动器械时，提醒玩滑梯的儿童排队上下楼梯，不要拥挤，注意手扶栏杆；提醒玩悬吊的特殊儿童，双手要抓牢吊杆，两只手臂交替向前移动。特殊儿童健康教育就是生活教育，应当在盥洗、进餐、清洁、睡眠、游戏等生活各环节中渗透健康教育理念，实施健康教育策略。

在课堂教学时，健康安全教育要融入学科教学中，成为学科教学中重要的德育目标。如在书写时，学习正确的坐姿、执笔姿势等；在语言活动中培养特殊儿童大胆表现自己，发展特殊儿童人际交往能力，提高他们的口头表达能力；在体育活动课中，锻炼特殊儿童的体格，教会他们在进行体育锻炼时如何保护自己，并注意安全，避免受伤；在进行游戏活动时，培养特殊儿童遵守纪律、机智勇敢的优良品质和活泼开朗的性格。

### （二）利用多种教学方法对特殊儿童进行健康安全教育

#### 1. 情境表演法

所有的儿童都喜欢“寓教于乐”的教育方法，枯燥乏味、说教式的教学方式不能引起儿童的共鸣。特殊儿童不喜欢注意事项之类的授课方式，因此，教师应根据特殊儿童的身心特点及健康教育的内容，选择具有多样性、趣味性和针对性的教育方法和途径。

要重视特殊儿童的亲身感知体验，建议采用情境表演的教学方法，把健康安全教育融入到日常生活学习中，也可以通过游戏进行安全演练。如“某某同学迷路了”的活动，通过模拟情景再现表演，全班儿童讨论并扮演该同学会遇到哪些危险，让特殊儿童懂得不要随便离开集体。再分组让儿童演出遇到危险应该怎样做，让特殊儿童知道如果走失，不要慌张，要牢记父母的姓名、工作单位、电话号码、家庭住址及周围明显的建筑特征。教会特殊儿童脱险自救的方法，并在实际的生活中经常演练这些方法。再例如对特殊儿童进行消防安全教育的时候，教师可以先带学生参观消防队，看消防队员的演习，请消防队员介绍火灾的原因、消防车的作用、灭火器的使用方法以及使用时应注意的事项等，还可以让学生观看火灾的纪录片。另外，学校可以组织学生进行火灾疏散演习，模拟在火灾发生时，如何运用逃生的方法和应急的措施等。

2. 组织讨论法

结合特殊儿童的日常活动，针对在日常活动中出现的有安全隐患的情况，教师组织特殊儿童进行讨论。先组织特殊儿童观看有关录像资料或者图片资料，或者请高年级的学长讲述成长经历，然后进行讨论，使特殊儿童了解如何避免事故发生、事故中如何做到尽快逃离现场。在讨论中积极思考、互相交流，帮助特殊儿童获得预防和应对意外事故（例如跌落、烫伤、中毒等）的常识，进一步丰富他们自我保护方面的生活经验。

运用教育实例开展小组讨论和自我学习。例如，情绪情感的教育“我是最棒的”中通过启发特殊儿童发掘自己的闪光点，有效增强特殊儿童的自信心和自豪感；在应急能力训练“怎么办”中通过情景模拟学习处理突发事件中的好办法，提高应急时的心理素质。在遵守交通安全活动“我是小小交通警察”中，帮助特殊儿童通过讨论，获得基本的交通安全常识。

3. 小组竞赛法

特殊儿童有了自我意识以后，非常喜欢参加竞赛活动，可以组织有关安全主题的竞赛，如“交通安全”方面的知识竞赛。其目的在于培养特殊儿童遵守交通规则，注意交通安全，增强安全意识。竞赛题目有：过马路时应该先往哪边看（左），应该从哪些地方过马路（天桥、人行斑马线、地下通道），以及各种常见的红绿灯及带箭头指示标志各代表什么意思等。这种竞赛形式颇受特殊儿童喜爱，对培养他们的安全意识有着很大的促进作用。

4. 动作分解练习法

教师在教特殊儿童动作技能时，可用工作分析的方法，找出儿童从事这些活动所需要的动作技能。教师必须给以充分的示范、分解，教给特殊儿童正确的方法，强化安全意识。例如特殊儿童在练习“跳跃”时，我们可以将动作要领编成儿歌，边念儿歌“两腿一弯，轻轻跳”，边做动作。教特殊儿童洗手时，可以让特殊儿童念儿歌：“手心手背湿一湿，关上龙头抹肥皂，搓出满手白泡泡，打开龙头冲一冲，再把小手擦干净。”反复练习将一些生活技能、健康行为变成特殊儿童内化的意识，形成稳定的动作、行为习惯。例如通过实际操作活动，学习怎样刷牙、保护牙齿、预防龋齿等，唤起特殊儿童的生活经验，形成初步的健康意识，促使健康行为的养成。

5. 角色游戏法

游戏活动是特殊儿童喜爱的活动形式，如何用游戏的方式将安全问题教给儿童，教师可以编写小剧本，并邀请家长参与表演。让特殊儿童在真实情境或模拟的场景中亲身体验如何避免事故发生、如何做到尽快逃离现场。在日常生活中家长可利用生动形象的情景教育法对特殊儿童进行安全教育，如让一个玩具娃娃从窗口或阳台摔下，玩具娃娃摔碎了，从这一情景中让特殊儿童懂得爬高摔下的危险。

此外，教师可以带特殊儿童到街上了解交警的工作，然后请交警亲自给特殊儿童讲解各种安全标志和各种手势，介绍交通规则，告诉特殊儿童“过马路，左右看，不在路上跑和玩”。然后通过“过家家”“角色游戏”等活动，让特殊儿童扮演交警，这样既满足了特殊儿童的求知欲和模仿心理，又促进了特殊儿童社会性情感的发展。

6. 情景表演法

根据活动需要利用情景表演（包括木偶、手偶表演），以听故事和念儿歌等儿童喜爱的活动形式，给特殊儿童讲一些有关健康的故事（如《宝宝爱洗澡》《小熊洗脸》）和儿歌，通过浅显的故事内容，让特殊儿童了解有关健康的知识，了解为什么要这样做的简单道理。还可以将繁琐的安全条例编成简单的儿歌，朗朗上口，便于儿童记忆。

### （三）在日常生活中对特殊儿童进行健康安全教育

1. 培养良好的习惯

培养特殊儿童的安全意识需要从培养特殊儿童良好的常规习惯开始。首先要让特殊儿童明确一日生活中各个环节和各项活动的具体要求，知道怎样做是对的，怎样做不对。教师应建立良好的班级常规和安全管理习惯，提出要求和教给特殊儿童方法，还应注意督促和检查，使特殊儿童良好的习惯不断得到强化，逐步形成自觉的行动。例如，提醒特殊儿童吃饭、喝水前应先吹一吹，用嘴试水温，以免烫伤；提醒特殊儿童平时走路和跑步时靠右边，以免发生碰撞危险；鞋带系得牢固可避免跌倒摔伤；吃饭时不嬉笑打闹可避免异物进入气管等等。特殊儿童能做的事让他自己做，决不包办代替，这样，特殊儿童在自己的劳动实践中逐步建立起良好的生活习惯，从而起到了自我保护的作用。

2. 树立榜样

高年级的儿童通过早期的学习，积累了大量有关安全的生活经验，已经有了能保护自己安全及符合安全规则的行为，他们可以作为低年级儿童的榜样，他们的意见和行为能够对低年级儿童造成很大影响。当特殊儿童出现不良行为，危及安全，影响到健康的时候，除了教师可以制止以外，同伴的建议也能帮助他们获得自我保护的安全意识。可以请高年级的儿童组成校园安全检查队，在课间和放学后在校园巡查，阻止险情发生，保障校园安全。

3. 参加公益性卫生活动

结合学校和社区的各项公益活动，例如"爱护环境""我是地球小卫士"等社会性活动，教师或家长带领特殊儿童开展爱护环境卫生、保护环境卫生、维护环境卫生的活动，培养特殊儿童讲卫生、爱护环境的良好行为习惯。

4. 共同创设适宜的教育环境

特殊儿童生活在特定的环境中，所以应重视创设健康的物质生活环境，充分利用环境的教育功能，让物体与空间更有益于特殊儿童的健康，提高健康教育的效果和效率。由于特殊儿童对文字符号逐渐产生兴趣，可以引导特殊儿童对日常生活中碰到的各种各样常见的安全标志进行识别，理解其含义，可以在各个安全隐患处贴上相应的警示标志。如在电源插座旁边贴上标志，提醒特殊儿童这里有电危险，不能用手去触碰；在阳台栏杆处贴上标志，提醒特殊儿童此处不能攀爬等。家长和教师可以和特殊儿童一起做这些符号，同时可以训练特殊儿童的手工。这些标志必须大且颜色醒目，才能引起特殊儿童的注意，起到安全提示的作用。

5. 加强体能训练

在实际生活中可以看到，平时很少跑动的特殊儿童相对来说容易受伤，活泼好动的特殊儿童动作熟练、反应敏捷，磕碰也会少一些。因此，教师应为特殊儿童提供足够的时间和空间，合理组织体育活动，每天要保证特殊儿童充足的户外活动时间，多晒太阳，增强体质，提高特殊儿童的身体发展水平，发展特殊儿童动作的平衡能力和身体协调能力。

6. 加强宣传

利用校园环境布置、宣传橱窗等多种形式进行健康教育，教育儿童养成良好的卫生习惯。运用特殊儿童园的环境布置对特殊儿童进行健康教育，特别要在儿童学习和生活的场所张贴醒目的提醒。如通过教室、走廊墙饰布置、教育专栏宣传健康知识及预防传染病的基本常识，也可以在校园和教室张贴一些标语和横幅，提醒儿童要注意安全和健康卫生。

7. 家校合作

在对特殊儿童进行安全意识培养的过程中，教师应和家长进行密切配合。有很多安全教育的内容和家庭生活密切相关。许多家长由于怕自己的孩子受到意外伤害，包办代替本该由儿童自己完成的事情，严格限制儿童的各种行为，剥夺了儿童的实践机会，降低了儿童的防范能力。特殊儿童健康教育必须要取得家长的共识，让家长参与到学校的教育活动中来，健康教育效果才能更快、更好、更巩固。教师可以将日常教学中有关安全知识介绍给家长，让特殊儿童在家长的帮助下，获取一些直接经验。通过多种家长参与的活动，让家长转变健康观念，不断完善健康意识，明确健康教育理念和特殊儿童健康教育目标，提倡健康的生活方式，创设良好的家庭教育环境，对儿童实施有效教育。例如安全教育中的"常见的急救、求助电话号码""遇到坏人怎么办"等内容，取得家长的配合，教育就有事倍功半的效果。

有的特殊儿童由于家庭或是教育存在缺陷，以及特殊儿童生理、心理发展滞后等方面的原因，出现了一些心理不健康的行为异常现象，例如自私、脾气暴躁、攻击性强等。但学校现行的健康教育内容大都采用单一的生理保健的保育模式，心理健康教育与保健在很大程度上受到轻视与忽视；在家庭中，家长也采用简单粗暴或者过分溺爱的方式处理。实际上，特殊儿童的心理健康和家长的心理健康都应该引起全社会的高度重视。心理健康的教育更需要家庭教育的配合。家长对儿童采用何种教养态度，也会影响到儿童的心理健康。家庭成员之间和睦、民主，营造良好的情感环境和家庭气氛，在观念上和行动上真正尊重儿童，更有利于特殊儿童良好性格的形成和心理健康发展。因此，通过家校沟通交流、合作，从培养特殊儿童良好的心理素质入手，可以更好地做好特殊儿童心理健康教育工作。

## 三、健康安全教育的相关服务

### （一）定期体检

1. 体检

学校每年都要给儿童体检，通过对致病危险因素早期干预，可使儿童健康成长。给儿童做了全面健康体检之后，医生和家长可以根据体检结果对儿童的疾病和致病危险因素进行早期干预。

(1) 接种疫苗。

疫苗接种集中在婴幼儿时期，儿童一旦上学这方面往往被忽视，有些疫苗需要打加强针。

(2) 视力检查。

弱视治疗不能错过关键期。儿童弱视的治疗必须在低龄进行，如果错过治疗的关键期，后果将无法挽回。

(3) 脊柱检查。

脊柱侧弯早期可用非手术疗法。脊柱侧弯是儿童常见病，如果发现早可采取非手术疗法，可减少儿童的痛苦。

(4) 体重控制。

肥胖儿体重控制应从早期开始。儿童正处在生长发育期，儿童减肥与成人减肥不太一样，儿童肥胖还是越早进行干预越好，因为肥胖会影响儿童的智力发育。

(5) 心理问题。

应尽早发现儿童的心理问题。通过心理体检可以发现“问题儿童”的问题所在，对那些只是有些心理问题苗头的儿童可以通过心理咨询与沟通等帮助，还给他们健康的心理。

2. 不同年龄段体检项目侧重不同

根据儿童不同年龄段的特点，不同时期体检的侧重面也是不同的。

学龄前阶段：应注重儿童生理发育方面和营养情况的检查，如缺铁性贫血、佝偻病、慢性病(如咽炎、中耳炎)和先天性异常等。

小学阶段：注重检查儿童的生长发育情况，不良习惯与身体健康是否有关。

初中阶段：处在青春发育期，青春期儿童的身体发育情况和青春期心理健康是检查重点。

### (二) 合理营养配餐计划

饮食不但关系到儿童健康和生长发育，还有研究表明饮食有可能诱发某些问题行为的产生。所以，特殊儿童的家长和教师可以翻阅一些营养食谱，比如《儿童营养食谱》等书籍。这类书籍针对不同年龄儿童生理特点，系统地介绍了成长发育期儿童食谱的制作方法和营养搭配知识，科学地解决了儿童吃什么、吃多少、怎么吃等营养进食的问题。在关注营养搭配的同时，特殊儿童可能会存在挑食或者口味有偏好的情况，家长也要注意三餐的口味搭配，尽量让特殊儿童吃得好、吃得饱、吃得愉快。

（三）安全监督员

特殊儿童对于危险的预见性比较弱，有时候可能意识不到危险。在家里或学校里，家长和教师可以指派和特殊儿童走得近的人，作为特殊儿童的安全监督员，时刻提醒特殊儿童注意安全。比如在家里，可以让兄弟姐妹、爷爷奶奶时刻提醒儿童注意安全，并时刻留心。在学校，教师可以指派年龄大的儿童，或者能力好的儿童充当特殊儿童的安全监督员。

（四）安全提醒辅具

在家庭或校园环境中，可以在危险处贴上醒目的危险标志，比如在热水瓶上贴一个不准触摸的标志，在栏杆处贴一个不准翻越的标志等，在楼梯、过道处安装喇叭提醒装置，时刻提醒儿童不要拥挤，禁止打闹。如果特殊儿童无法说话，可以给儿童一个口哨，让他在需要求助的时候吹口哨，将求助的信号表达出来。

## 第三节　健康安全案例

### 一、案例情况

本班级是重庆市某小学的辅读班，共8名特殊儿童，其中5名智障儿童，3名自闭症儿童，年龄在7—15岁之间。这8名特殊儿童的生活自理能力较好，能够简单地沟通，有基本的语言理解能力和语言表达能力，但是在健康安全方面的能力较弱，每天都是由家长接送上学。特殊儿童在上学途中会经过人行天桥、红绿灯、斑马线，途中的交通状况复杂，需要其具备一定的交通安全能力。

### 二、活动设计

课题：过马路。

活动目标：

1. 懂得识别过马路的标志，安全地过马路。

2. 能够大胆地进行交流，勇于表达自己的想法。

3. 体验游戏扮演的乐趣，养成自觉遵守交通规则的好品质。

教学准备：

有关交通规则的视频课件、自制的红绿灯、布置公路场景所需的道具。交通事故图片、过马路的交通标志。

教学过程：

1. 请特殊儿童一起观察交通事故图片，让特殊儿童认识到交通事故的严重性。

2. 与特殊儿童一起观看视频。

引入主题，请特殊儿童观看关于过马路交通安全的视频。

请特殊儿童说说观看视频后的发现及感受，一起讨论应如何遵守过马路的交通规则。

师：你们在录像中看到了人们是怎样过马路的？你觉得他们这么做会有怎样的后果呢？我们怎样才能安全地过马路？过马路，左右看，要走人行斑马线，红灯停，绿灯行，黄灯亮了等一等。

3. 请特殊儿童识别过马路的交通标志，并猜测它的作用，请个别儿童上来说。

斑马线：人行横道线

红灯停，绿灯行，黄灯亮了等一等。

4. 角色扮演活动："过马路"游戏。

(1) 与特殊儿童一起将交通标志(红绿灯、斑马线)布置在"马路"上。

(2) 全班儿童分两组，一组当行人，一组当司机(身戴汽车胸饰)，两名儿童当交通警察。(一个负责指挥行人，一个负责指挥汽车)

(3) 对未遵守过马路红灯停、绿灯行交通规则的司机及行人，交通警察给予罚单。

(4) 教师与特殊儿童一起评议游戏情况，着重讨论同学们不遵守交通规则的情况：你为什么会得了罚单？你违反了什么交通规则？

(5) 行人、司机与警察交换角色继续进行游戏。

(6) 与特殊儿童再次进行评议。

## 三、案例评析

1. 特殊儿童在学校学习交通安全知识，家长应该在接送特殊儿童上学和放学的路上给他们机会练习。在确保特殊儿童安全的情况下，放手让他们独立行走，让他们辨别交通安全指示牌和信号灯。在实际生活中，家长往往保护过多，剥夺了特殊儿童独立面对周围环境的机会。

2. 在实际生活中，特殊儿童在街上看见教师课堂上教的安全指示牌和信号灯时，很兴奋，有时也会告诉父母是什么指示牌和信号灯。这说明在学校的活动和角色扮演对于特殊儿童建立安全意识有一定的帮助。

3. 特殊儿童不一定能立刻掌握所有的交通安全知识和技能，家长和教师要及时重复，反复强调。在实际训练中，我们发现年龄大的儿童较年龄小的儿童更能理解交通安全的意义，智力较好的儿童较智力较差的儿童能更好地掌握交通安全的技能。

# 第六章　休闲生活

## 第一节　休闲生活概述

### 一、休闲生活的概念

休闲生活是指依个人喜好选择多样的休闲娱乐种类及形式的能力，是指在非劳动及非工作时间内以各种“玩”的方式求得身心的调节与放松，达到生命保健、体能恢复、身心愉悦目的的一种业余生活。普通人在日常生活过程中，每个人每天都有近三分之一的时间在玩，每个人都在以自己的方式打发空闲时间，这就是休闲。休闲娱乐技能包含休闲活动的选择和需求、学科能力的运用和行动能力等方面。科学文明的休闲方式，可以有效地促进能量的储蓄和释放，它是对智能、体能的调节和生理、心理机能的锻炼。

马斯洛需求层次理论将需求分为五种，分别为：生理上的需求，安全上的需求，情感和归属的需求，尊重的需求，自我实现的需求。现代社会物质生活较为丰富，人们在满足基本的需求之后，开始追求更高品质的生活。同样，特殊儿童的生活质量也不能仅仅以温饱为标准，还应考虑个体对于自己身体、物质、经历的社会联系与交往、心理状态、工作、自我决定、休闲、独立生活等的总体感受或满意程度。特殊儿童同样具有享受休闲生活的心理需求，他们也希望能参与社会，得到社会的认可。

日常普通人只需在与人互动的过程中，通过观察、参与、学习，逐渐就会学习到一些休闲的技能，自然而然就会安排自己的休闲生活，不需要开设专门课程。但对特殊儿童来说，由于身心条件限制，他们参与社会活动的机会较少，很难通过观察模仿学习到一些休闲知识和休闲方式。因此他们不知道如何休闲，不会在空闲时间安排休闲生活，更不会与别人一起休闲。我们要对他们进行休闲教育，这样他们才能打发生命中超过至少三分之一的时间，对他们的情绪改善和环境适应也有所帮助。

特殊儿童休闲生活教育是指根据特殊儿童的现有能力和身心发展需要，通过专门的教育帮助其学习如何安排和开展休闲活动。很多教育机构和家长只注重儿童智力、生活自理能力、语言、社会适应能力、职业技能的培养，而很少开设专门的课程教儿童如何休闲,如何安排自己的空余时间进行休闲,如何更好地进行休闲活动。很多特殊儿童长大后找不到工作,无所事事,于是就无事生非,出现大量情绪和行为问题,给家庭和机构带来很多问题和困扰,所以为他们开展专门的休闲教育活动是非常必要而且有意义的。

在组织特殊儿童进行社区实践的过程中,从儿童的生理、心理发展特点出发,开展休闲娱乐活动,充分利用各种社区资源,在社区真实生活和工作环境中进行教育,以各种不同的角色去认识周围的人和事,提高适应与沟通的能力,使其逐步建立良好的服务意识和责任意识,形成自尊、自信、自强、自立的良好品德,在减轻社会压力的同时提高自己的生活质量。

## 二、休闲生活的内容

特殊儿童的休闲生活教育,包括选择休闲活动、自我休闲活动、团体休闲活动三个方面。

### (一) 选择休闲活动

选择休闲活动教育包括:有机会接触各种休闲活动、有个人爱好和兴趣、具备选择某项活动的能力、选择适当的休闲活动、能选择适合自己条件的休闲活动五个方面。

有机会接触各种休闲活动的具体内容包括:能安排个人独享的休闲活动,能在家人安排下进行一些休闲活动,能要求家人一起进行一些休闲活动,能在鼓励下参与邻居及同伴的休闲活动,能在学校、班级组织下参与各类休闲活动,能在同学组织下参与休闲活动,能在社区里参与各类休闲活动等。

有个人爱好和兴趣的具体内容包括:喜欢视觉刺激为主的休闲活动(如看电视、欣赏画等),喜欢听觉刺激为主的休闲活动(如听音乐),能参与分别以动脑、动手、运动以及人际交往为主的休闲活动,喜欢个人独享的休闲活动,喜欢与家人同享、与社区同伴共享的休闲活动等。

具备选择某项活动的具体内容包括:能说出自己喜欢哪类或哪项休闲活动,能按自己爱好和兴趣选择某类某项休闲活动,会按时间、会依场地选择休闲活动,能说出愿意与哪些人进行休闲活动等。

选择正当的休闲活动的具体内容包括:能说出哪些活动是家长、教师或所在社区允许的,能举出不允许进行活动的原因,会选择健康、有益的休闲活动,会摒弃不适合进行的休闲活动等。

选择适合自己条件的休闲活动的具体内容包括:能举出自己独享的休闲活动、

能举出自己在家、学校以及所在社区会做的休闲活动，能够尝试简单易行的休闲活动，会选择自己有能力进行或者自己愿意做的休闲活动等。

（二）自我休闲活动

自我休闲活动的教育包括具备自我休闲基本技能、会利用工具和资源、会计划和安排自我休闲活动、能做休闲的准备、能完成自我休闲活动、会改进和提升休闲活动、会体验休闲的愉悦七个方面。

具备自我休闲的基本技能的具体内容包括：会手工操作、绘画、运动、唱歌跳舞、弹琴、智力游戏、电脑游戏、收集物品、饲养或种植动植物等休闲娱乐，会在独处时选择看书、看电视、看电影、听音乐、欣赏书画等视听觉刺激娱乐，会以人际交往为休闲娱乐等。

利用工具和资源的具体内容包括：会利用各类玩具娱乐，会利用已有物品或天然资源做手工操作，会利用体育用具做运动休闲娱乐及智力游戏休闲娱乐，会利用收视类电器做视、听觉刺激，会收集日常生活中的图片，会通过饲养小动物、种植植物等方式休闲娱乐，会利用社区内各种资源休闲娱乐等。

会计划和安排自我休闲活动的具体内容包括：会安排生活日程中的固定休闲时间、内容，能在工作过程中的间隙做短暂的休闲，能在中午、下午的闲暇时间里看书、做手工、打球、做游戏休闲，能在晚上选择看卡通、电影、电视或与亲人共度美好时光，会利用假日逛商店、购物、买书、拜访亲戚朋友，能在节日时和亲朋好友共度美好时光，能在朋友邀请时参与晚会舞会，能安排在假日里到远处旅行度假，能举出春、夏、秋、冬适宜的娱乐五种等。

能做休闲的准备工作的具体内容包括：能够选择根据季节、时间进行相应的休闲活动，能够为所进行的休闲活动选定休闲的地点，能够了解、熟悉所进行的休闲活动的程序及所需，能够准备休闲活动所需的物品和资金，能够预先约定该休闲活动需要哪些人参加等。

能完成自我休闲生活的具体内容包括：能做成一种手工艺品，能完成一项运动，能完成一项以视、听觉刺激为主的娱乐，能完成一项智力游戏为主的休闲，能收集一种藏品且拿出来欣赏，能买回一件小物品，能收到朋友的来信或与亲朋好友串门，能做完一项家务活动等。

会改进和提升休闲活动的具体内容包括：能够完成熟悉的休闲活动、能说出熟悉的休闲活动的不足、能说出用另一种方法进行该休闲活动、能能为熟悉的休闲活动增加难度和要求、能在原有的基础上多样化进行休闲活动等。

会体验休闲的愉悦的具体内容包括：能积极地准备休闲，能在休闲中用语言、表情、动作等表达其愉悦的感觉，能对其休闲成果感到喜悦，会向别人述说休闲过程及成果，希望别人参与休闲，会因获得休闲成果而积极准备下一次休闲等。

（三）团体休闲活动

团体休闲活动的教育包括：能参与团体休闲，能遵守活动规则，具备团体休闲的基本技能，会利用团体休闲的工具和资源，会组织、安排团体活动，会分享团体活动的愉悦六个方面。

能参与团体休闲的具体内容包括：会与人团结相处；遵守团体休闲的规则和要求；遵守秩序和约定，不争先恐后；能尊重多数人的意见；不投机取巧，公平合理地竞争；能随时注意个人的礼貌、举止，做个受欢迎的人；能分享团体休闲的乐趣；会邀请朋友参加舞会，且要求自己参加等。

能遵守活动规则的具体内容包括：能主动了解该活动的内容及基本过程、能按要求及规则进入活动程序、违反规则后能接受处罚等。

具备团体休闲的基本技能的具体内容包括：能和同伴一起进行游戏活动、文娱活动、体育运动及其竞技赛，能和同伴一起欣赏和参加文艺表演，能和同伴一起交谈、聊天、讲故事，能和同伴一起收集、整理趣味活动，能和同伴计划安排远足郊游，能和同伴一起饲养小动物、种植花草等。

会利用团体休闲的工具和资源的具体内容包括：会利用团体类玩具娱乐；会利用团体类体育用具休闲娱乐（如球、棋、牌等）；会利用动物园及少年宫等团体娱乐场所休闲；会团体出游，游览名胜古迹等。

会组织和安排团体活动的具体内容包括：会选择友伴、会选择休闲时间及事项、会考虑活动费用等。

会分享团体活动的愉悦的具体内容包括：能积极参与团体活动、能在团体活动中有主人翁的责任感、能在活动中感到轻松愉快、与同伴感到关系和谐、能在活动后有参与活动的兴趣、能在活动后对团体活动做出评议。

## 三、休闲生活的作用

（一）改善特殊儿童的身体机能

特殊儿童的身体素质一般要低于普通儿童。由于自身疾病、家庭、社会等因素，他们平时的活动范围、运动机会比普通儿童要少得多。这种经常性运动缺乏会导致特殊儿童与普通儿童相比，身体素质相对来说较差，在参与运动时往往会出现肢体不灵活、动作协调能力较差,掌握动作要领慢,动作持续时间短等特点。

通过休闲娱乐活动中的体育休闲活动,如使用健身器械进行锻炼、放风筝、散步、打球等,可以使特殊儿童掌握一些锻炼身体的方法,而且能给儿童创设锻炼身体的环境,这样既可以培养特殊儿童的意志力,更可以提高特殊儿童的身体素质。通过适当的体育休闲活动,改善特殊儿童的肢体灵活性、配合性,在提高身体素质的同时也使心理状态得到相应的改善,变得活泼、开朗,做事情有耐心有恒心,他们的身心得到放松,情绪比较愉悦,改善了他们的形象,提升了他们与人沟通互动的效率,从而相应地提高了社会适应能力。

### (二) 开发特殊儿童的智力潜能

许多特殊儿童虽然有这样那样的障碍,但他们也有着自己独有的特点和特长。例如,有的特殊儿童虽然语文、数学学不好,可是很会跳舞,无论是音乐节拍的掌握还是动作的灵活和准确度都可以达到较高的水平;有的特殊儿童不会说话,但是画画却能画得非常好。每个特殊儿童都是一个具有鲜明特征的个体,都有其闪光点和智力潜能,就看我们是否可以“挖掘”得到。教师往往充当伯乐的角色,通过脑力休闲活动如打牌、下棋、做拼图游戏等,发展特殊儿童的智力;通过让特殊儿童学习制作中国结、剪纸、十字绣、编制、画画等休闲方式,改善他们手、眼、脑的协调配合能力;通过看电视、听音乐,发展他们的语言能力,扩大他们的见识,提升他们的理解能力。通过这些休闲娱乐形式的提供、休闲活动机能的培养、休闲活动时间安排的教导,让特殊儿童丰富了生活,找到了自己的特点和长处,从而得到更好的发展。

### (三) 改善特殊儿童的情绪行为问题

特殊儿童的缺陷行为不止表现在感官、思维、语言、运动等方面,他们在情绪行为方面也存在很多问题,如不愿与其他儿童进行交往,不愿做一些消耗体力的事情,在休息时间损坏东西。还有的特殊儿童在课间喜欢独自待着,不合群,更谈不上与人交流,更有甚者有喊叫、打人、乱跑等不良行为。如果能教会他们一些休闲娱乐的机能,安排他们适当的休闲活动,这样,在占据了他们大量空余时间的同时,也可以适当减少他们胡思乱想、乱跑乱闹的行为。特殊儿童学会了下棋、打牌等休闲方式后,他们就可以学着怎样控制自己、管住自己,不良行为就相应地减少了。休闲活动不仅使特殊儿童学会了动脑思考,用心、用脑去考虑问题,努力找到解决问题的方法,同时也学会了怎样与人公平竞争,以平和的心态去面对失败与挫折,体验成功带来的喜悦。在将来遇到挫折的时候,也可以勇敢面对、积极思考、冷静处理，而不是鲁莽决定、冲动做事。

（四）增强特殊儿童的自信心

特殊儿童由于身心障碍，做事的失败体验多于成功体验，所以极度缺乏自信心。可以创造机会把一些休闲娱乐的文艺节目“搬到”课堂中来，如演唱卡拉 OK，或者让儿童自己组织、自己准备、自己表演一些文艺节目。教师给予适时的引导和帮助，不断鼓励特殊儿童、表扬特殊儿童，使他们相信通过自己的努力一定能顺利完成任务，自己也可以做得和普通人一样好。上台表演这种形式不仅给了学生展示自己才华的机会，同时也培养了特殊儿童勇敢、不畏惧的良好心理品质，使其摆脱依赖感和自卑感，赶走畏缩心理，建立自信心和自强意识，为将来适应新环境、融入社会生活打下了良好的基础。

（五）提高特殊儿童的社会适应能力

特殊儿童在结束九年义务教育的同时，都无可避免地会遇到社会就业的问题。他们中很大一部分在就业和结交朋友方面都会遇到很多问题。特殊儿童不能很好地调节人际关系和自己的心理状态，就不可能很好地服务于社会和他人，久而久之就会不适应社会，被社会所遗弃，被别人所排斥。因此，我们以休闲娱乐活动为平台，使特殊儿童在玩的过程中交到朋友、得到帮助，从而进一步具备帮助别人、服务他人的意识，融入社会这个大家庭的生活之中。这样做可以使特殊儿童得到社区居民的认可和赞同，提高他们的社会适应能力。即使特殊儿童不能就业，他们也能安排自己的简单生活，安排自己的空闲时间，过上充实的生活，不会给家长和社会带来很多麻烦。

（六）提高特殊儿童的生活质量

生活质量对于我们每一个人来说都是非常重要的。特殊儿童的生活质量彼此之间存在较大的差别，有的特殊儿童家庭条件较好，有的特殊儿童家庭条件则较困难、活动空间相对狭小，家长很少带他们去接触陌生的环境和人，更谈不上通过自己的努力改善生活质量。应充分利用参与社区休闲娱乐活动的人员人数多的特点，带特殊儿童走进社区，使特殊儿童可以在放松的心态下接触更多的人，做更多力所能及的事情，使自己活得更有意义，不再是他人的包袱和附属品，而是一个有着独立特点、独立能力、独立思想的独特的人。在建立自信的同时，进一步改善自己的生活质量，让每一天都活得轻松、愉快、有意义。

总之，休闲娱乐活动的开展，不仅培养了特殊儿童的兴趣与爱好，丰富了他们的课余生活，而且能提高特殊儿童的身体素质、心理素质、交往能力等，使其逐步建立良好的服务意识和责任意识，形成自尊、自信、自强、自立的良好品德，在减轻社会压力的同时提高了自己的生活质量。

## 第二节　休闲生活的教育过程

### 一、休闲生活教育的评估

（一）休闲生活教育的评估内容

根据休闲生活教育的长短期目标进行评估。评估的长期目标为选择休闲活动、自我休闲活动、团体休闲活动三个方面。每个长期目标由若干个短期目标构成。

选择休闲活动的短期目标包括：有机会接触各种休闲活动、有个人爱好和兴趣、具备选择某项活动的能力、选择正当的休闲活动、能选择适合自己条件的休闲活动。

自我休闲活动的短期目标包括：具备自我休闲的基本技能、会利用工具和资源、会计划和安排自我休闲活动、能做休闲的准备、能完成自我休闲活动、会改进和提升休闲活动、会体验休闲的愉悦。

团体休闲活动的短期目标包括：能参与团体休闲，能遵守活动规则，具备团体休闲的基本技能，会利用团体休闲的工具和资源，会组织、安排团体活动，会分享团体活动的愉悦。

（二）休闲生活教育的评估标准

对每个短期目标的评估分为四个等级，按掌握程度从差到好分别得 0—3 分。比如对第 2 个长期目标“自我休闲活动”中的短期目标“安排和计划自我休闲活动”所采用的评估标准如下：

0. 完全不能安排和计划自我休闲活动

1. 能够安排特定的自我休闲活动或简单的自我休闲活动

2. 能够安排部分自我休闲活动的时间和内容或较复杂的自我休闲活动

3. 能合理安排各种自我休闲活动的内容和时间

各短期目标的具体评估标准见附录 3“特殊儿童生活教育评估标准”第 5 领域。

（三）休闲生活教育的评估方法

1. 观察法

日常生活中观察儿童在休闲生活方面的表现，找出儿童的休闲兴趣点、休闲基本能力、休闲活动过程中存在的问题等。

2. 访谈法

通过家长访谈和教师访谈，了解特殊儿童在家庭和学校中休闲生活方面的表现情况。

3. 测验法

通过特殊儿童休闲技能的评估，了解特殊儿童休闲生活能力的发展水平、存在的问题等。对照各个短期目标的评估标准，按照“尚未开始发展”“仅发展些微能力”“已发展较多能力”“已发展出适应环境需要的能力”四个等级对特殊儿童各领域的能力水平进行打分，标注在“特殊儿童生活教育课程目标评估体系”表格相应位置。计算出各个短期目标的总分，在“特殊儿童生活教育侧面图”中的相应位置完成发展曲线，以便为教育做参考（见附录 1、附录 2、附录 4）。

## 二、休闲生活教育的要点

### （一）从特殊儿童的兴趣点出发

特殊儿童的休闲生活的形式应该是多种多样的，如看电视、听音乐、表演、手工、健身、棋牌、旅游、生活常识、游戏等。应尽可能提供多的方式让儿童尝试，从中发现特殊儿童的兴趣点。再从这个兴趣点出发，加以辅导和引导，使特殊儿童的这一项能力得到提升，慢慢学会利用这一能力进行休闲。当他这一能力掌握很好后，再发展其他休闲能力。

### （二）由易到难

特殊儿童往往参与活动的主动性不强，害怕失败，害怕新的尝试和新的挑战，害怕有难度的事情。因此，在进行休闲活动的教育时，不一定要按照我们普通教育的程序去进行教育，而可以先从比较容易的、儿童比较感兴趣的、有一定基础的、能调动参与意愿的、时间比较短的、大家都可以参与的、儿童能从中获得愉悦体验的活动开始，先让他们能克服害怕心理，先愿意参与进来。对他们参与休闲活动的行为进行增强，再逐渐过渡到一些比较难，需要一些挑战，需要集中精力、注意力、智力的活动。

比如，在教特殊儿童画画时，不一定要像教普通儿童那样，从点、线、色彩开始，而是可以让儿童拿着笔自由涂画，让他对画画产生兴趣。当他对画画有兴趣后，再逐渐加入一些专业的指导，让他可以慢慢地画得更好。在儿童对画画有兴趣之后，要多鼓励他画画，他就会经常在自己的空闲时间画画，最后达到利用画画进行休闲的目的。由易到难的顺序和对儿童活动的鼓励等都能激发儿童参与休闲的意愿，让儿童喜欢且积极主动地参与休闲活动。

（三）个别化设计

不同障碍类别和障碍程度的儿童在休闲课程目标及内容标准上都要有所区别。例如，同样是利用书进行休闲活动，有些儿童的休闲目标可能是翻书，有些儿童的休闲目标可能是文学鉴赏，有些儿童的休闲目标可能是朗读。

再如由于很多大人爱玩牌，受其影响，儿童也很喜欢模仿进行棋牌的活动，但是大人往往觉得打牌不好，或者儿童智力不好，不让他们玩。实际上可以稍做调整，比如教大一点的儿童玩棋牌(切记不能赌博)。我们可以让他们堆麻将，玩扑克牌接龙，找一样的牌，比扑克牌数字的大小，找出刚才看到的牌等。同样是玩麻将、扑克，不一样的玩法，不一样的参与程度，儿童就能获得不一样的收获。在休闲活动的选择和设计上应力求丰富多彩，且适合特殊儿童的个性特点和能力，培养他们广泛的兴趣和爱好。

（四）同伴协作

为特殊儿童参与休闲生活创造条件，首先要加强同伴协作。在注重个别差异、进行个别化教育的同时，还要重视特殊儿童群体性的发展，加强训练儿童之间的同伴协作能力。例如，在休闲课程中，儿童可以在教师的引导下。根据自己的兴趣爱好组成若干活动小队：读书沙龙、棋迷乐园、K歌俱乐部、手工队等。活动的形式也可不拘一格，或集中或分散，或定期或不定期。总之，要让特殊儿童在艺术休闲课程中既提高自身的休闲活动能力，又增强同伴之间的交往能力和协作意识，真正适应其日常休闲生活的需要。

（五）家长参与设计休闲生活情景

要多利用自然情景教儿童休闲，自然的情景多在生活中发生，特殊儿童的休闲时间大多在家中度过，因此要提高他们的休闲生活质量，就必须得到家长的支持和参与。要发动家长参与特殊儿童的休闲生活，一是充分挖掘家长的休闲资源。例如在进行休闲课程的手工制作类活动时，可发动家长帮助收集所需的废旧材料，并倡导家长与儿童一起共同完成作品；学习种植花草、养殖宠物时，也可发动家长在家里的院子或阳台辟出一片区域让儿童进行实践；由家长带领儿童学习去亲友家串访等社交活动。二是与家长一起设计休闲活动方案。在课堂上学习到的休闲知识，要在生活当中实际运用，这其中家长的作用不可忽视。让家长一起参与设计休闲活动方案，一方面教师可以更好地了解儿童的需要，更具针对性地解决儿童在休闲生活中所存在的问题；另一方面家长也能够学习到帮助儿童开展休闲活动的方法，掌握更科学的家庭教育观念，同时对家长之间的相互交流、取长补短也是十分有益的。

（六）创造机会，反复练习

儿童学会一项休闲技能后，不是马上就可以用这个休闲技能进行休闲，而要通过不断练习，技能不断精熟，逐渐过渡到可以经常利用该项休闲技能进行休闲。因此，我们要多创造机会让儿童反复练习一项能力，直至这一能力得到锻炼和发展。

要帮助儿童建立时间观念，协助他们合理安排休闲时间和休闲生活。最初可以给他们一个时间要求，在规定的时间内提醒他们，让他们能注意时间，停止正在进行的休闲活动。慢慢地让他们自己规划休闲活动的时间，自己学会去看时间停止休闲活动，休闲活动的规划时段可以由短到长逐渐递进。

## 三、休闲生活教育的相关服务

当儿童参与一般的休闲活动有困难的时候，我们可以给儿童提供相关服务，或者有针对性地为儿童设计适合他们的简单休闲活动，教会他们打发自己的空闲时间。

当儿童有多重障碍，参与休闲活动有肢体方面的困难时候，可以提供给儿童物理治疗、作业治疗，帮助其肢体动作、精细动作的发展，促进其身心平衡协调发展。当他基础能力发展到一定程度时，可以教他学习一些基本的、个别化设计的休闲活动技能。

当儿童沉醉于自我刺激，反复摇晃、旋转时，可以提供给儿童感觉统合训练或者知觉动作训练，帮助其感觉输入逐渐正常，感知觉逐渐统整，逐渐减少自我刺激的需要。然后可以教给儿童一些替代自我刺激的活动，慢慢儿童就会逐渐减少自我刺激，再顺势利导教儿童一些简单的活动，并多给他创造一些机会可以进行这些活动。逐渐他就能用这些活动进行休闲，而不是一直停留在自我刺激阶段。

对重度障碍的儿童要尽量找到一些替代性的、非常简单的活动对其进行反复训练（比如将硬币投进存钱罐、串珠、豆子分类等），尽量让儿童易于学会，或者能在支持下会进行操作，这样他有一些事情可以做。逐渐地，他会从中找到乐趣，找到做事情的成就感，减少无所事事的时间，减少情绪行为问题的发生。

# 第三节 休闲生活案例

## 班级教学活动——玩起来

### 一、案例情况

本班级共有9名特殊儿童,其中中度智障儿童6名,重度智障儿童2名,脑瘫并伴有智力障碍的儿童1名,年龄在11—12岁之间,包括王××、曾××、张××、黎××、胡××、罗××、肖××、杨××、刘××。这9名特殊儿童均有基本的生活自理能力,上课时能听从教师的指令。本班级儿童的粗大动作能力较弱,他们都不喜欢运动类的活动,精细动作相对较好。

### 二、活动设计

**教学目标:**

1. 能够选择自己喜欢的休闲娱乐方式。
2. 能够进行休闲活动。
3. 能够在提示下控制好休闲活动的时间。

**儿童目标:**

| 目标 | 王 | 曾 | 张 | 黎 | 胡 | 罗 | 肖 | 杨 | 刘 |
|---|---|---|---|---|---|---|---|---|---|
| 能够选择自己喜欢的休闲方式 | √ | √ | √ | | √ | √ | √ | √ | |
| 能看电视休闲 | | | | | | | √ | | |
| 能串珠休闲 | √ | √ | | | | | | | |
| 能打毛线休闲 | | | √ | | | | | | |
| 能画画休闲 | | | | √ | | | | | |
| 能打牌休闲(找一样的牌) | | | | | √ | √ | | √ | |
| 能看书休闲 | | | | | | | | | √ |
| 能在提示下控制好休闲活动的时间 | √ | √ | | √ | √ | | √ | | √ |
| | | | | | | | | | |

**教学准备:**

棋牌角、手工角、绘画角、阅读角、影视角进区卡片,扑克牌两副、串珠和绳子、纸笔、书籍、遥控板、毛线和毛衣针、闹钟。

教师提前布置好区角，区角间不互相影响，也方便教师灵活对儿童进行指导。

**教学过程：**

1. 教师介绍棋牌角、手工角、绘画角、阅读角、影视角卡片，这些分区卡分别代表做什么事情，教师可以简单动作示范，然后让儿童进行选择，自己要到哪个区角去活动。对于不太清楚自己要去哪个区角的儿童，教师要引导他找到他喜欢的区角。

2. 儿童拿着自己选择的区角卡片，到相应的区角，拿出相应的活动设施和道具（准备充分），按照照片或者其他视觉提示进行活动。如需要多人配合的，找到相应的人员，一起进行休闲活动。

3. 教师在教室进行巡查，对于儿童休闲活动存在的问题及时进行指导。如几个小朋友在打牌的过程中忘记教师上次教的方法了，教师要重新示范一次，先把图片牌（动物图片）平均发给大家，拿到狮子（狮子只有一只）的先随便出一张牌，然后其他人有这张牌的就可以把牌拿下来，谁的牌最先拿完，谁就赢了。教师示范一次，再稍微指导一下，儿童就可以玩得很好了。同时，在过程中要提醒儿童注意时间的控制。

4. 时间进行到一半的时候，提示儿童可以征求其他同学的意见，互相都同意的，可以进行活动和活动道具的交换，交换进行不同的休闲活动。如不愿意，还是可以继续进行自己刚才的活动。

5. 在要到点的前五分钟，提示儿童看时间，结束休闲活动，整理休闲活动的道具，将区角卡片归还原位。

6. 请儿童总结下今天进行了哪些活动，收获怎样，心情怎样。

## 三、案例评析

教学活动设计主要创设很多情境让儿童有选择的机会，选择自己喜欢的活动进行休闲。教师在儿童进行休闲活动的时候对儿童遇到的问题进行指导。重点注重儿童自己选择休闲活动，自己进行休闲活动，自己结束休闲活动并收拾。

在这个活动进行前，教师要花很多时间去教儿童每一种休闲活动（棋牌、手工、绘画、阅读、影视）是怎样进行的。只有先将每样活动都教给儿童，使儿童基本上都有一定接触后，才能在后面的课程提供给儿童选择机会，选择自己喜欢的活动休闲。

尽量可以用视觉提示的方式让儿童看图提示自己进行休闲活动，教师就可以把时间多用在指导儿童提升休闲能力上。

# 第七章　自我决定

## 第一节　自我决定概述

### 一、自我决定的概念

自我决定(Self-Determination)指做决定的能力，是对自我的把握、分析、判定，是自我主动性的体现。

自我决定是使个人能有目的地从事自我规范和自我管理行为的技能、知识和信念的总和，了解自我能力和不足，并相信自己能有效地自我决定。当个体以这些技能和信念面对生活的时候，将有更好的能力掌握未来生活，在社会中扮演成功的成人个体。

Field(1998)指出，为了让儿童能最大限度掌控他们的生活和在社会中扮演成功的成人个体，自我决定的核心组成要素有：①了解个人喜好、兴趣、能力和不足；②对喜好、兴趣、想要和需求做出选择，深思熟虑后对自己的选择结果负责，有需要时能采取必要的行动，以自我选择为评价基础并修订未来的决定，朝目标努力，利用协商、协议、全服等沟通技能达到目标，承担行为的后果等；③解决问题的能力；④有意识地自我努力；⑤自我支持和自我评价的能力；⑥独立运作和调整的技能；⑦坚持；⑧自信；⑨自豪；⑩有创造力。

20世纪80年代末以来，促进特殊儿童自我决定已成为美国特殊教育研究和实践的中心问题之一。自我决定被认为是特殊儿童课程和学习指导的核心组成因素之一，也是促进特殊儿童在毕业后获得更好发展的一种教学策略。自我决定对于人一生的发展有非常重要的作用，尤其是在儿童进入高一级学校学习或进入社会工作时，还关系到儿童未来的生活质量和有效的自我管理。推动儿童自我决定或教会儿童掌握自己的未来生活是提供完善特殊教育服务品质的证明。

特殊儿童自我决定的教育训练，即为了使特殊儿童能够更好地自我规范和自我管理，进行有效自我决定等所开展的教育和训练活动。

## 二、自我决定的内容

特殊儿童的自我决定从六个方面开展：

### （一）认识自我

认识自我教育包括培养特殊儿童具有较好的自我意识、自我概念以及角色扮演三个方面。

自我意识教育的具体内容包括：知道自己的基本情况（名字、性别、年龄、住址、学校等），认识自己身体各部位的名称，知道自己的兴趣爱好，知道自己的需要等。

自我概念教育的具体内容包括：听到叫自己的名字时有回应、能说出自己的名字、知道自己的基本情况、能分清自己的所属物品、能正确运用人称代词等。

角色扮演教育的具体内容包括：知道自己在家庭中和父母的关系，以及知道自己在社会中和其他人的关系等。

### （二）时间规划

时间规划教育包括培养特殊儿童具有较好的时间概念、有时间控制和做好合理时间安排三个方面。

时间概念教育的具体内容包括：能够认识时钟，知道早、中、晚，有时间顺序等。

时间控制教育的具体内容包括：能守时不迟到、不早退，能在规定的时间内完成活动等。

时间安排教育的具体内容包括：能够依作息表、功课表进行一日活动，能够依时间顺序拟出活动计划，有事情时能先请假。

### （三）自我主张

自我主张教育包括培养特殊儿童的自我表达能力、能做选择、有责任感三个方面。

自我表达教育的具体内容包括：能用适当的语言、动作或表情表达主张，能够在不同场合中表达自己的主张等。

能做选择教育的具体内容包括：能选择自己想要的物品、想要参加的活动、想从事的工作等，并知道自己做出选择的后果。

有责任感教育的具体内容包括：完成自己应尽的义务、不打扰别人的生活、能服从团体的决议、能保持环境整洁、用完东西后能物归原主等。

### （四）解决问题

解决问题教育包括培养特殊儿童能协商解决问题、求助以及助人三个方面。

协商解决问题教育的具体内容包括:能告知别人自己的想法、能聆听别人的意见、能接受别人指出自己的不足、能改正自己的缺点等。

求助能力教育的具体内容包括:能用语言、动作以及表情向别人表达自己的困难,并能配合别人的协助来解决问题等。

助人能力教育的具体内容包括:能知道别人处于困境中、能想出办法帮助别人,以及能牺牲自己的利益去帮助别人等。

### (五)自我调控

自我调控教育包括控制和调节自己的情绪两个方面。

控制情绪教育的具体内容包括:能不随便发脾气或骂人、能接受别人的批评、能安静地等候、遇到困难时能保持冷静、能深呼吸等。

调节情绪教育的具体内容包括:能够意识到自己的过度情绪表现、能调节自己的情绪表现与情境相符合、能用有效的策略调节情绪、能在日常生活中维持稳定的情绪,以及能够应对他人的情绪等。

### (六)生涯规划

生涯规划教育包括规划未来的生活、规划未来的职业和规划未来的休闲活动三个方面。

规划未来的生活教育的具体内容包括:知道自己向往的生活方式,了解自己实现理想生活有哪些现实困难、会合理安排自己的生活时间,并为未来理想的生活做准备等。

规划未来的职业教育的具体内容包括:了解常见的职业名称和不同的职业技能,找出自己希望从事的职业,并通过参加职业培训、职业见习和实习等方式,具备从事该职业的能力等。

规划未来的休闲生活教育的具体内容包括:了解休闲生活的方式,并参加自己喜欢的休闲活动等。

## 三、自我决定的作用

### (一)促进特殊儿童的独立性发展

特殊儿童因为本身及环境的限制,在传统的教育体制下,常常是被动的接受者,而且受到过多的保护。家长和教师总是为他们打点好一切,遇到问题时总是替他们做决定,很少提供计划让他们自己做主和去学习一些调整策略或是参与能增进自主能力的活动。学校主要考核儿童在校期间学到的知识和人身安全，并没有为儿童规划在离校或毕业后遇到问题时该如何解决。

（二）促进特殊儿童综合性能力的发展

自我决定能力对于特殊儿童一生的发展有非常重要的作用，也是其各项能力的核心要素。通过教育训练，有助于促进特殊儿童各项能力的综合性发展。

（三）促进特殊儿童课程的改革

我国特殊教育的方向发展和课程设置是近年来特殊教育课程改革关注的热点问题。这种教育只是课程设计者单方面的意愿，并没有考虑到特殊儿童想以什么样的方式生活。在这种教育模式下，特殊儿童虽然能适应学校的学习生活，但是在毕业后却很难融入到社会中，社会中的人也觉得特殊儿童很难相处。

纵观国内现行的课程及教材就会发现，特殊教育的功利心太强，太想提高特殊儿童的各种知识及生活技能。虽然为特殊儿童设计了多套科学的、完整的课程，但是我们可以发现，教师在教授和训练特殊儿童的时候，往往会被现有课程约束，扮演救助者和教育者的角色，并没有顾及特殊儿童的需要。我们常发现特殊儿童非常听话，而且教师以特殊儿童非常听话为荣，认为“学生什么都听老师的，学生非常好管”，以此炫耀自己教学和管理的能力。教师事先会预测特殊儿童有什么危险或特殊儿童会有什么样的困难，教师就替他们扫除这些障碍；教师担心特殊儿童不能做出好的选择，因此教师就帮他们做出貌似对他们有益的选择，过多包办特殊儿童本应自己做的事情。

## 第二节　自我决定的教育过程

### 一、自我决定教育的评估

（一）自我决定教育的评估内容

根据自我决定教育训练的长短期目标进行评估。评估的长期目标为认识自我、时间规划、自我主张、解决问题、自我调控五个方面。每个长期目标由若干个短期目标构成。

认识自我的短期目标包括：自我意识、自我概念、角色扮演。

时间规划的短期目标包括：时间概念、时间控制、时间安排。

自我主张的短期目标包括：自我表达、能做选择、有责任感。

解决问题的短期目标包括：能协商解决问题、求助、助人。

自我调控的短期目标包括：能控制自己的情绪、能调节自己的情绪。

生涯规划的短期目标包括：规划未来的生活、规划未来的职业、规划未来的休闲活动。

### （二）自我决定教育的评估标准

对每个短期目标的评估分为四个等级："尚未开始发展，无法适应环境的需要""仅发展些微能力，需要特别协助，才能适应环境的需要""已发展较多能力，只需部分协助，便能适应环境的需要""已发展出适应环境需要的能力"，按掌握程度从差到好分别得 0—3 分。比如对第 1 个长期目标"认识自我"中的短期目标"自我意识"所采用的评估标准如下：

0. 完全不认识自我身心

1. 认识自己主要的身体部位(如头、手、脚等)

2. 知道自己的部分意愿(如想吃饭、想上公园、很高兴等)

3. 知道自己的行动后果

各短期目标的具体评估标准见附录 3"特殊儿童生活教育评估标准"第 4 领域。

### （三）自我决定教育的评估方法

1. 观察法

日常生活中观察儿童在自我决定方面的表现，观察儿童是否具有自我决定的能力，找出儿童的自我决定能力现状和起点。

2. 访谈法

通过访谈家长和教师，了解特殊儿童在家庭中和学校中自我决定方面的情况。

3. 测验法

通过特殊儿童自我决定的评估，了解特殊儿童自我决定的发展水平、存在的问题等。对照各个短期目标的评估标准，按照"尚未开始发展""仅发展些微能力""已发展较多能力""已发展出适应环境需要的能力"四个等级对特殊儿童各领域的能力水平进行打分，标注在"特殊儿童生活教育课程目标评估体系"表格相应位置。计算出各个短期目标的总分，在"特殊儿童生活教育侧面图"中的相应位置完成发展曲线，以便为教育做参考(见附录 1、附录 2、附录 4)。

另外，美国 ARC 自我决策量表也可以作为儿童自我决定能力评估的方法，该量表也可以作为自我决定教学的课程参照。

ARC 自我决策量表（青年版）是为认知障碍儿童设计的自我决策测试量表。这个量表有两个目的：(1) 为有认知障碍的儿童和教师提供了解儿童在自我决策能力领域的长处和局限；(2) 提供一个研究工具验证自我决策和其他因素在促进和抑制自我决策教学结果的关系。

本量表共 72 个题目，分为 4 个部分。每个部分检验自我决策不同要素：独立自主（Autonomy）、自我调整（Self-regulation）、心理赋权（Psychological empowerment）、自我实现（Self-realization）。

**ARC 自我决策量表**

学生姓名：　　　　　　年龄：　　　　　　性别：

学校：　　　　　　教师姓名：　　　　　　填表日期：

**第一部分：独立自主（Autonomy）**

指导语：勾选在下列场景中你的表现，每一个题目只能选择一个选项。如果你的障碍使你不能完成这些事情，你可以在别人的协助下完成。

| | 我不会这样做甚至当我有机会的时候 | 有机会时我有时会这样做 | 有机会时我大多数时间会这样做 | 有机会时我每次都会这样做 |
|---|---|---|---|---|
| **1A　独立：日常个人照顾和家庭基本功能** | | | | |
| 1. 我自己做饭或做点心 | | | | |
| 2. 我在意自己的衣服 | | | | |
| 3. 我自己做家里的杂事 | | | | |
| 4. 我将自己的东西收在一起 | | | | |
| 5. 我会为自己做简单的急救和医疗 | | | | |
| 6. 我能自我照顾 | | | | |
| **1B　独立：和环境互动** | | | | |
| 7. 我和同年龄的儿童交朋友 | | | | |
| 8. 我能使用邮局 | | | | |

**续表**

| | 我不会这样做甚至当我有机会的时候 | 有机会时我有时会这样做 | 有机会时我大多数时间会这样做 | 有机会时我每次都会这样做 |
|---|---|---|---|---|
| 9. 我能赴约和参加会议 | | | | |
| 10. 我能应对商店和餐馆的商人 | | | | |
| **1C　基本的爱好、信仰和偏好：消遣和休闲时间** | | | | |
| 11. 我依据我的兴趣做休闲活动 | | | | |
| 12. 我按我喜欢的计划周末活动 | | | | |
| 13. 我能参加学校有关的活动 | | | | |
| 14. 我和我的朋友按照自己的想法选择活动 | | | | |
| 15. 我跟我的朋友和家人写信、写便条和打电话 | | | | |
| 16. 我听我喜欢的音乐 | | | | |
| **1D　基本的爱好、信仰和偏好：社区参与和互动** | | | | |
| 17. 我自愿做我感兴趣的事情 | | | | |
| 18. 我去我喜欢的饭馆 | | | | |
| 19. 我去电影院、音乐会和舞会 | | | | |
| 20. 我去购物或在购物中心逗留一定时间 | | | | |
| 21. 我参加青年组织(如少先队、童子军等) | | | | |
| **1E　基本的爱好、信仰和偏好：毕业后指导** | | | | |
| 22. 我根据我的兴趣参加学校和业余时间的活动 | | | | |
| 23. 我从事提高我就业机会的学校活动 | | | | |
| 24. 我制订长期职业计划 | | | | |
| 25. 我现在或曾经有过挣钱的工作 | | | | |
| 26. 我正在或已经参加过职业培训 | | | | |
| 27. 我通过参观工作场地或和从事那种职业的人交谈来调查职业兴趣 | | | | |

续表

| | 我不会这样做甚至当我有机会的时候 | 有机会时我有时会这样做 | 有机会时我大多数时间会这样做 | 有机会时我每次都会这样做 |
|---|---|---|---|---|
| **1F 基本的爱好、信仰和偏好:个人表达** | | | | |
| 28. 我自己选择衣服和每天使用的东西 | | | | |
| 29. 我选择自己的发型 | | | | |
| 30. 我选择礼物给朋友和家人 | | | | |
| 31. 我装饰我自己的房间 | | | | |
| 32. 我选择花费自己的钱 | | | | |

请检查第一部分 A 到 F,确定每道题只有一个答案。

**第二部分:自我调整(Self-regulation)**

指导语:每一个故事讲述了开头和结尾。你的任务是结合故事的开头和结尾讲述故事中间发生了什么事情。阅读问题的开头和结尾,然后填写中间部分。没有所谓正确或错误的答案。

**2A 人与人之间问题的解决**

33. 开头:你和老师还有家长在开计划会。你想参加一个班学习收银,以后可以在商店工作。但是你的父母希望你参加家政培训班。你只能参加一个班的学习。

中间:________________________________________

________________________________________

结尾:故事的结局是你参加了收银员职业培训班。

故事得分:__________

34. 开头:你听见一个朋友在谈论当地书店的一个新的工作机会。你很喜欢书,而且想得到这份工作。你想在这个书店上班。

中间:________________________________________

________________________________________

结尾:你在这个书店工作了。

故事得分:__________

35. 开头:你的朋友们的行为很过火,使你感到不安。

中间:________________________________________

________________________________________

结尾:你和你的朋友相处得很好。

故事得分:__________

**续表**

36. 开头：你早上去上英语课时发现你的英语书不在你的书包里。你感到很不安，因为你要用英语书来做作业。

中间：______

______

______

结尾：你用英语书写了作业。

故事得分：______

37. 开头：在你参加的学校社团中，社团的负责人宣布在下次会议中要选出新的负责人。你想成为你们社团的领导。

中间：______

______

______

结尾：你被选为社团的领导。

故事得分：______

38. 开头：你来到新学校，不认识任何人。你想交新朋友。

中间：______

______

______

结尾：你在新的学校交了许多新朋友。

故事得分：______

2A 的总分：______

**2B　设定目标和任务完成**

指导语：下面的三个问题是问你对未来的计划。也没有所谓正确和错误的答案。如果有计划，那么这些计划是什么以及你是怎样实施计划的。

39. 你打算毕业后住在哪里？

☐ 我还没有计划过。

☐ 我想住在______

列举出实现这个目标你应该做的事情：

1. ______
2. ______
3. ______
4. ______

40. 你想毕业后在什么地方工作？

☐ 我还没有计划。

☐ 我想在______

列举出为了实现这个目标你应该做的事情：

1. ______

续表

2. ________________
3. ________________
4. ________________

41. 你计划毕业后使用哪种交通工具?

☐ 我还没有计划过。

☐ 我计划使用________

列举出为了实现这个目标你应该做的事情:

1. ________________
2. ________________
3. ________________
4. ________________

2B 的总分:________

**第三部分:心理赋权(Psychological Empowerment)**

指导语:选择选项中能更好地描述你的题项,每个题项只能选择一个选项。没有正确或错误的答案。

42. ☐ 我通常做朋友想让我做的事情。
 ☐ 我会告诉我的朋友如果他们做的事情是我不想做的时候。

43. ☐ 我会告诉别人当我有新的或不同的想法的时候。
 ☐ 我通常同意别人的观点。

44. ☐ 我通常会同意别人的观点,当他们告诉我我不能做某事时。
 ☐ 当别人告诉我,我不会做某事时,我告诉他们我会做。

45. ☐ 当别人伤害我的感情时,我会告诉他们。
 ☐ 当别人伤害我的感情时,我害怕告诉他们。

46. ☐ 我能自己做决定。
 ☐ 别人帮我做决定。

47. ☐ 在学校努力学习不能给我带来好处。
 ☐ 在学校努力学习能让我获得好的工作。

48. ☐ 我能通过努力工作获得我想要的。
 ☐ 我需要好的运气来获得我想要的。

49. ☐ 努力尝试是没有用的,因为他们不能改变任何事情。
 ☐ 当我做错事情的时候,我会努力尝试。

**续表**

| |
|---|
| 50. □ 我有能力做我想做的工作。<br>□ 我不能做我想做的工作。 |
| 51. □ 我不知道怎样交朋友。<br>□ 我知道怎样交朋友。 |
| 52. □ 我能和别人一起工作。<br>□ 我不能和别人一起很好地工作。 |
| 53. □ 我不能做好选择。<br>□ 我能做好选择。 |
| 54. □ 如果我有能力的话，我能得到我想要的工作。<br>□ 如果我有能力的话，我有可能不能得到我想要的工作。 |
| 55. □ 我交新朋友会有一段很困难的时间。<br>□ 我能在新环境中交新朋友。 |
| 56. □ 如果我需要，我能和别人一起工作。<br>□ 如果我需要，我也不能和别人一起工作。 |
| 57. □ 我的选择将不会被尊重。<br>□ 我能做对我重要的选择。 |
| 第三部分的总分：________ |

## 第四部分　自我实现(Self-realization)

指导语：辨别下面的陈述是否描述了你的想法。没有所谓正确或错误的答案。选择一个最适合你的选项。

| 题　　目 | 同意 | 不同意 |
|---|---|---|
| 58. 我不会为我的任何情绪感到惭愧 | | |
| 59. 我对我在意的人生气会感到无所谓 | | |
| 60. 我会当着别人的面表达我的情感 | | |
| 61. 即使我不同意他的观点我还是会喜欢这个人 | | |
| 62. 我害怕做错事情 | | |
| 63. 最好是做我自己而不是跟随潮流 | | |
| 64. 我被爱因为我给予别人爱 | | |

续表

| 题　　目 | 同意 | 不同意 |
|---|---|---|
| 65. 我知道我什么事情能做得最好 | | |
| 66. 我不能接受我的不足 | | |
| 67. 我感觉我自己不能做很多的事情 | | |
| 68. 我喜欢我自己 | | |
| 69. 我不是一个重要的人 | | |
| 70. 我知道怎样弥补我的不足 | | |
| 71. 别人喜欢我 | | |
| 72. 我对我的能力有信心 | | |

第四部分的得分：________________

## 二、自我决定教育的要点

### （一）在个别化教育计划中增强特殊儿童的自我决定能力

可将培养特殊儿童自我决定能力和个别化教育计划的制订和实施结合起来，两者相互促进和制约。虽然有的教师在教学中注重特殊儿童的自我决定能力的培养，但却未将那些技能培养目标写进特殊儿童的计划。将自我决定技能的培养明确写进教学计划，能有力确保特殊儿童获得自我决定的能力，使自我决定方面的教学更加系统。

个别化教育会议（简称个案会）是特殊儿童自我决定的个别化教育计划的第一个环节。个案会中各个环节为特殊儿童提供了真实的学习环境，特殊儿童在整个过程中可学到自我需求表达、自我评价、目标设定和完成、自我倡导等重要技能。特殊儿童参与自己的会议，不仅提供了一次评估特殊儿童自我决定技能的极佳机会，还可以使教师观察特殊儿童如何表达自己想做什么，以及了解他为达到这些目标所描述的计划。要确保特殊儿童有选择的机会，而且他的选择应引导整个会议过程。

个别化教育会议关注特殊儿童一年的教学目标，特殊儿童可以通过参加个案会学习自我决定的技能。因此特殊儿童参加个案会可学到的自我决定技能有：描述自己的能力、不足、需求，拥有合法权利参与制订目标、实现目标的活动，评估计划，陈述自己未来安置设想，表达自己的兴趣和爱好，为自己的目标负责，参加讨论转衔安置计划，决定自己的安置需要和确保合适的安置。将自我决定能力的培养和个别化教育计划结合，让特殊儿童参加自己的个案会是让特殊儿童在真实的场景中学习和体验自我决定，还能配合特殊儿童的个别化教育计划，并不增加教师和特殊儿童的额外负担。个别化教育计划的制订和实施以及特殊儿童主持个案会本身就是对特殊儿童自我决定技能的评估，编写个别化教育计划的长短期目标是对特殊儿童爱好和兴趣的了解，在教学中完成关于培养特殊儿童自我决定长短期目标是对自我决定教学的有力保证，对个别化教育计划的后测可检测学生自我决定技能的学习情况。特殊儿童积极发挥学习主动性，运用自我决定中的自我倡导和自我管理等技能，既能更有效地学习，也能减轻教师教学和管理的负担。

特殊儿童参加了会议，有可能只是人坐在会场，却没有发挥主导作用。教师可调整特殊儿童参加个案会的形式，让特殊儿童根据自己的能力水平在个案会中发挥作用。教师可依据特殊儿童能力将个案会分解成几个部分，根据特殊儿童程度的不同决定特殊儿童参加会议的方式。如特殊儿童的能力较好，甚至可让他全程主持个案会。中重度的特殊儿童可以做如介绍参会人员、表达自己的兴趣和需要等部分工作。整个个案会要让特殊儿童真正地参与进来，而不只是形式上的参与。特殊儿童不仅要参与个案会的全过程，在会前的准备工作中教师也应安排特殊儿童参与自己的个案会场地布置和资料准备等工作。这样既锻炼了特殊儿童的能力，又让特殊儿童对整个个案会的流程更加清楚。由于特殊儿童是第一次参加个案会，所以特殊儿童在个案会上只是做自我介绍、表达喜好。但在以后的教学中，教师会逐步让特殊儿童自己来尝试主持自己的个案会。

教师和家长在讨论特殊儿童情况的时候还要顾及特殊儿童的感受，不能总是谈特殊儿童不能这样做或不能那样做，甚至有些教师和家长认为特殊儿童听不懂。实际上特殊儿童会从教师和家长对自己的评价中再次评价自己，并产生心理暗示，认为自己就是教师和家长评论的那样，对自己失去信心。因此，在个案会上对特殊儿童情况的描述要着重放在特殊儿童的未来发展和潜能开发方面，避免对特殊儿童过多的负面评价。让特殊儿童感受到未来的希望，体验到周围环境和人员正向希望的氛围。

### （二）通过制定长短期目标来引导特殊儿童的自我决定能力发展

长短期目标的内容要充分尊重特殊儿童的爱好和兴趣，要考虑到特殊儿童如何规划自己将来的生活。最好由特殊儿童自己制定教育目标，中重度特殊儿童要被告知个别化教育计划的长短期目标，至少要清楚自己的目标，并同意目标内容的制定。教师在教学中要特别注意培养特殊儿童个体喜好和未来希望的表达。教师也要引导他们表达，可以借助辅具，如图卡、多媒体等。教师对于这部分特殊儿童要特别注意平时观察他们的喜好和增强物等，要在此基础上做引导，不然教师的引导很可能带有很强的主观性。

将教会特殊儿童自我决定意识写入个别化教育计划的长期和短期目标中，以此确保自我决定能力在教师日常教学中的实施。建议让特殊儿童在自己的计划书上签名，让特殊儿童亲身感受自我的权利和义务。

教师在教学中要教会特殊儿童书写长短期目标中相关的字的写法，长短期目标最好是由特殊儿童自己书写。因为长短期目标中的内容也是和生活息息相关的，学会这些字的写法和了解字的含义，不仅有助于特殊儿童了解自己的长短期目标，还可以避免语文教学内容脱离特殊儿童生活实际。

### （三）在教学过程中给予特殊儿童进行自我决定的机会

教师帮助特殊儿童不是帮特殊儿童做决定，而是要引导和启发特殊儿童，在特殊儿童面临困难和退缩的时候，教师要及时为他们提供适度的帮助，让他们体验成功的乐趣。自我决定并不是意味着特殊儿童想干什么就干什么，特殊儿童对事物的理解会比较片面或出现偏差。这时就需要教师引导特殊儿童，帮助特殊儿童全面分析问题，最终让特殊儿童明白要对自己选择的后果负责。应向特殊儿童阐明事情的前因后果后，让特殊儿童自己做决定。但是教师不要过分保护特殊儿童，经历失败后，特殊儿童在下次做选择时会想起以前失败的经历，会更加珍惜机会。

在教学方法上，重点放在让特殊儿童能对学习目标做选择和决定，以角色扮演来实施教学。对于班上个别重度特殊儿童在进行自我决定行为教学时可调整以非语言行为、动作来表达喜好，或给予适当弹性空间。在教学过程中，教师应根据计划中关于特殊儿童自我决定的计划实施教学，同时充分考虑特殊儿童的自主需要。在特殊儿童清楚自己的个别化教育计划目标后，教师可以和特殊儿童一起讨论教学的内容，一起设计教学活动，使教师了解特殊儿童喜欢的授课方式和活动形式。教师在教学中还应注意给特殊儿童提供选择的机会，让特殊儿童在自然的教学情景中掌握自我决定的技能。如在特殊儿童熟悉的多元校园生活中，到校后自主选择自己的座位，午餐自己选择食物和餐具，选择用餐地点等。当特殊儿童的想法总有人倾听，特殊儿童的意见总是能得到尊重，特殊儿童的体育活动器材总是能有多种选择时，在这种教育环境中，特殊儿童将更能体会到自我意识，更能有参与感和被尊重感，更愿意表达自我想法。

教师更应为中重度和没有口语能力的特殊儿童提供自我决定技能学习机会，如分发教具和玩具时优先让他们选择自己喜欢的颜色或形状，用书面或呈现图卡形式，让他们表达他们所期待的活动和学习内容。教师在教学过程中要充分考虑到特殊儿童的个体差异，进行分层教学，让每个儿童都体验成功的快感，培养他们的自信心。在教学活动设计时，教师还可巧妙创设一些小"矛盾"，在解决矛盾的过程中，使轻度特殊儿童学会帮助别人，中重度特殊儿童懂得如何向别人求助，让每个特殊儿童在真实的情境中学会如何与人沟通和协商。当特殊儿童参与一项能够表现自我决定行为的活动时，教师要观察并记录，在教学和练习结束后及时组织特殊儿童自我总结。

为鼓励激发自我决定的动机，教师需要让特殊儿童有适量的挑战压力，教师能由支持协助性活动的开展及由做选择来促进其独立自主。特别要注意的是教师要掌握导向，特殊儿童需要来学习成为他们自己的生活中的主角，过分外在的控制不利于自我决定的发展，提供特殊儿童表达喜好和做选择的机会，然后引导特殊儿童体验其中的喜乐。将自我决定能力教学和学习的机会重点放在特殊儿童参与个别化教育计划的过程，特殊儿童在学习上有较多主动积极的参与机会，掌握及承担较多的学习责任，确定与排定自己学习目标的先后顺序，并在正式的会议中学习领导的角色。在让特殊儿童做选择及为其提供自我决定的学习机会时，教师、行政人员、父母、相关服务人员需共同思索，设计和提供自我决定有效的运用机会与相关支援。

在促进自我决定的教育课程方面，并不是调整某部分或外在环境而已，有效促进自我决定的课程，应包括许多与教育有关因素的影响，如特殊儿童本身的家庭和社区环境是否提供选择经验和提供学习表达喜好和兴趣的机会，是否能与普通儿童做自然性的交流互动，接受成人角色的示范学习是否成功或是否主动掌握做决定的权利等相关影响因素都是促进特殊儿童成为主动积极自我决定的成功学习成果。

特殊儿童主动性较差，对事物的认识有一定的局限性。特殊儿童能否应用自我决定技能，教学者的引导是关键。因此建议教师在分析智障者能力起点后，根据特殊儿童的理解需要以解说、呈现图像、文字、实物或影音媒体等具体形式，以协助特殊儿童理解解决问题、自我评价与教学、参与教育计划。但是在教授新知识时，教师往往急不可待地要将新知识演示给特殊儿童看，这种教学方式能直观地让特殊儿童在短时间内掌握新知识，但是这种示范又会让特殊儿童依赖于老师的示范，也会让特殊儿童失去对新知识的自我判断，养成听教师讲解的习惯，反而不利于自我决定技能的养成。

考虑到特殊儿童的能力，以较自然性与最大参与的原则，让特殊儿童能在多重的机会下，展现及应用自我决定能力，并增进其维持及类化的能力。教学形式有全班教学、小组教学和个别教学。教学和学习策略有自我管理策略、合作学习、示范教学、同伴教学、情景教学等教学策略。

传统的个训多采用抽离式，即将特殊儿童从班级中带到其他场所如资源教室，再由资源教师进行一对一的教学。教学内容也主要是针对特殊儿童个别化教育计划的内容或特殊儿童当天学习的不足。而新的尝试更多采用多对一的形式进行，即全班特殊儿童在教师的引导下对需要进行个别训练的特殊儿童进行补救教学。特殊儿童的能力总有高低，接收知识的快慢也不相同，让能力较好的儿童帮助能力较差的儿童，不仅是对能力较好的儿童进行向别人提供帮助的训练，对能力较差儿童的补救教学也始终没脱离班级环境。

自我决定的内容丰富，并且希望特殊儿童能将自我决定变成一种内化的能力，所以不可能在一朝一夕实现。教师在活动内容设计上可以尝试以月为单位的单元主题教学，采用自创活动教学方式，主要是情景教学。

### （四）充分利用各方面资源来支持特殊儿童的自我决定能力发展

跨学科、跨部门的整合式服务方式，在此过程中的参与者不光是特教教师，还有普通教育教师、学校行政领导、家长以及特殊儿童学习和生活的社区里的相关人员。过去人们一直认为特殊儿童的领导能力相当低，没有能力学习自我决定能力及领导个别化教育计划的进行，但这些只是教育人员和相关专业人员个人的主观见解。若给予机会，特殊儿童可在某种程度的教学支持及协助下，习得自我决定的能力。

自我决定能力的学习，虽然重视学习的过程，但更重视在不同自然情景下的应用。除习得自我决定能力外，更需要特殊儿童能有效地类化应用自我决定能力，在控制和限制的环境下，不利于特殊需要儿童自我决定能力的应用。因此不管在学校、家庭、社区或职场，均是特殊儿童应用自我决定能力的最佳场所。

以四周为一个单元主题月，前三周为准备周，第四周为综合活动周。每五个教学日为一个教学周，前四天为教学活动准备日，第五天为分项综合活动教学日。前面的教学为后面的教学做准备，层层递进，对学生能力的要求和培养逐步提高，而且始终以活动带教学。

传统的“秧田式”座位安排，特殊儿童之间学习相对独立，不利于特殊儿童交流和沟通。可以让儿童自己选择愿意和谁坐在一起。为了鼓励特殊儿童同更多的同学做朋友，每两周老师要让特殊儿童再选择一次座位，这时候教师应引导特殊儿童尽量选择和不同的同学成为邻桌。如特殊儿童的座位面向黑板方向摆成一个圆弧形，或者花瓣形，根据同学自己的选择，将三个或四个同学的桌子凑在一起。安排让特殊儿童进行选择和谁坐在一起，而且三四个人坐在一起，更有利于他们之间直接交流，无形中形成了学习互助小组。选位的时候，教师在尊重儿童选择的前提下，尽量每个小组都安排一名能力较好的同学，这种安排能使特殊儿童在日常教学自然情景中学会向人求助和提供帮助等自我决定技能。

### （五）在家庭生活和社区活动中培养特殊儿童的自我决定能力

特殊儿童获得自我决定的另一个重要的途径是家庭和社区生活。在家庭生活和社区活动中，家长和教师要注重培养特殊儿童自我倡导技能，并鼓励特殊儿童自我决定，为特殊儿童尽可能创设机会，让特殊儿童形成自我决定的技能和习惯。如家长每天在给特殊儿童穿衣服时可给特殊儿童提供款式和颜色不同的衣服，让他自己做选择，而不是家长为他决定。家长在准备每天的三餐前，可以询问特殊儿童想法，听听他这顿想吃什么。在计划家庭外出活动时，听取特殊儿童的建议，让特殊儿童感受到他的想法会被人重视。家庭成员对于特殊儿童的教养态度很重要，要让特殊儿童感受到在家里他是受重视的。

家长和教师应该正视特殊儿童的不足。首先，许多特殊儿童的自我个性和能力不足，缺乏信心。他们不能正确认识自我能力，也不能正确面对自我能力的不足。其次，很多特殊儿童在缺乏自我意识和自尊心的同时，还伴随习得的无能为力和消极的归因。再次，特殊儿童长期服从教师的安排，产生了依赖的思想，缺乏自我意识。特殊儿童普遍表现出信心不足，要让特殊儿童成为成功的个体，首先要让他们树立自信心。所以教师和家长要对特殊儿童多鼓励，当特殊儿童取得进步时要及时表扬，也应尊重特殊儿童提出自己的想法和选择。教师和家长要为特殊儿童创造体验成功的机会，让他们知道，自己通过努力也能和别人做得一样好。教师和家长要尽量避免当着特殊儿童的面谈论他的能力，特殊儿童对别人谈论自己的缺陷相当敏感，长此以往，特殊儿童会形成习得性自卑，认为自己什么事情都做不好，在教师和家长眼中是没有用的人。

家长到校接特殊儿童时，应该将特殊儿童在家的情况和教师进行交流，教师也可利用家长会、个案会或联系本等方式告知家长关于学校教学情况和特殊儿童参与教学活动的情况。教师还要对家长心理进行咨询和辅导，避免出现对特殊儿童过分溺爱或漠视。学校应与家长密切配合、相互交流，为特殊儿童培养良好的自我决定技能创造环境。对家长要进行观念更新和技能培训，家庭中的成员应形成一个整体，为特殊儿童创造良好的文化氛围。在对家长进行培训时，教师可以向家长提出如下易懂和切实可行的建议，改变家长对于特殊儿童的教养态度：

(1) 把握好保护和独立的度，让特殊儿童探索他自己的世界；

(2) 特殊儿童有必要知道他们所做的和所说的对别人来说很重要，也能影响到别人；

(3) 允许他们冒险和探究；

(4) 不要回避特殊儿童问有关他们残障与别人的不同，但并不是意味着焦点放在特殊儿童不足之处。告诉孩子每个人都是不同的个体，鼓励他发展自己独特的能力，并帮助他接受自己的不足；

(5) 认可特殊儿童目标设定的过程，不要过分强调结果；

(6) 总是找机会让特殊儿童和不同年龄、背景的儿童互动；

(7) 让特殊儿童为他的行为负责，无论是成功还是失败；

(8) 总是为特殊儿童提供做选择的机会；

(9) 对特殊儿童的行为提供诚实和正向的回馈，重点放在他需要改正的行为上；

(10) 对特殊儿童抱有现实且较高的期望。

特殊儿童须在自然情景中学习才能理解和应用自我决定技巧。而特殊儿童所处的生活环境、年龄以及障碍程度不同，所需要的教学方式及教材也会有所不同。因此建议地方教育主管部门应鼓励教师提供教师发展课程所需要之资源，协助教师面向当地实际生活形态，发展适合不同年龄层、障碍程度及生活环境的特殊儿童自我决定课程。

家长在特殊儿童生活上包办过度，这需要教师在家长会或个案会上对家长进行培训，更新家长的观念。对家长进行培训前，有的家长认为活动教学不如学科教学中特殊儿童学到的文化知识多，认为特殊儿童就是应该在课堂上和别的儿童一样学习语文和数学，他们不能接受特殊儿童在学校整天参与主题单元活动。教师通过和家长多次沟通，请家长观摩活动教学后，这些家长认为将语文和数学知识融于综合活动中，特殊儿童能更快地掌握知识，也为特殊儿童提供了真实的环境将所学的知识得以运用。于是家长愿意配合教师的教学安排，在家庭生活中和学校教学进度同步培养特殊儿童的自我决定能力。

鼓励特殊儿童参与日常事务的讨论、发表意见，有助于提升其自主意识，如让特殊儿童选择自己喜欢的休闲方式，选择喜欢的餐馆就餐，装饰自己的房间，选择自己喜欢的发型和衣服等。自我决定量表中有关生活技能和日常生活技能的训练都要依靠家长，在教学中进一步提供家长引导和支持方式，争取家长的支持和参与，让特殊儿童在学校学到的知识能在家庭中得到延续和巩固。

自我决定技能是个体的技能和环境所提供的机会之间的互动。特殊儿童在学校的学习时间有限，多数时间是在家庭和社区中度过的。特殊儿童所接触到的人员多种多样，教师和家长要帮助建立特殊儿童自我决定技能学习的良好环境，在教学中或是日常生活中建立的环境是最有效的。如购物环节教学中带领特殊儿童到学校周围的超市中学习如何购物，增进超市社区人员对特殊儿童的了解；特殊儿童在和社区中其他人员交流时，练习怎样与人沟通，怎样表达自己的需求等。教师的教学方式也为社区中的人员提供了示范作用，今后特殊儿童独自到超市买东西时，售货员知道怎样帮助特殊儿童买到他想买的东西。在家庭生活中，家长可带特殊儿童一起去买东西。特殊儿童有了基本的购买能力后，让特殊儿童选择购买哪种商品和商品的数量，甚至让特殊儿童尝试自己独立购物。让特殊儿童在自然情景下学习，并在生活中得到延续，有利于特殊儿童形成自我决定潜在意识。

自我决定不是一个人的能力问题，而是每个人包括特殊儿童在内的需要和权利。任何特殊儿童，包括重度特殊儿童的自我决定能力，通过努力，都能获得一定程度的提高。特殊教育首先是尊重人权利的教育。因此作为家长和特教教师，不仅要关注特殊儿童知识和技能的发展，还要尊重特殊儿童的需要和权利，首先把特殊儿童当作人来对待，而不是首先看到他的不足。

## 三、自我决定教育的相关服务

### （一）沟通板

对于一些无口语的儿童，应该给他们提供沟通板，并教会他们如何使用沟通板来表达自己的需求。家长和教师可以自制一些低科技的图片沟通板，里面给儿童多种选择的机会，比如穿衣服的时候，让儿童选择穿什么颜色的衣服；家长在准备三餐前，让儿童在沟通板上指出想吃什么；周末的时候，让儿童在沟通板上选择自己想去什么地方玩。

（二）语言训练

特殊儿童口语表达障碍或者语音不清晰都会造成儿童自我表达需求的困难，老师在对儿童进行语言训练的时候，要着重对该儿童的沟通需求和意愿进行训练。鼓励儿童和他人进行交流，培养儿童自己的事情自己做主的意识。

（三）写日记

特殊儿童通过写日记，可以记录每天自己学习和生活的情况，同时能帮助家长了解儿童的生活和内心世界。如果儿童不会写字，可以教儿童以画图画的方式写日记。如果儿童不会画图画，家长可以准备儿童每天学习和生活中可能会用到的图卡，教会儿童用拼图卡的方式写日记。

## 第三节　自我决定案例

### 一、案例情况

竞选班干部单元主题教学——以重庆市×××小学培智辅读班为例。该班共有10个男生，其中6个智障儿童，4个自闭症儿童，年龄都在10岁左右。该班儿童在生活和学习中缺乏信心和主动性，很听教师的话，没有自己的主见。

### 二、活动设计

首先用自我决定量表对全班儿童自我决定能力现状进行测评，为全班儿童制订了以自我决定为主线的个别化教育计划后，再综合儿童的个别化教学计划，统整出学期教学计划。自我决定教学第一个月的主题是自我意识，又分为四个周主题，即自我认识、表达自我需求、认识自我情绪和选择喜好，最后综合单元主题活动竞选班干部。在第一周的教学中，主要是教会特殊儿童能书写自己的基本情况，如“我叫×××，我今年×岁。我家里有×××人，我住在×××，我喜欢×××”。在教学中我们发现，以前教特殊儿童培智教材课文里的生字时，特殊儿童没有多大的兴趣，学习速度很慢。但是学习和自己有关的知识时，特殊儿童学习的劲头很足，总是期盼再能学到表达自我的方法。本周的教学难点是让特殊儿童向别人介绍自己，恰巧本周区级教研活动在该小学召开，全区的辅读班的特教教师都来参加。利用这个机会，教会特殊儿童碰见老师时向老师问好，并做自我介绍。事实证明特殊儿童的学习效果非常好，在自然情景中，一个平时不爱说话的自闭症儿童居然主动去向老师们做自我介绍。同时这也要求家长配合，家长带特殊儿童外出碰见长辈或朋友时，也要求特殊儿童主动向别人自我介绍。

在第二周的教学中，针对特殊儿童不能正确表达自我，遇到事情多采取哭闹的情况，教特殊儿童如何表达自我需求，在需求未被及时满足时，怎样控制自我情绪。教学难点是班上有语言表达困难的儿童，他们在需要未得到满足时常采取极端行为来获取别人的注意。在个训中，教会这部分儿童采用非语言形式表达，如身体语言、图片等。教学策略和教学方式主要采用示范教学和模拟情境教学，通过教师和同学的努力，还有家长的积极配合，这部分儿童在自我需求表达方面进步十分显著。

在第三周的教学中，教学的重点内容是班委名称以及他们的职责。同时引导儿童设定目标和为目标而努力，如在选举时想当什么班委，以及为了实现目标应该怎样努力等。由于在竞选中要用到点数和数字大小比较，这周数学教学的重点就是数数和大小比较。对于数学学习能力较好的儿童还要让他们列出算式，并计算出多几票。本周教学的难点在于让儿童明白竞选的含义以及要遵守的游戏规则，通过选举每天表现好的儿童，或是让儿童选出美术课画得好的作品来培养特殊儿童选择喜好和竞争的意识。通过一周的教学，教师发现特殊儿童能明白什么是选举，并逐步能表现出被选上后的喜悦和落选后的悲伤。教师抓住时机，对特殊儿童进行自我情绪控制和设定未来目标并为之努力的教育，通过教学，特殊儿童进步十分明显。

第四周综合单元主题活动是在前三周主题教学的基础上，主要要用到前三周学到的自我介绍、表达自我需求、选择、情绪控制、点数、数字大小比较、与人交流沟通等技能，是特殊儿童自我决定技能的提升，也是为特殊儿童提供一个将以前学到的技能综合运用的教学活动。由于辅读班是设在普通小学里的，而普通班级的儿童在开学时会竞选班干部，两位教师到普通班级里，录下普通儿童竞选班干部的流程。在本周的教学中，辅读班的特殊儿童通过观看录像学习怎样进行竞选自我陈述、投票、统票和选出班干部等环节。每天特殊儿童对各项技能分别练习,教师提供或创造出各种生活中的模拟场景,在正式竞选前还模拟竞选了一次班干部,让特殊儿童亲自体验。再结合竞选班干部的周教学主题,召开全班班会课,正式竞选班干部。由于是第一次组织班会课,教师仍充当主持人,起到示范作用。但在以后的教学中,教师会逐步退出,让儿童尝试主持。

## 三、案例评析

虽说主题活动"竞选班干部"只是培养特殊儿童自我决定能力的载体,对于选出的班干部,在平时的班级活动中应发挥出班干部的作用。我们发现平时调皮的特殊儿童在当上班干部后能更好地自我约束,说明特殊儿童能明白班干部的带头作用,并为此努力。教师告知特殊儿童半学期后还要进行班干部改选,大家都要努力争取,没有选上和当选的儿童都比以前更努力学习,主动性更强了。

通过一个月的自我决定单元活动主题教学,不仅特殊儿童自我决定能力得到提高,而且给教师也带来很多的思想碰撞。教师在反思是否特殊儿童非常听教师的话就是好学生,是否特殊儿童没有自己的想法,是否教师教什么特殊儿童就理所当然该学什么等等。"竞选"似乎对于特殊儿童是抽象的概念,但是通过教学,特殊儿童能掌握竞选的含义和基本步骤,为特殊儿童自我决定奠定了良好的基础。同时也让学校的领导和其他的普教教师对特教有了新的认识,现在辅读班的课堂比以前要"热闹",特殊儿童经常围着教师说自己的不同意见和想法,似乎特殊儿童比以前更有"灵气"了,整个班级也更加有活力。

# 第八章　生活语文

语文是发展语言、发展思维、传承文化、培养人格，促进人的社会化、提高人的审美能力和文化品位的一门课程。语文的“语”，就是指口头语，“文”就是指书面语。生活语文通过观察去认识生活，扩大视野，理解课文，强化特殊儿童口头语和书面语的学习，提高观察和理解能力，使特殊儿童在观察生活中学习语文，使用语文。本章主要介绍生活语文概述、生活语文的教育过程、生活语文案例三个方面。

## 第一节　生活语文概述

### 一、生活语文的概念

语文，顾名思义可称为语言文字。生活语文是指以生活为核心组织课程内容，使学生掌握与生活紧密相关的语文基础知识和技能。使学生具有听、说、读、写的基本能力，培养学生的生活能力、社会交往、沟通能力，为形成良好公民素质和文明行为打基础，为培养自己学习、创造美好的家庭打基础。生活语文教学应注意采用适合特殊儿童的多种语言形式：手语、口语、书面语、沟通板的运用，将传授知识与补偿缺陷、调动潜能相结合。

### 二、生活语文的内容

从特殊儿童的特点和需要出发，生活语文教育训练的内容包括语言沟通、识字与阅读和写字与习作三个方面。

（一）语言沟通

语言沟通的具体教育包括：具备语前能力（适应性反应）、具备非语言沟通能力、能理解语言、能进行语言表达、具有语用能力五个方面。

具备语前能力（适应性反应）教育的具体内容包括：能对指定的刺激有反应，能够有意注视或观察周围的事物，能静坐或等待，能模仿动作，能配合各项指示等。

具备非语言沟通能力教育的具体内容包括：能与他人进行目光对视，能对他人的表情有反应，能对他人的身体动作有反应，能对他人发出的语音、语调有反应，能对他人出示的实物、图片、视频等有反应，能用表情表达情绪和需求，能用肢体语言表达需求，能用语音、语调表达需求，能用图片表达需求，能使用沟通辅具与人沟通等。

能理解语言教育的具体内容包括：能聆听各种声音并有一定的听觉记忆能力，能听懂常用具体名词，能听懂常用抽象名词，能听懂代词，能听懂常用动词，能听懂形容词，能听懂简单句，能听懂禁止、否定的词句，能听懂常用疑问句，能听懂含有介词的句子，能听懂含有连词的句子，能听懂含有助词的句子，能听懂别人叙述的一段话，能听懂别人叙述的一件事，能听懂电话、广播、影视讯息，能听懂故事、诗歌、小说等文学作品所表达的内容和情感等。

能进行语言表达教育的具体内容包括：能模仿发音，能说常见物品的名称，能使用抽象名词进行表达，能使用代词进行表达，能使用具体动词进行表达，能使用常用抽象动词进行表达，能使用含形容词、副词的短语进行表达，能使用陈述句进行表达，能使用疑问句进行表达，能使用祈使句进行表达，能使用感叹句进行表达，能使用复句进行表达，能叙述一段话，能描述生活经验，能描述事件，会说故事，针对不同情境主题对象调整说话内容，能用文明的语言进行表达，能使用与文学有关的语言进行表达等。

具有语用能力教育的具体内容包括：愿意用语言表达需求，能用各种方式表达自己的意思，能结合情境理解语言或图片信息，能使用合乎情境的语言，能与人交谈，能用适当的语音、语速和语调进行表达，能与人维持交谈，能围绕某一话题与人对话，能在适当时机加入对话。

（二）识字与阅读

识字与阅读的教育包括：具备前阅读能力；会认读常用汉字；对名词的阅读；对动词的阅读；对其他常用词的阅读；对简单短句的阅读；对疑问句的认读；能朗读课文；能认识常用标点符号，体会标点符号所表达的语气；能理解课文；能认读拼音；能使用字典、词典等工具；能积极参与识字和阅读，有良好的阅读习惯十三个方面。

能具备前阅读能力教育的具体内容包括：视线能够集中在指定的位置，视线能够随上下、左右的顺序移动，能够注意看图片或文字，能够指出刚看过的字或图形，看到字或图片有发音的意愿，看到字或图片有发音的口部动作，发音时能够跟随视线的移动，能够辨识字或图形（能从一堆字或图形中找出指定者），能够分辨不同的图表、单字、语词或句子，能够换行和翻书页，能够认识标点符号且知其功用，能对特定的字或图形做出联想反应(如看到“猫”字就可想起猫的形象)，能够根据句意断句，能注意环境中的视觉信息(如示意图、指示图)。

会认读常用汉字教育的具体内容包括：能阅读简单字(如人、口、手、工等)，能阅读偏旁部首(如亻、丰、口字旁)，能阅读左右结构的字(如打、吃)，能阅读上下结构的字(如哭、否)，能阅读内外结构的字(如店、围)，能阅读其他结构的字(如辫)，能借助汉语拼音认读汉字。

对名词的阅读教育的具体内容包括：能认读人名、人称(如王飞、父亲)，能认读常见物品名称(如桌、凳子、杯子、书、毛巾)，能够认读身体部位名称(如鼻子、口、胃、头发)，能认读地理名称(如北京、重庆、盆地)，能认读时间名称(如昨天、一会儿)，能认读公共场所常见名称及文字指示的名词(如邮局、汽车站、入口、派出所)，能认读方位名词(如前后、左右、里外、上下等)，能认读其他名词。

对动词的阅读教育的具体内容包括：能认读身体动作的动词(如打、抓)，能认读心理动作的动词(如想)，能认读其他常用动词。

对其他常用词的阅读教育的具体内容包括：能认读常用形容词(如大小、轻重、美丑、红绿色等)，能认读代词(如你、我、他们)，能认读常用虚词(如在、啊、于)。

对简单短句的阅读教育的具体内容包括：能认读“谓语＋宾语”的短句，能认读“主语＋谓语＋宾语”的常用简单短句，能认读含形容词、副词的常用短句，能认读其他常用短句。

对疑问句的认读教育的具体内容包括：能认读“是非问”的疑问句、能认读“选择问”的疑问句。

能朗读课文教育的具体内容包括：能认读两个以上的句子、能阅读图文结合的文章、能阅读记叙文、能阅读说明文、能看懂应用文、能看懂简单的议论文、能够认读表格。

能认识常用标点符号，体会标点符号所表达的语气教育的具体内容包括：能认识逗号、句号，并了解逗号、句号所表达的语气；能认识问号，并了解问号所表达的语气；能认识感叹号，并了解感叹号所表达的语气；能认识其他标点符号，并了解其他标点符号所表达的语气。

能理解课文教育的具体内容包括：能借助课文中的图画理解相关文字，能借助生活经验理解相关文字，能结合上下文和生活实际了解课文中词句的意思，能在阅读中积累词语，能在课文中提取关键信息。

能认读拼音教育的具体内容包括：能认读声母，能认读韵母，能认读声调和整体认读音节，能拼读音节，能认识大小写字母。

能使用字典、词典等工具教育的具体内容包括：知道音序查字法，先查它首字母，再查它的拼音；知道部首查字法，先查部首，再查除部首外还剩几画；难以确定部首又不知道读音的字，能用难检字查字法（笔画查字法）。

能积极参与识字和阅读，有良好的阅读习惯教育的具体内容包括：喜欢阅读，感受阅读的乐趣；养成爱护图书的习惯；积累自己喜欢的词语。

### （三）写字与习作

写字与习作教育包括：具备写前能力，能书写笔画，能写简单汉字，能书写词语，能写句子，能写一段话，能写留言条，能写病、事假条，能写个人资料，能写信，能填写日常生活中常用的表、单十一个方面。

能具备写前能力教育的具体内容包括：视线能集中于笔尖前，能持续注意于写或画的活动，能够在纸上移动握笔的手，能够一手定住纸一手写字，视线能追随移动的笔尖，视线能够随手从左到右移动，能够从左到右书写，能够写字入格，能够以正确姿势写字（一拳一寸一尺、身正腰直头正），能够分辨空间方位不同的相似图形，能够分辨空间方位不同的相似文字，能够使用铅笔、签字笔填写，能使用彩色笔画或填或写，能使用钢笔书写。

能书写笔画教育的具体内容包括：能写直线条的笔画（如一、丨），能写曲线条的笔画（如儿），能写直线条、曲线条相互组成的笔画（如乙）。

能写简单汉字教育的具体内容包括：能写直线条组成的汉字（如山、工），能写曲线条组成的汉字（如水、子），能写直线条组成的汉字部首（如扌、口），能写曲线条组成的汉字部首（如阝），能写两个部首组成的汉字（如杯）。

能书写词语教育的具体内容包括：能写人名、称呼（如李丽、爸爸），能写常见物品名称（如桌、凳、书），能写身体部位名称（如鼻、口、胃），能写地理名称（如北京、重庆），能写时间名称（如昨天、一会儿），能写身体动作的动词，能写心理动作的动词，能写形容词，能写其他常用简单词语。

能写句子教育的具体内容包括：能写“谓语＋宾语”的简单句子，能写“主语＋谓语＋宾语”的简单常用句子，能写其他常用简单句子，能写如“不要，不准”等禁止的否定句，能写如“不去，不做”等否决的否定句，能写因果关系的疑问句，能写其他简单疑问句。

能写一段话教育的具体内容包括:对写话有兴趣,留心周围事物,写自己想说的话;在写话中乐于运用阅读和生活中学到的词语;根据表达的需要,学习使用逗号、句号、问号、感叹号。

能写留言条教育的具体内容包括:能说出留言条的格式、能说出写留言条的原因、能写留言条。

能写病、事假条教育的具体内容包括:能说出假条的格式、能说明请假的原因、能写假条。

能写个人资料教育的具体内容包括:知道写个人资料的格式、能说个人资料、能写个人资料、能做个人一日记事。

能写信教育的具体内容包括:能说出信的格式(信封及信内的格式)、能说出写信的某些原因及功用、能根据要求写信(含信封)、能写简单记叙文式简信、能收发电子邮件。

能填写日常生活中常用的表、单教育的具体内容包括:能填写汇款单、借款单及报账单,能填写电、气、水表,能填写个人病历,能填写其他常用表、单。

## 三、生活语文教育的作用

### (一) 生活语文的工具性

生活语文是彼此沟通和交流思想的工具,生活语文是进行思维和开发智力的工具,生活语文是学习其他学科的工具,生活语文是传承文明、人类价值观的工具。生活语文让特殊儿童掌握祖国语言文字这一工具,具备听、说、读、写的能力,为特殊儿童适应生活打下基础。

### (二) 生活语文的人文性

国际 21 世纪教育委员会的报告中指出:“人既是发展的第一主角,又是发展的终极目标。”联合国教科文组织也指出:“教育应服务于人生全程。”生活语文教学的最终目的在于育人,即教会特殊儿童学会做人,正确协调人与人、人与自然、人与社会的关系,使之共同和谐发展。生活语文的学习就是要通过大量的听说训练发展特殊儿童的语言能力,矫正他们的语言障碍。从低起点开始,循序渐进让他们进行书面语言的学习,吸纳生活语文所蕴涵的丰富的人文精神,滋润灵魂,陶冶情操,提升人生境界,形成健全人格,使他们具备初步的读写能力。

（三）学习生活语文是特殊儿童生活的需要

在倡导素养教育、“人”的教育和终身教育的今天，学习生活语文是为了在生活中经常要用语言与别人交流，为了学习、生活的需要，为了人的精神需要，为了人的发展和自我实现的需要。在日常生活中，每个人都需要与他人进行一般性的思想、情感、事务上的沟通。平时有什么要求需要让别人知道，自己的想法和感受希望与别人分享，这些都需要通过交谈、写信、打电话等方式进行沟通。

## 第二节　生活语文的教育过程

### 一、生活语文教育的评估

（一）生活语文教育的评估内容

根据生活语文教育的长短期目标进行评估。评估的长期目标为语言沟通、识字与阅读和写字与写作三个方面。每个长期目标由若干个短期目标构成。

语言沟通的短期目标包括：具备语前能力（适应性反应），具备非语言沟通能力，能理解语言，能进行语言表达，具有语用能力。

识字与阅读的短期目标包括：具备前阅读能力；会认读常用汉字；对名词的阅读；对动词的阅读；对其他常用词的阅读；对简单短句的阅读；对疑问句的认读；能朗读课文；能认识常用标点符号，体会标点符号所表达的语气；能理解课文；能认读拼音；能使用字典、词典等工具；能积极参与识字和阅读，有良好的阅读习惯。

写字与习作的短期目标包括：具备写前能力，能书写笔画，能写简单汉字，能书写词语，能写句子，能写一段话，能写留言条，能写病、事假条，能写个人资料，能写信，能填写日常生活中常用的表、单。

（二）生活语文教育的评估标准

对每个短期目标的评估分为四个等级：“尚未开始发展，无法适应环境的需要”“仅发展些微能力，需要特别协助，才能适应环境的需要”“已发展较多能力，只需部分协助，便能适应环境的需要”“已发展出适应环境需要的能力”，按掌握程度从差到好分别得 0—3 分。

例如：

7. 生活语文

7.1 语言沟通

7.1.1 具备语前能力(适应性反应)

0. 对外界刺激完全无反应,不能注意

1. 对外界刺激有微弱反应,瞬时注意

2. 对外界刺激有可观察的反应,能注意指定刺激5秒钟以内

3. 对外界刺激有适应性反应,并有良好注意力

7.1.2 具备非语言沟通能力

0. 完全不具备非语言沟通能力

1. 能对他人出示的实物、图片、视频等做出反应

2. 能用图片表达需求

3. 能使用沟通辅具与人沟通

7.1.3 能理解语言

0. 听不懂语言

1. 能听懂具体名词、动词

2. 能听懂简单句

3. 能听懂别人叙述的一件事

7.1.4 能进行语言表达

0. 只能发出任意声

1. 能模仿发音

2. 能说常见物品的名称

3. 能使用常用句进行表达

### (三)生活语文教育的评估方法

1. 测验法

运用本书附录特殊儿童生活教育课程中有关生活语文的课程评量。对照各个短期目标的评估标准,按照“尚未开始发展”“仅发展些微能力”“已发展较多能力”“已发展出适应环境需要的能力”四个等级对特殊儿童各领域的能力水平进行打分,标注在“特殊儿童生活技能训练课程目标评估体系”表格相应位置。计算出各个短期目标的总分,在“特殊儿童生活教育侧面图”中的相应位置完成发展曲线,以

便为教育训练做参考(见附录1、附录2、附录4),了解其生活语文的学习需求。

2. 观察法

家长和教师要对儿童日常的生活进行观察,了解特殊儿童生活语文能力,了解其有弱势,找到生活语文教育的最近发展区。

此外,还可以根据个案的具体情况,通过提问、作业、书面检测的方式来评估学生的生活语文的学习能力。

## 二、生活语文教育的要点

### (一) 语言沟通

1. 训练正确的发声姿势,口舌协调并有一定发音能力

与特殊儿童讲话时,嘴应在其眼睛水平线以下,并用手控制其唇,使其头部控制得更好。在相互讲话时,要注意使他们的头部处于正确位置:面向特殊儿童,嘴巴与其眼睛在同一水平线或稍低,这样可以避免他的头向后仰而全身过分伸张,影响发音。有些特殊儿童要用力才能讲话,过分用力会使伸张姿势加重。此时家长/教师可坐下或蹲下,在不高于他的位置与他交谈,同时用手控制其肩或压其胸前,使其更易发音。说话能力的建立,必须依赖唇、口及舌的动作协调,如不合作可控制其下颚来帮助发音(如图8-1)。如有必要,可用手帮助其唇,使其发音正确。家长/教师的发音一定要准确,音量适中,语调要有高低,速度要慢,并带有感情和动作,使儿童感兴趣。当儿童用手势表示意愿时,家长/教师可装作听不懂来促使其张口说话。如果儿童不会用正确的语言表达,家长/教师可说出正确的语言让儿童模仿。

**图8-1 下颚控制法图**

2. 语音训练

在语音训练过程中,家长/教师应利用各种感官刺激来训练特殊儿童发音,如

用视觉刺激、听觉刺激和感觉刺激等来帮助特殊儿童明确辨认正确的语音并设法发出正确的语音。具体步骤如下：

第一，家长/教师正确重复说几次单音，让特殊儿童听清并看清正确的发音动作并模仿。家长/教师可与特殊儿童一起坐在镜前训练。

第二，特殊儿童模仿家长/教师所说的单音，如爸、妈等。如正确可继续练习，直到发音清晰正确；如仍说不好，可能是构音部位不正确导致语音不准，则需要进行发音的矫正。每个人讲话的构音部位不尽相同，只要语音说对了即可。

第三，除了让特殊儿童“听”，家长/教师在做语言示范时还要辅以表情、手势等，给他们感官刺激，帮助他们进行语音练习。

3. 发音矫正训练

当特殊儿童的唇、口、舌等动作不能互相协调时，可以用下颚控制法（如图8－2），即拇指、食指及中指施压于其下巴的前方及下面，然后叫他发出“啊”音，当他跟着发“啊”音时，即可用手控制他嘴唇的一张一闭。同时增加口腔轮替练习以增强口腔各部位的协调，如使他交替发出“啊—呜”“拍—他—卡”等音。

图8－2　不同的下颚控制手法

4. 矫正构音部位

当特殊儿童存在听觉障碍，不能模仿声音刺激，则可能形成构音障碍，因此可采用矫正口型及发音部位的方法，即用压舌板直接接触发音部位，使他更明了正确的构音部位。要避免单纯使用口头提示，因口头提示往往不能使他掌握发音要领和正确控制发音部位。另外，可面对镜子训练，让特殊儿童见到舌头、下颌的动作，如动作不对，家长/教师应及时纠正。

5. 强调正确发音，使用规范语音

训练时要求特殊儿童发音准确，可采用示范和模仿等方法来训练。必要时，用棉棒或压舌板等帮助儿童找到正确的发音方法与发音位置。

6. 语言理解训练

在训练特殊儿童语言沟通之前，必须要加强其语言理解能力的训练。可先训练他按成人所说的做出相应的反应，例如说“欢迎”，他即会做出鼓掌动作；说“再见”，会举手摆摆等。无论特殊儿童对你说的话是否能做出反应，都要同他交谈，同时他发出的声音不管有无意义，都要表示鼓励。通过反复多次交谈，他就会逐渐理解发音的意义，会重复发音、模仿发音并逐渐会说出有意义的字和词。

7. 语句练习

当单音练习正确后，可将所有不同的语音组合成语句来训练，然后再练习说句子等，并在多情境多种形式的活动中让特殊儿童反复练习语句表达。

8. 交谈式练习

起初句子应简短，渐渐地将句中的词语加多，句子加长，如“写字→妈妈在写字→妈妈在客厅写字→妈妈晚上在客厅写字”。同时，增加练习机会，也可使异常语音矫正到正确流利。

9. 在交往中学习语言

人类语言是在沟通和交往中发展起来的，因此对特殊儿童进行语言训练时，特别要注意语言的沟通和交往功能。家长/教师在训练时要创设语言交往的情境，多创造机会让特殊儿童练习语言表达，如故意拿错儿童想要的东西；故意在儿童面前吃他们喜欢吃的食物而不主动给他；故意将儿童想要的东西放在儿童看得到，但是拿不到的地方(高处、透明罐内等)。家长/教师在训练时要使用口语化的语言来与其进行沟通交流，要尽可能地去激发他想用言语来表达的动机，鼓励他开口说话。在他愿意说话时，再逐步去教他使用正确的发音和规范的语言。

10. 语言沟通训练与日常生活联系

语言训练必须结合日常生活内容来制定，要有实用性，同时，特殊儿童的语言刺激主要来源于周围的人，因此，语言训练可以使用地方语。家长参与和家庭配合对于语言康复训练是非常重要的，语言训练内容要在家庭中得以继续，家长/教师发音要正确，音量要大，语调要有高低，速度要慢，语言应规范，语法力求正确，便于特殊儿童学习。必要时可在语言治疗师指导下进行训练。

11. 语言学习的类化

特殊儿童往往出现类化的困难，如他们学会了在别人给自己东西时说“谢谢”，但是不会在别人关心自己时也说“谢谢”。家长/教师在训练特殊儿童这个目标时，要制造在不同情境中对特殊儿童说相同的话，即用意思相同的不同语句对他们说话，要做不同教材、不同情境的替换。

（二）非语言沟通

有些特殊儿童具有言语接受能力，但无言语的表达能力，主要原因为失语、构音困难和发音不准，所以不能进行言语交流。因而需要为失语的特殊儿童设计言语代替方法，也可以做一些言语沟通板，用符号或图示来表示，以便交流。

（三）识字与阅读

1. 识字教学

(1) 造字分析法：就是利用汉字的造字特点来识记字形。

象形字：日　月　水　火
会意字：看　尘　尖　众
指事字：刃　本　末
形声字：湖　糊　葫　蝴

(2) 形近字比较法：即引导特殊儿童通过对形近字字形差异的比较来识记字形。

人—入　　处—外

(3) 口诀字谜法：即利用编口诀、猜字谜帮助识记字形。

如口诀：渴了要喝水，喝水要张嘴。（渴—喝）

(4) 直观形象法：表示具体事物的名词、数量词等，可借助图片、实物或标本、模型、投影等来理解认识。动词、形容词等可借助手势、动作、表情等来演示。

2. 阅读教学

阅读教学中基本技能训练包括朗读、默读、复述。

(1) 朗读训练。

朗读训练从以下几方面入手：①教师要多领读范读。②抓住重点和难点，精心指导，正确朗读。③创设情境，激发朗读热情，流利地读。④在表演中，引导特殊儿童有表情地读。⑤变换形式，让特殊儿童乐意朗读。⑥教给特殊儿童一定的朗读技巧。

用普通话进行朗读，发音清楚响亮，不读错字，不漏字，不添字，不唱读，不重复朗读字句。多提供特殊儿童朗读的机会，让他们在读书的时候语速略慢一些，多读几遍。可采用齐读、个别读、小组读、分角色读、教师引读、个人自读、同桌互相检查读、小组评议读、开火车轮读等形式，为特殊儿童提供朗读的机会，培养朗读兴趣。在朗读时，还可以通过创设美好的情境激发特殊儿童“学”的兴趣，从而激发特殊儿童“读”的兴趣。

(2) 默读的训练。

默读就是不出声地读，是人们最常用的阅读方式。特殊儿童默读能力和习惯的形成有一定难度，一般经历两个阶段：一是小声读阶段，二是无声读阶段。

根据这样的发展过程，教学时要注意：首先要加强朗读训练，等特殊儿童有了一定的朗读能力后，可以进行默读训练。

(3) 复述。

复述就是让特殊儿童运用自己的言语，把句子或课文内容叙述出来。复述对特殊儿童不做具体要求，可以根据特殊儿童实际提出合理要求。复述训练的方法：详细复述、简要复述、创造性复述。

(四) 写字与写作

1. 写字

写字是一种动作技能，是通过练习形成的。首先是要讲清要领，做好示范：①教特殊儿童正确的写字姿势，②教给运笔的方法，③教特殊儿童使用田字格，④指导特殊儿童掌握汉字的笔顺规则和间架结构。写字是具有技巧性的基本功训练，其技巧的形成又需要经过多次反复练习，在练习中让特殊儿童逐步发现和掌握写字的规律。

2. 写作

写作是特殊儿童认识水平和文字表达能力的体现，是字、词、句、篇的综合训练。对特殊儿童写作教学的任务是指在教师的指导下，有计划地培养特殊儿童语言文字的表达能力，增强他们的适应能力。在特殊儿童的生活中经常运用到留言条、请假条、填写个人资料等应用文的写作，应用文的写作训练方法为：①联系实际，学用结合；②先说后写，说写结合；③讲清应用文的基本格式和写法；④学以致用，反复练习。在同一个班级中，特殊儿童的障碍程度不同，因此，写作训练的要求不能强求一律，应分析特殊儿童具体情况，提出不同要求。

## 三、生活语文教育的相关服务

1. 多媒体课件辅助教育

随着科技的不断发展，我们的教学工具也越来越先进了。多媒体教学已经深入每一个教学场所。在教学中要善于制作与运用多媒体课件，来解决教育中的难点问题。

2. 语文类补偿教育软件

有很多语文类学习软件都可以帮助特殊儿童学习语文，如通过汉字天平软件进一步掌握对汉字结构的理解，提高观察和组织能力，加深对汉字的理解与记忆；沟通板协助言语障碍儿童参与沟通等。

3. 制作初级辅具

多观察儿童生活的环境，善于废物利用，制作初级语文辅具，帮助特殊儿童学习语文，发展语言，达到适应环境的目的。

4. 改变环境，提供有效支持

特殊儿童各种能力的缺损，使他们在社会生活诸多方面想参与却不能参与。因此，还需要尽力去改变环境，在学校、家庭和社区为其提供便于参与的场地、活动及相关辅助设施，为锻炼和发展特殊儿童的语文学习和运用能力提供有效支持。

## 第三节　生活语文案例

### 一、案例情况

启智学校六年级共有学生10人，平均年龄15岁，其中4人属中度智能障碍(鹏、杰、小杨、雨心)，语言表达能力较好，对本节课的内容能够掌握，但鹏、杰口齿不清，雨心有一定的行为问题，小杨自信心不足，需多表扬和鼓励；5人为重度智能障碍，他们有一定的语言表达能力，但在文字理解和实际操作方面较欠缺，在教师的指导下能配合教学，进行模拟；1人属自闭症(清清)无语言，理解能力极差、上课坐不住，要在同学或教师的协助下参与教学。

### 二、活动设计

教育活动的名称：上医院

教育活动的目的

**A组学生：**

1. 会读、会理解“挂号处、门诊室、量体温、取药”。

2. 理解每幅图的意思,理解句子的意思,正确地朗读课文。

3. 复述课文,结合自身实践经验进行模拟,实现知识迁移。

4. 特殊儿童通过复习课文初步了解就医的简单常识(到医院—挂号—到门诊室—看病—开药方—取药)。

**B组学生:**

1. 在适当协助下会读"挂号处、门诊室、量体温、取药"。

2. 在适当协助下看图复习句子,朗读课文。

3. 复述课文,结合自身实践经验进行模拟,实现知识迁移。

4. 能初步了解就医的简单常识(到医院—挂号—到门诊室—看病—开药方—取药)。

**C组学生:**

在协助下能参与教学,进行角色扮演学习上医院看病。

## 三、训练过程

**第一环节:组织教学**

游戏导出课题。

同学们,你们喜欢唱这首歌吗?(播放《健康歌》)哪个同学能到前面表演唱?(指名)其他同学一起唱。(放音乐)

我们每天做运动,身体就很少生病,那万一生病了我们就要上医院看病。今天我们学习的课文是——《上医院》。

板书课题:上医院。(齐读)

(设计意图:通过听音乐、参与表演,让特殊儿童在轻松的气氛中自然地过渡到主课题)

**第二环节:复习检查**

挂号处、量体温、门诊室、取药等。

1. 出示生字卡片让特殊儿童齐读。

2. 把卡片发到特殊儿童手中,教师说出一个字词后特殊儿童就举起相应的字词,看谁最快。

3. 齐读字词。

(设计意图:对所学的内容能识读、理解,加深印象)

**第三环节：复习句子**

1. 复习第一个句子。

2. 出示多媒体课件，请同学们看这幅图(一个男孩和妈妈)。

(1) 小清和妈妈到哪去了？(医院)

(2) 他们上医院干什么？(看病)

(3) 谁生病了？(小清)

板书：妈妈带小清上医院看病。(齐读、个别读)

3. 复习第二个句子。

他们到了医院怎样看病的？

(1) 出示图一：

这是什么地方？(挂号处)

(2) 出示图二：

这是什么地方？(看图说出门诊室)

医生在做什么？(为小清看病，量体温)

板书：他们先到挂号处挂号，再到门诊室请医生量体温(出示体温计观察)，检查身体。(我们一起来读这个句子，要求："先到"、"再到"读时要加重语气)

4. 复习第3个句子。

小清看完病，医生为他开了药方，他该怎么做呢？

出示图三：(看图回答)

板书：看完病，小清拿着药方去取药。(① 出示实物"药方"让特殊儿童明白这是医生给小清看病的结果，增加特殊儿童的感性认识；② 出示药品，请特殊儿童辨认并说出一两种药名及作用)

5. 齐读课文。

(设计意图：通过观察图面及对课文的理解，特殊儿童初步了解了上医院看病的简单程序)

6. 复述课文，结合特殊儿童到医院看病的实践经验，讨论：看完病，小清拿着药方就能取到药吗？(引导层次好的特殊儿童说出应先缴费后才能取到药)

**第四环节：模拟(练习巩固)**

用生字卡片标明挂号处、门诊室、取药处等场景，并把药品、体温计等摆放在相应的科室，请特殊儿童扮演病人和不同科室的医生，按课文的意思表演到医院看病的简单程序(教师加以指导)。

(设计意图:通过模拟,加深对课文的理解,特殊儿童亲自扮演病人及各科室的医生等不同角色,兴趣会很高,课堂气氛此时会特别活跃)

**第五环节:小结**

我们都长大了,要学会自己的事情自己做,如果以后生病了,就无需妈妈带着去医院了,我们自己就可以去,以减轻妈妈的负担。但在平时要注意饮食起居,以防生病。

板书设计:上医院。

看病的过程:挂号处(挂号)→门诊室(量体温、检查身体、开处方)→取药。

## 四、案例评析

### (一) 在训练过程中注重学科知识的整合

人类的学习是多元的,过程是整合的。单打一的学习方式不适合特殊儿童。由于脑生理和智力的缺陷,特殊儿童需要多彩的、有趣的、活动型的学习方式。现有的培智学校语文教材,内容太深,要求太高,特殊儿童很难接受并掌握。这就要求教师根据教学实际,协调各科知识之间的横向联系,将数学、常识、美工、体育、音乐等知识有机地整合到语文教学中,使特殊儿童学习的知识更为丰富,尽可能让特殊儿童通过多角度、多侧面、多层次去感知、理解、记忆和应用所学的知识。如本节课教学第一环节中的《健康歌》,在课前教师就和音乐老师联系,事先教他们学唱,再与数学老师联系,教特殊儿童认识钱等。在语文整合教学中打破旧框框的束缚,强调在整合性的活动中学习,注重个性化的、补偿性的学习,这种学习方式更能培养特殊儿童的能力,更适合特殊儿童。

### (二) 在训练过程中注重教学方法的整合

教学方法的整合就是综合使用多种教学方法、手段,使教学充满儿童化、趣味化。教师要充分研究和掌握特殊儿童的心理特点,设计有趣的、新颖的游戏,教学环节设计要生动、有趣、紧凑,并充分发挥教学器材和媒体的作用,吸引特殊儿童注意力,调动特殊儿童学习的积极性,使特殊儿童由被动学转为主动学。课堂上尽可能设计多种动态性的教学活动,刺激特殊儿童的各种感官,以发挥多种感官的协调作用,激发特殊儿童的学习兴趣。同时还要营造一种轻松愉快的课堂氛围,因为人的思维只有在轻松愉快、无拘无束的环境中才显得最活跃。"游戏是儿童的天性",在教学中运用游戏法,让特殊儿童在做游戏时,在欢乐和谐的气氛中通过手、眼、肢体的配合,动作的协调可以补偿注意力不集中的缺陷,使记忆得到改善,促进大脑发育,如"上医院情景的模拟"。

### （三）在训练过程中，注意整合儿童已有的经验

建构主义学习理论提出，学习是学习者在已有知识经验基础上主动获得概念、知识，形成能力、情感和态度的不断的生成过程。教师在教学过程中主要通过创设学习情境，让特殊儿童以合作交流、动手操作、解决问题等方式来建构自己的认知结构。在语文整合教学中，教师应充分创造机会，让特殊儿童在情境中去实践，去操作，使他们获得直接的感受和体会。例如上医院情景的模拟，教师先让他们回忆爸爸或妈妈带他们上医院的经历，然后再让他们表演。这样一来，整堂课的气氛都很活跃。儿童都争着表演，表演中，课本上的角色活灵活现地展现在特殊儿童眼前。儿童成了热情的演员或观众，一下子全部进入情境中。通过情境的创设，特殊儿童能自然地联系已有的生活经验，进行真实地模仿、表演，在他们表演中，自主地学习了知识，培养了交往能力。

# 第九章　生活数学

数学与人类的活动息息相关，特别是随着计算机技术的飞速发展，数学更加广泛地应用于社会生产和日常生活的各个方面。人的生活实践（衣、食、住、行）几乎都离不开数学，自然界的一切物体，像花朵、蜗牛、蜂巢等也都包含着数学美。它具有抽象性、概括性、逻辑性的特点。对于特殊儿童，数学教学的重点不是学科逻辑知识体系的建构，而是围绕特殊儿童的日常生活，教导他们一些生活必需的、学以致用的、相对完整的，而且又是特殊儿童经过努力能够理解和掌握的生活数学知识。本章主要介绍特殊儿童生活数学概述、生活数学的教育过程、生活数学案例三个方面。

## 第一节　生活数学概述

### 一、生活数学的概念

数学是研究现实世界的空间形式和数量关系的科学。生活数学主要是指与特殊儿童生活密切相关的空间形式与数量关系，使特殊儿童在生活数学的学习中把数学与生活实际紧密联系起来，从来源到用途，让特殊儿童感到生活处处要用到数学，激发特殊儿童的学习兴趣，帮助他们理解数学知识，注意运用数学知识去分析问题、解决问题、提高生活适应能力。

### 二、生活数学的内容

生活数学内容的安排基于特殊儿童数学能力发展的规律和特殊儿童自身的特点，包括数前概念、数的认识、数的运算、量与计量、空间与图形、统计与概率六个方面。

#### （一）儿童数概念的发展

在教学中，应注重所学知识与日常生活的密切联系；应注重使儿童在观察、操作等活动中，获得直观经验。

1. 儿童初步数概念发展的一般过程

（1）计数活动的发展过程。

儿童在计数内容发展方面，遵循这样一种规律：口头数数→按物点数→说出总数→按群计数；而在计数动作方面，则遵循：动作水平上的点数→视觉的或听觉的点数。

值得注意的是，儿童掌握计数活动的过程是儿童掌握最初数概念的过程，当他们能手口一致点数并说出总数，标志着他已开始理解数的实际意义。

（2）儿童对数的理解的发展过程。

儿童对数的理解，是这样一个发展过程：基数→序数→数的组成。

①理解基数：一个数词与一个数词之间机械地建立起联系；逐步建立起抽象数的顺序与数的大小的明确关系；

②对序数的理解包括了基数的含义；

③数的组成，其实质是总数与部分数，即三个数群之间的关系问题。

（3）儿童形成数概念的特点。

总结起来，儿童掌握数概念是由数数开始，继而到理解数的实际含义，再到知道数的顺序和大小，以及理解数的组成和守恒，最后到掌握数的读写法。整个过程的规律是：感知物体→产生数的表象→形成抽象数概念。儿童数概念的发展具有一定的顺序性、不平衡性、个别差异性。

2. 儿童数概念发展的阶段

第一阶段（3 岁前）——对数量的笼统感知阶段；

第二阶段（3—6 岁）——数词与物体数量间建立联系的阶段；

第三阶段（6 岁以后）——数的运算初期阶段。

3. 儿童数概念形成的标志

（1）掌握 10 以内数的实际意义（基数、序数、数的守恒）；

（2）认识 10 以内相邻数的关系（任何一个自然数比前一个数大 1，比后一个数小 1）；

（3）掌握 10 以内数的组成，认识数的结构、形式。

4. 数概念教学的阶梯目标①

| 内容 | 目标编码 | 学习目标 |
| --- | --- | --- |
| 基本概念 | 1 | 有1的对应概念 |
| | 2 | 会区别“多”和“少”的成堆实物 |
| | 3 | 有“一些”和“全部”的概念 |
| | 4 | 有“不够”和“太多”的概念 |
| 唱数 | 1 | 会唱数1—5 |
| | 2 | 会唱数1—10 |
| | 3 | 会唱数1—20 |
| | 4 | 会不从1开始连续唱数至20 |
| | 5 | 会唱数1—50 |
| | 6 | 会唱数1—100 |
| | 7 | 会从10倒数至1 |
| | 8 | 会唱数至100以上 |
| | 9 | 会10个1数数到100 |
| | 10 | 会5个1数数到60(配合时间上的刻度) |
| | 11 | 会两个一数 |
| 数量概念 | 1 | 会模仿数出并拿出1—3个物品 |
| | 2 | 会在一堆东西中数出并拿出1—3个物品 |
| | 3 | 会在一堆东西中数出并拿出1—5个物品 |
| | 4 | 会在一堆东西中数出并拿出1—10个物品 |
| | 5 | 会在一堆东西中数出并拿出1—20个物品 |
| | 6 | 会说出物品的数量 |
| | 7 | 有零的概念 |
| | 8 | 有一对、一双的概念 |
| | 9 | 会使用个、只、块等量词 |

① 台湾财团法人第一儿童发展文教基金会.中重度智障功能性课程纲要[M].台北:台湾财团法人第一儿童发展文教基金会出版社,1980.

续表

| 内容 | 目标编码 | 学习目标 |
|---|---|---|
| 认数字 | 1 | 会指认数字 1—3 |
| | 2 | 会指认数字 1—5 |
| | 3 | 会指认数字 1—10 |
| | 4 | 会指认数字 0—20 |
| | 5 | 会指认数字 0—100 |
| | 6 | 会指认数字 0—100 以上 |
| | 7 | 会配对数字与实物、图卡中的数量 |
| | 8 | 会辨认个人资料中的数字 |
| | 9 | 会辨认汉字一至十二 |
| | 10 | 会辨认大写汉字壹、贰、叁至拾 |
| 序数 | 1 | 会将几个连续的数字依照顺序排列 |
| | 2 | 有第一、第二……的概念 |
| | 3 | 有第一、最后的概念 |

（二）数前概念

数前概念的教育内容主要包括比较、顺序与规律、变与不变三项。比较，主要包括比较多与少，比较“一”和许多，比较有和无，同样多。顺序与规律，主要包括能模仿排列（给一组物品、图形、颜色的排列，让学生仿排）的能力，以及能按顺序活动（串项链，按规律排物品、图形、动作等）的能力。变与不变，主要包括从两组相同数量的物品中各取一件，调换位置，两组数量不变（交换位置，数量不变），能感受物品的变与不变等。

（三）数的认识

数认识的教育内容包括十三项：第一，认识 1，包括学会点数 1 和书写 1；第二，认识 2—5 各数，包括点数 2—5，比较 2—5，书写 2—5 各数；第三，认识 6—9 各数，包括点数 6—9，比较 6—9，书写 6—9 各数；第四，认识序数，包括认识第一至第十，了解次序和位置，依次排列 1—10 各数；第五，认识“0”，包括了解“0”的涵义，正确书写“0”，了解“0”在生活中的作用；第六，认识 10，包括认识 10 的数量及构成，会书写 10，10 以内数的组成和分解，会点数和唱数 1—10；第七，认识 11—20 各数，包括能明白 11—20 各数的涵义，比较 11—20 各数的大小，依次排序，能够点数和唱数 1—20 各数；第八，认识 21—100 各数，包括能明白 21—100 各数的涵义，比较 21—100 各数的大小，依次排序，能够点数和唱数 1—100 各数，认识并了解个、十、百位；第九，认识万以内的数，包括认识 1 千，认识 1 万，认识千、万位；第十，认识比万大的数，包括了解多位数的数位和计数单位，了解本地及我国的人口数；第十一，认识生活中的数，包括认识公交车号、班级号、学号；会找楼(门)牌号、书中页码、火车站台号；认识电话号码，会使用电话(手机)数字键，拨打电话，知道自己家的电话号码，知道爸爸、妈妈的手机号码，会给家里打电话，会打电话给同学，知道特种电话号码的功能，会拨打特种电话号码 110、120、119 等，知道报警电话是 110；认识学生、家人的年龄，会进行简单的比较；会使用存储柜及输入密码；会按小区声控门键；会按计算器、电脑上的键；认识扑克牌中的数；认识电子版的数字：1，2，3，4，5，6，7，8，8，10；认识小写数字：一，二，三，四，五，六，七，八，九，十；认识大写数字：壹，贰，叁，肆，伍，陆，柒，捌，玖，拾；认识邮编，能看懂天气预报中的气温；了解自己和家人的鞋号；会读号码(电话号码，楼牌号码，车辆号码等)；会读存款数；能看懂电表、水表、存款单等。第十二，认识简单小数，包括理解小数的涵义，认读小数，书写小数，认识含有小数的商品价格；第十三，认识简单分数，包括理解部分与整体的关系，认读分数，理解分数的意义，会书写分数，会比较分数等。

(四) 数的运算

数的运算教育内容包括十项：第一，能计算 10 以内加法，包括了解加法的涵义和增加的概念，能计算 10 以内数的加法，能计算 10 以内加法应用题；第二，能计算 10 以内减法，包括了解减法的涵义和剩余的概念，能计算 10 以内数的减法，能计算 10 以内减法应用题；第三，能计算 20 以内加法，包括了解加法的涵义和增加的概念，能计算 20 以内数的加法，能计算 20 以内加法应用题；第四，能计算 20 以内减法，包括了解减法的涵义和剩余的概念，能计算 20 以内数的减法，能计算 20 以内减法应用题；第五，能计算 100 以内加减法，包括能计算 100 以内数的不进位和进位加法，能计算 100 以内数的不退位和退位减法，能计算加减混合运算，能计算加减混合运算的应用题；第六，能计算乘法，包括理解乘法的意义，掌握乘法的口诀，能进行数的乘法计算和应用题计算；第七，能计算除法，包括理解平均分的意义，能平分物品，会用乘法口诀计算除法，理解余数的意义，能计算除法应用题；第八，能进行四则混合运算，包括了解运算的顺序，能计算简单的四则混合运算；第九，能使用计算器，包括知道计算器常用键的名称和功能，会使用计算器计算加减法，会使用计算器计算乘除法，会使用计算器计算小数除法，会使用计算器计算四则混合运算；第十，会生活中数的计算，包括货物的单价和总价的认识，购物中会简单计算，会估算，运用除法分配生活中的事物。

（五）量与计量

量与计量教育内容包括十项：第一，能区分大小、长短、高矮、厚薄、宽窄，包括比较大小，比较长短，比较高矮，比较厚薄和宽窄；第二，认识长度，包括认识长度单位千米、米、分米、厘米、毫米，会进行简单的单位换算，能认识测量长度的工具，能估计一些物体的长度，会选择长度单位和测量工具进行测量；第三，认识人民币，包括认识元、角，认识 20 元、50 元、100 元，会数千元以上的钱，会拿指定数目的钱，能比较不同面值人民币的大小，初步认识简单商品的价签，能用人民币购买物品；第四，认识时间，包括认识钟表，认识几时几分，会看、读时间，能看懂作息时间表，了解 12 时与 24 时计时法，认识年、月、日，认识季、度、旬；第五，认识面积单位，包括对面积的感知，面积的比较，认识常用的面积单位；第六，认识体积单位，包括对体积的感知，体积的比较，认识常用的体积单位；第七，测量物体的质量，包括感知物体的轻重，认识质量单位，认识测量物体质量的工具，能估计物品的质量，了解“吨”的意义；第八，能认识容积单位，包括对容积的感知，了解容积的意义，容积的比较，认识升和毫升；第九，能认识速度，了解速度的含义，速度的比较，了解常用的速度单位；第十，会生活中的计量，包括会测量体温，会测量身高，会测量重量，了解商品中的折扣，记录收支和储蓄。

（六）空间与图形

“空间与图形”的教育内容包括十四项：第一，认识前后、左右、里外、上下、上中下、曲直，包括认识前后，认识左右，认识里外，认识上下，认识上中下，认识曲直；第二，认识直线和线段，包括说出直线和线段的名称，能辨认直线和线段；第三，认识圆形，包括能指认出圆形，能画出圆形，能说出常见的圆形物品；第四，能认识直角、锐角和钝角，包括能指认出直角、锐角和钝角，能画出直角、锐角和钝角，能说出常见物品的直角、锐角和钝角；第五，认识正方形和长方形，包括能指认出正方形和长方形，能画出或折出正方形和长方形，能说出常见正方形和长方形物品；第六，认识三角形，包括能指认三角形，能画出或折出三角形，能说出三角形的物品；第七，认识平行四边形，包括能指认平行四边形，能画出或折出平行四边形，能说出平行四边形的物品；第八，认识梯形，能指认梯形，能画出或折出梯形，能按老师的指示说出梯形的物品；第九，认识长方体，包括能够看图说出长方体的名称，指出常见的长方体物品，认识长方体的长宽高；第十，认识正方体，能够看图说出正方体的名称，指出常见的正方体物品，认识正方体的棱长；第十一，认识圆柱、圆锥和球体，包括能看图说出圆柱、圆锥和球的名称，能指出日常生活中常见的圆柱、圆锥和球，通过实物和模型辨认圆柱、圆锥和球等例题图形；第十二，图形与位置，包括能用上、下、左、右、前、后描述物体的相对位置，能辨认东、西南、北四个方向，能从不同的角度看物体的正面、侧面等；第十三，图形的周长、面积和体积，包括能计算长方形、正方形、三角形和梯形的周长，计算长方形和正方形的面积，了解学校的占地面积和国土面积，能计算长方形和正方形的体积；第十四，拼图游戏，包括用长方形、正方形、三角形、平行四边形或圆形拼图，能对简单的图形进行分类。

（七）统计与概率

"统计与概率"的教育内容包括生活中的统计和生活中的概率两个方面。第一，生活中的统计，包括用简单的符号记录活动的结果，将活动资料简化成记录表，用画正字等方法记录数据，将活动记录数据整理成统计表，制作统计图，解释统计表中的数据；第二，生活中的概率，包括初步体验有些事件的发生时确定的或不确定的，知道事件发生可能性的大小，通过摸球游戏体验事件发生的可能性。

（八）实践与应用

实践与应用的教育内容包括九项：第一，知道自家门牌号，包括能认识门牌号，知道自己家的门牌号；第二，统计全班人数、男女生人数，了解他们的年龄、身高、体重，包括知道自己班级的人数，知道自己班级男生人数，知道自己班级女生人数，了解班级学生的年龄、身高和体重；第三，知道昨天、今天、明天；知道白天、黑夜；知道上课、下课；知道一周有七天，包括知道昨天、今天和明天，知道白天和黑夜，知道上课和下课，知道一周有七天；第四，知道自家电话，并会打电话给同学，包括知道自己家的电话号码，知道爸爸和妈妈的手机号码，会给家里打电话，会给同学打电话；第五，知道特种电话号码的功能，会拨打特种电话号码 110、120、118 等，包括知道报警电话是 110，知道急救电话是 120，知道火警电话是 119，会拨打特种电话 110、120、119 等；第六，购买与测量，包括会购买生活用品，会量体温，会读体温表中的数据，会测量身高，会称体重；第七，购物中的实用计算，包括货物质量的认识，货物单价、总价的认识，购物中会用计算器进行简单的计算；第八，生活中的分配物品，包括支出中够与不够的估算，日常生活中分配事物中的除法运用；第九，简单理财，包括了解商品中的折扣，会购物，记录收入与支出，会储蓄。

## 三、生活数学教育的作用

### (一)生活数学是特殊儿童的必备技能

数学存在于我们周围。从古到今,我们的生活、生产、高新科技等方面都广泛应用着数学。王梓坤教授在《今日数学及其应用》一文中说:“高新技术本质上是一种数学技术。”著名科学家钱学森也说过:“高新技术的基础是应用科学,应用科学的基础是数学。”严杜健教授说:“数学将成为21世纪的每一位合格的社会成员的素养、知识和技能的一个必备的重要组成部分。”通过生活数学的学习,发展特殊儿童数学能力,培养特殊儿童掌握一定的数学基础知识、基本技能和具备数学素养,让特殊儿童学会解决生活中的实际问题,为特殊儿童适应现代社会生活打下基础。数学教学的目的是要为特殊儿童打好数学的初步基础,使他们学会适应社会生活所必需的最基本的实用性数学知识和技能,更着眼于特殊儿童现在和将来适应社会生活、独立生活的需要。

### (二)生活数学能够促进特殊儿童的社会性发展

特殊儿童由于语言发展缓慢,因此,在社会交流的发展上比普通儿童迟缓,其特点主要表现为他们的社会性发展亦较迟缓,如社会交往欠缺,社会常识贫乏,社会适应性差,在心理上有接触社会畏惧感,等等。例如,结合使用人民币初步认识小数,可以带特殊儿童到新华书店,观察书籍的标价,与此同时,让其认识保安员、收银员、售货员,并有礼貌地与人打招呼;对在自选书架上所选择的书,取后不买时必须归还原处;在书店内保持安静。也可以通过开“文具店”的游戏方式,让特殊儿童担任“顾客”“售货员”等。通过参与真实或仿真的活动,不但认识了小数,而且又了解社会常识、规范等,还将进一步深刻理解货币交换关系,较好地促进特殊儿童社会性发展。

### (三)能够促进特殊儿童的思维发展

特殊儿童的认知发展缓慢,严重影响了其思维的发展,与普通人相比,特殊儿童的思维主要依赖于事物的具体形象,依赖于感知觉,同时,在思维过程中易发生扩大和缩小概念的错误。例如,特殊儿童有时认为汽车、火车、自行车是交通工具,而轮船不是,因为它不能在地上跑,这就是把概念缩小。我们知道,概念总是用词来固定和标志的,特殊儿童由于语言缺陷,对词语的理解往往不能深入,因此,特殊儿童多半是通过列举的方法来阐明概念而不是通过概念的内涵来揭示概念的。在生活数学教学中,应充分利用特殊儿童思维特点,加强应用和实践,使特殊儿童从中发现问题、组织问题,从中学会猜想、学会思考。同时,可以有意识地培养特殊儿童遇到难题时积极探索的精神，坚信运用数学知识和思维方法能够寻求解决问题的办法和途径。可以设计“一题多解”等问题给特殊儿童训练，培养特殊儿童从不同角度认识事物及寻求解决问题的办法和发散思维。这样，不但能够培养特殊儿童思维的全面性、深刻性和灵活性，而且能够培养特殊儿童自信、进取、勇敢的良好个性品质。

## 第二节　生活数学的教育过程

### 一、生活数学教育的评估

#### （一）生活数学教育的评估内容

根据生活数学教育的长短期目标进行评估。评估的长期目标包括数前概念、数的认识、数的运算、量与计量、空间与图形、统计与概率、实践与应用七个方面。每个长期目标由若干个短期目标构成。

数前概念的短期目标包括：比较、顺序与规律、变与不变等。

数的认识的短期目标包括：认识数1、认识数2—5各数、认识数6—9各数、认识序数、认识数“0”、认识数10、认识11—20各数、认识21—100各数、认识1万以内的数、认识比万大的数、认识生活中的数、认识简单小数、认识简单分数等。

数的运算的短期目标包括：能计算10以内的加法、能计算10以内的减法、能计算20以内的加法、能计算20以内的减法、能计算100以内的加减法、能计算乘法、能计算除法、四则混合运算、能使用计算器等。

量与计量的短期目标包括：区分（大小、长短、高矮、厚薄、宽窄）、认识长度、认识人民币、认识时间、认识面积单位、认识体积单位、测量物体的质量、认识容积单位、认识速度、会生活中的计量等。

空间与图形的短期目标包括：认识（前后、左右、里外、上下、上中下、东西南北等方位）、认识直线和线段、认识圆形、认识（直角、锐角、钝角）、认识正方形和长方形、认识三角形、认识平行四边形、认识梯形、认识长方体、认识正方体、认识（圆柱、圆锥和球体）、图形与位置、图形的（周长、面积、体积）、拼图游戏等。

统计与概率短期目标包括：生活中统计、生活中的概率等。

实践与应用短期目标包括：知道自家门牌号、统计全班人数（男女生人数，了解他们的年龄、身高、体重）、知道（昨天、今天、明天；知道白天、黑夜；知道上课、下课；知道一周有七天）、知道自家电话（会打电话给同学）、知道特种电话号码的功能（会拨打特种电话号码 110、120、118 等)、购买与测量、购物中的实用计算、生活中的分配物品、简单理财等。

### (二) 生活数学教育的评估标准

对照各个短期目标的评估标准,按照“尚未开始发展”“仅发展些微能力”“已发展较多能力”“已发展出适应环境需要的能力”四个等级对特殊儿童各领域的能力水平进行打分,按掌握程度从差到好分别得 0—3 分,分四个等级。标注在“特殊儿童生活课程目标评估体系”表格相应位置。计算出各个短期目标的总分,在“特殊儿童生活课程侧面图”中的相应位置完成发展曲线,以便为教育训练做参考。各短期目标的具体评估标准见附录 3“特殊儿童生活教育评估标准”第 8 领域。

### (三) 生活数学教育的评估方法

1. 测验法

运用本书附录中有关生活数学的课程评量,教师、家长共同对特殊儿童进行评估。对照各个短期目标的评估标准,按照“尚未开始发展”“仅发展些微能力”“已发展较多能力”“已发展出适应环境需要的能力”四个等级对特殊儿童各领域的能力水平进行打分,标注在“特殊儿童生活技能训练课程目标评估体系”表格相应位置。计算出各个短期目标的总分,在“特殊儿童生活教育侧面图”中的相应位置完成发展曲线,以便为教育训练做参考(见附录 1、附录 2、附录 4)。

2. 观察法

家长和教师要对儿童日常的生活进行观察,了解特殊儿童生活数学能力,了解其有弱势,找到生活数学教育的最近发展区。

3. 实作评估法

通过特殊儿童具体操作来做评估的方法,在生活数学中,很多内容都可以通过具体操作完成评估。

此外,还可以根据个案的具体情况,通过提问、作业、书面检测的方式来评估特殊儿童对生活数学的学习能力。

## 二、生活数学教育的要点

### (一) 采用多种数学形式,使特殊儿童形成明晰的数的概念

1. 唱数

(1) 机械性重复当中形成数的感觉。

这是对数的记忆,对数的发音、排列的基本模式形成的练习,在不断机械性重

复当中，形成固定模块作为口诀式存储于大脑的数的基模，以此才可能开启其后的数序，数的大小、组成、计算等等学习。

(2) 唱数1—3、1—5、1—10。

家长可与儿童玩唱数的游戏，妈妈背过身去，站在屋里最里端，口中叫1、2、3后需回头，爸爸和儿童趁妈妈未回头时同时从屋的外端向前走，当妈妈一回头必须停止不动，待妈妈背过身去再叫1、2、3时再向前走，看谁先到达妈妈处，同时家长与儿童一起念"1、2、3、4、5，上山打老虎"的儿歌，或者唱数高楼的歌，1层楼，2层楼，3层、4层、5层楼，让儿童在音韵与节奏中反复感知并记住1—5的声音与顺序。同样方法训练唱数到10。

2. 点数

通过动手操作，了解数的排序。

(1) 模仿排列。

将实物或图片，依预先呈现的顺序和模式进行排列。

依要求：两个一组，三个一组，五个一组排列。

依要求：红色排一起，圆形排一起。

(2) 物、数对应，手口一致点数。

①加强一一对应的练习，春节发糖，让儿童为所到客人一人发一颗糖，一人面前放一个碗，配一双筷子，放一个小酒杯。

②日常生活中可以告诉儿童"妈妈数1、2、3，到3一定要回来拿你的杯子"，儿童想再玩一会可以与他约定"我数到10就不能再玩了"。儿童玩排球、跳绳、荡秋千时都可以与他一起数数。

③桌上横排整齐摆10个橘子，让儿童一个一个装进篮子里，拣一个数一个数，直到10；再整齐排列10颗扣子，让儿童手口一致，一个接一个点数至10；让儿童从一大堆糖中一颗一颗边数边拣，拣出10颗糖来，或问儿童想吃几颗糖，让他自己按数拣出。

④报数游戏：一个人说1，另一个人说2，再接下去报数，逐渐加快速度。

⑤让儿童知道最后数的数是多少。比如数糖时儿童点数1、2、3，数到3时停下来问"刚才数到几？""共数了几颗糖？"

⑥儿童点数图片练习，给儿童画有具体物的图卡，如(· ☆)　(·· ☆☆)(··· ☆☆☆)，让儿童说出图上有几颗星，或让儿童用笔在括号里填相应数量的点。

(3) 教给点数技能。

将物品排放好：

①教儿童按物点数——具体到抽象。

②教儿童运用各种感官计数。

③通过比较两个相邻数的相等与不等来练习数数——数的形成。

④教儿童按数取物——抽象到具体。

⑤教儿童掌握数的守恒，关键在于教具的设计。

首先选择颜色、大小、形状不同的同类教具让儿童数数；另外注意教具排列形式的多样化，让儿童掌握数量守恒。

3. 认识序数

(1) 分两个阶段进行。

认识 5 以内的序数、认识 10 以内的序数。教学时应关注以下几个方面：

①序数的方向：从左到右（习惯）；从右到左（特定条件）；从上到下，从下到上。

②如何使儿童理解从什么方向数起？（可设立标志物：树，旗子等。）

③序数语言的正确表述：____排在第____；排在第____的是____（可让儿童在日常生活和活动的排队中练习使用）。

(2) 活动建议。

①家长可以与儿童玩报数游戏：家中亲友在一起从 1 至 10 依数序报数，让儿童多次变换位置，增加练习机会。还可与儿童玩相互击掌，家长与儿童面对面而坐，家长带领儿童边拍边说，“我拍 1”，儿童说，“我拍 2”，家长又说，“我拍 3”，儿童又说，“我拍 4”……如此反复。

②找出第几个：给儿童一张照片（如父母在单位拍的集体照），让儿童数出第几位是妈妈；放几张邮票让儿童取出从左往右数的第五张邮票；或者给一排花中的第几朵花着色。

③填空缺的数字（10 以内），如下：

1　2　　　　5　　7　　　　10

4. 学习数学儿歌

特殊儿童的数学学习是一种符号化的数学知识与生活实际经验相结合的学习过程，他们在数学学习中遇到的最大障碍就是觉得数学知识枯燥乏味、抽象性强，不易理解和掌握。巧妙编制一些数学儿歌，能很好地突破这个难题。儿歌贴近儿童的生活实际，读起来又朗朗上口，让他们倍感亲切、生动，易学、易记。

## 数字歌一

1像铅笔细又长，2像小鸭水上漂，
3像耳朵听声音，4像红旗迎风飘，
5像秤钩来买菜，6像哨子嘟嘟响，
7像镰刀割青草，8像麻花拧一圈，
9像勺子来盛饭，10像火腿加鸡蛋。

## 数字歌二

一二三，爬上山；
四五六，翻筋斗；
七八九，拍皮球；
伸出两只手，十个手指头。

## 数字歌三

数字数字像楼梯，从小到大往上爬，
0、1、2、3、4、5、6、7、8、9、10；
数字数字像滑梯，从大到小滑下去，
10、9、8、7、6、5、4、3、2、1、0。

## 零

0是一个特殊的数，一个没有0表示；
尺上起点0表示，冰点温度0表示；
0还表示什么呢？等我发现告诉你。

## 单数和双数

老大老二分水果，水果个数有单双。
遇到双数分得均，遇到单数剩一个。
单数1、3、5、7、9，摇摇摆摆路上走。
双数2、4、6、8、10，原地不动站得直。

## 数数方法

数数方法多，看谁多灵活。
数得对又快，得数不写错。
两个两个数，二四六八十，
五个五个数，一五又一十。

### 数数儿歌

一只青蛙一张嘴，两只眼睛四条腿，扑通一声跳下水。

两只青蛙两张嘴，四只眼睛八条腿，扑通、扑通跳下水。

三只青蛙三张嘴，六只眼睛十二条腿，扑通、扑通、扑通跳下水。

四只青蛙四张嘴，八只眼睛十六条腿，扑通、扑通、扑通、扑通跳下水……

### 对数儿歌

我说一，谁对一，哪个最爱把脸洗？你说一，我对一，小猫最爱把脸洗。

我说二，谁对二，哪个尾巴像扇子？你说二，我对二，孔雀尾巴像扇子。

我说三，谁对三，哪个跑路一溜烟？你说三，我对三，兔子跑路一溜烟。

我说四，谁对四，哪个圆圆满身刺？你说四，我对四，刺猬圆圆满身刺。

我说五，谁对五，哪个蹦跳上大树？你说五，我对五，猴子蹦跳上大树。

我说六，谁对六，哪个扁嘴水里游？你说六，我对六，鸭子扁嘴水里游。

我说七，谁对七，哪个叫人早早起？你说七，我对七，公鸡叫人早早起。

我说八，谁对八，哪个鼻子长又大？你说八，我对八，大象鼻子长又大。

我说九，谁对九，哪个沙漠天天走？你说九，我对九，骆驼天天沙漠走。

我说十，谁对十，哪个耕地有本事？你说十，我对十，黄牛耕地有本事。

### （二）采用多种数学方法，提高特殊儿童的运算的能力

1. 分解练习法

10 以内数加法的教学可以分解成以下几个阶段：

第一阶段：计数实物。把两堆物体合在一起，然后从“1”起逐一计数。

第二阶段：数加实物。这一阶段，对特殊儿童的要求更高一些，不再是把两堆物体合在一起从“1”开始逐一计数，而是从数序中任意一点起逐一计数。

第三阶段：根据表象进行计算。这一阶段不再出现实物，而是凭借着前两个阶段的演示过程在头脑中形成的表象进行。

第四阶段：利用数的组成知识进行数与数抽象计算。

2. 凑十法

20 以内进位加法的教学主要是教给特殊儿童计算方法。用“凑十法”进行计算，即先把第一个加数凑成十，再算十加几，其思维过程分为三步：一凑、二分、三加。重点是先掌握凑十法，难点是把第二个加数分成哪两个数相加。计算 20 以内进位加法的知识基础有：9、8、7、6 各加几得 10（这是运用凑十法分解第二个加数的前提）；9 以内的数

的组成(这是凑十法的分析基础);三个数连加(这是凑十法的计算基础)。

100以内数的加法教学要求特殊儿童初步理解和掌握笔算加法的法则,为学习多位数的笔算加法打下基础。

3. 演示法

100以内数的口算加法。主要使特殊儿童弄清相同单位的数才能直接相加。教学时,可通过教具的演示使特殊儿童加深理解。这部分教学主要是使特殊儿童初步理解和掌握竖式计算中相同数位要对齐,从个位加起的笔算法则。首先,利用直观手段(小棒或计数器)的演示,使特殊儿童感知运算法则。其次,通过例题的分析,概括出笔算法则:相同数位对齐,从个位加起。最后,引导特殊儿童概括出两位数进位加法的笔算法则:相同数位对齐,从个位加起,个位满十,向十位进一。教学中要注意做到实物的演示与教师的语言讲解紧密配合,与竖式中数与数的抽象计算同步进行。

4. 游戏法、小组讨论法

兴趣是特殊儿童学习的最好老师,如果教师一味地在讲台上讲授知识,而特殊儿童只是坐着听课的话,有的同学很容易就走神了,根本听不进去。如果抓住他们活泼好动的特点,以游戏和小组讨论两种方法入手,提高他们学习的动力,激发他们强烈的学习欲望,就能促使他们积极主动地学习知识。如在教学"5的乘法口诀"时,可以让特殊儿童找一找生活中的数字5,用这些5的物体编成儿歌;1只手有5个手指,2只手有10个手指,3只手有15个手指……然后小组合作把这些儿歌改成乘法口诀,特殊儿童在整个学习过程中兴趣高涨,学习效果非常好。只有营造出活泼和谐的班级氛围,尊重特殊儿童的主体地位,才能充分调动特殊儿童积极的参与意识,培养特殊儿童的创新精神,提高学习的动力。根据小学生调皮好动、好胜心强、喜欢新鲜事物的年龄特点,教师应该给特殊儿童提供各种条件,在班级上组织灵活多样、富有情趣的课外活动,如表演体育竞赛等活动,把数字应用到实际生活中去,还可以在活动中培养特殊儿童的集体观念、责任感和业务感,培养特殊儿童遵纪守法的自觉性与自制力,这样有利于让特殊儿童自觉遵守学校的制度。通过实践,特殊儿童从中懂得了凡事要多动脑筋、找窍门,体会手和脑同用的益处,特殊儿童有了展示自己才华的机会,参与意识日益高涨,自理自治能力在潜移默化中逐渐形成,培养了特殊儿童的竞争意识、合作精神、自理能力、交往能力和耐受挫折的能力,充分体现了特殊儿童的主体地位,发展了特殊儿童的创新精神。

5．谈话法

谈话法就是教师在课堂上运用师生对话的方式进行教学的一种方法。这种方法的特点是：教师讲，学生也讲。

例如：在教××比××多(或少)的概念时师生的一段对话。

教师先出示题目：

**比一比，说一说**

△△△

○○○○○

**图 9－1**

师问：图上有什么(见图 9－1)？

生答：图上有一排三角形；一排圆形。

师问：有几个三角形？有几个圆形？

生答：有 3 个三角形，5 个圆形。

师问：题目要求我们做什么？

生答：要我们比一比三角形和圆形的多少。说一说三角形和圆形谁多，谁少。

师：应该说比一比三角形和圆形个数的多少。

师问：谁能说一说？

生 1：圆形比三角形多，三角形比圆形少。

师纠正：圆形个数比三角形多，三角形个数比圆形少。

生 2：圆形的个数比三角形多 2 个，三角形的个数比圆形少 2 个。

师问：你怎样知道圆形的个数比三角形多，而且多 2 个？三角形的个数比圆形少，而且少 2 个？

生 1：因为 3 个三角形对着 3 个圆形，还有 2 个圆形没有三角形与它对着，所以说，圆形的个数比三角形多 2 个，三角形的个数比圆形少 2 个。

(这时，教师用虚线画出△与○同样多的部分，指着同样多的部分)

师问：虚线左边的部分，你能用一句什么话说？

生：圆形与三角形的个数同样多。

师问：你能用“同样多”的语言来说一说为什么圆形的个数比三角形多或三角形的个数比圆形少的道理吗？(教师提示：圆形由哪两部分组成)

生 1：因为圆形有一部分与三角形同样多，还有多出的另一部分。所以说，圆形的个数比三角形多。

师：说得很好，大家跟着说两次。

生2：因为圆形除了有一部分与三角形同样多，还有多出的2个，所以说，圆形的个数比三角形多2个。

师问：谁能说一说，为什么三角形个数比圆形的个数少？

生1：因为三角形还差一些才与圆形同样多。

师：说得好，大家都来说一说。

生2：因为三角形还差2个才与圆形同样多。

师：同学们说得很好。要比较两种东西数量的多少，首先要分清楚谁和谁比，以谁做标准，当被比的东西的数量能直接分为两部分，一部分与比较标准同样多，还有多出的另一部分，我们就说，被比的东西的数量比比较标准的数量多，当被比的东西还要补上一些东西才与比较标准同样多，这时我们说被比的东西的数量比比较标准的数量少。

很明显，上面的对话是教师为帮助特殊儿童理解××比××多(或少)的概念，围绕这一概念必须弄清的问题，有计划有顺序地一个接一个地向特殊儿童提问，让他们思考回答，这样，在谈话中，特殊儿童不知不觉就获得了要学的知识。

6. 指导练习法

特殊儿童在教师的指导下进行独立作业，通过独立作业掌握基础知识与基本技能，培养能力，发展智力的方法叫指导练习法。

指导练习法有两种：

(1) 传授新知识的指导练习。

它是教师根据特殊儿童已有的知识和经验，根据新学习知识的要求和特殊儿童获取知识的必经过程设计一些练习题，在教师的指导下进行练习，在特殊儿童练习的基础上，引导他们概括出新知识。通过练习，指导特殊儿童概括出计算法则。在这个基础上，根据法则再出一些题目让特殊儿童练习。

(2) 以巩固、应用知识为主要任务的指导练习。

它是教师从特殊儿童掌握知识的程度出发，设计一些练习题，使特殊儿童通过练习，加深对所学知识的理解或系统地掌握知识或灵活运用知识解决一些实际问题。例如，当特殊儿童学习完乘法和除法三类简单应用题后，教师有意识地把三类应用题集中在一起组织特殊儿童练习，如：

①光明小学组织了5个植树小组，每组7人，一共有多少人？

②光明小学 35 人组织了 5 个植树小组，平均每个小组多少人？

③光明小学 35 人参加植树，每组 7 人，共组织了多少个组？

通过练习，特殊儿童认识三类题的异同点，从而加深对“求几个相同加数的和”“等分除”“包含除”应用题的理解。

运用指导练习法教学，促使全体特殊儿童动脑动手，有利于培养特殊儿童养成独立思考的习惯，培养他们的判断、推理能力。但指导练习法是以特殊儿童练习、探索为主。

7. 活动教学法

活动教学法是教师根据教学要求和特殊儿童获取知识的过程为他们提供适当的学习情境，让他们参与阅读、讨论、游戏、学具操作等一系列学习活动，按自己的能力去学习知识的方法。这种教学方法的特点是特殊儿童参与活动，通过听觉、视觉、空间知觉、触觉等官能在大脑指挥下协同活动而获取知识。

例如，学习 8+5 时，教师让特殊儿童先取出 8 根小棒，并把它们连在一起，又取出 5 根小棒，并把它们拼在一起，放在桌面上。在教师的启发指导下，使特殊儿童领悟凑十方法，从 5 根小棒里分出 2 根与 8 根小棒组成 10，再用 10 与 3 合并得到 13。在特殊儿童动手操作学具过程中，教师指导特殊儿童边做边说，就这样，特殊儿童很快地掌握了 20 以内进位加的思维方法。让特殊儿童通过活动去学习，能引起他们的学习兴趣，调动特殊儿童的学习主动性；特殊儿童在活动中学习，手脑并用，有利于促进他们身心的全面发展，发展他们的个性；特殊儿童在活动中学习，有利于教师发现他们学习中的问题，及时做好辅导工作，调控教学过程。

由于特殊儿童思维发展水平有差异，动手操作能力亦有所不同，教师控制教学过程、教学进度不易，因而，运用活动教学法取得理想的教学效果要注意以下问题：

第一，课前必须让每个儿童准备好学习中所用的学具。

第二，学习过程中，如何使用学具教师要给予适当的指导，提出具体的要求。

第三，加强对特殊儿童的组织纪律教育和良好习惯的培养。

第四，活动必须有明确目的。

第五，要注意处理好个别活动与集体教学的有机结合。

## 三、生活数学教育的相关服务

1. 计算器或其他计算工具辅助计算

当特殊儿童不会自己做计算时可以借助计算器或其他计算工具辅助计算。

2. 多媒体课件辅助教学

随着科技的不断发展，我们的教学工具也越来越先进了。多媒体教学已经深入每一个教学场所，在教学中要善用制作多媒体课件来解决教育中的难点问题。

3. 数学类补偿教育软件

有很多数学类学习软件都可以帮助特殊儿童学习数学，如：数数大王、认钟表、数一数、二十四点等软件。

4. 制作初级辅具

多观察儿童生活的环境，善于废物利用，制作初级数学辅具，帮助特殊儿童学习数学，在生活中运用数学知识，达到适应环境的目的。

5. 改变环境，提供有效支持

特殊儿童各种能力的缺损，使他们在社会生活诸多方面想参与却不能参与，还需要尽力去改变环境，在学校、家庭和社区为其提供便于参与的场地、活动及相关辅助设施为锻炼和发展特殊儿童的数学学习和运用能力提供有效支持。

## 第三节　生活数学案例

### 一、案例情况

本班级共有4名特殊儿童，分别为林、珊、睿、鋆，其中1名智障儿童，3名自闭症儿童，年龄在16岁左右，男女生各2名。这4名特殊儿童的生活自理能力较好，粗大动作能力发展一般，精细动作和手部的操作能力较弱，缺乏基本的社会交往能力和社交技巧。他们即将毕业，使用钱币到超市购物的能力对他们的日常生活很重要，因此，将他们分成两组进行教育训练。

### 二、活动设计

教育活动的名称：社区购物——超市购买日用品

教育活动的目的：

1. 能认识人民币；

2. 会使用计算器做钱币的计算；

3. 会取出相应数额的钱币；

4. 会正确填写购物单(名称和数量等);
5. 会正确填写购物单(预计单价、预计总价等);
6. 会购买保质期内的食物。

**教育活动的过程**

| 教学活动 | 工序分析 | 支持策略 | 说明 |
|---|---|---|---|
| 做预算 | 在沟通本上选择要购买的商品和购物场所 | 两家超市2选1,饼干3种,饮料3种选择图卡 | |
| | 根据选择要买的商品填写个人购物单 | 需要教师范写,范读 | 林、珊无此目标 |
| | 在钱袋中取适量的钱 | 鋆需要口头提醒;林、珊、睿需要辅助点算所需的人民币 | 林、珊无此目标 |
| 设计路线 | 确定要去的购物场所 | | |
| | 确定行走到不同购物场所的次序 | 大家讨论决定 | |
| | 讨论行走路线 | 出示社区线路图,提示社区路线名称 | |
| 外出准备 | 将钱放进钱包,并保管好 | | |
| | 取出购物袋 | 口头提示 | |
| | 会放好自己的物品,如购物袋等 | 口头提示 | |
| | 会做其他外出前准备,如上厕所、喝水、准备纸巾、轮椅、图卡等 | 口头提示 | |
| 外出途中 | 会根据设计路线到达指定购物场所 | | |
| | 会看交通灯 | 口头提示,看交通灯 | |
| | 会走斑马线 | 口头提示,走斑马线 | |
| | 会看街(路)牌,会认读街道名称 | 鋆需要手势提示看街牌;林、珊、睿需要范读街牌名称 | |

**续表**

| 教学活动 | 工序分析 | 支持策略 | 说明 |
| --- | --- | --- | --- |
| 超市购物 | 拿购物车/篮 | | |
| | 找到商品的货架 | 鍪需要手势提示；珊、睿、林需要手势提示并范读货架名称 | |
| | 找到同一类型的商品 | | |
| | 选择自己要买的品牌 | 范读具体品牌名称 | |
| | 选择自己要买的商品规格 | 手势提示看商品规格 | |
| | 排队等候付款 | | |
| | 付款后拿走商品 | | |
| 记账 | 清点所购的商品 | | |
| | 清点剩余的钱 | 口头提示点算找赎的钱 | 林、珊、睿无此目标 |
| | 记录购物明细账和计算总账 | 睿需要手势辅助看购物清单，使用计算器计算；鍪需要手势辅助看购物清单；珊，林需要手势提示在账单的“完成”一栏打“√”或“×” | |
| | 将剩余的钱放回钱袋 | | |
| 送货/存货 | 将代购物者的商品送到手 | 口头提示 | 林、珊、睿无有此目标 |
| | 选择适合的方式存放商品 | 口头提示 | |
| 物品归位 | 将找赎的钱放回自己的钱袋/代购物者专用钱袋 | 口头提醒 | |
| | 将购物单/价格表归位 | 口头提醒 | |
| | 将购物袋归位 | 口头提醒 | |

## 三、案例评析

1. 运用大量的视觉提示，作为特殊儿童的辅助策略。根据对家长和特殊儿童的调查，明白特殊儿童和家长的购物需求，将其需求制作成商品实物图文卡，供特殊儿童选择当天购物的商品内容。又根据对特殊儿童和家长的调查，知道特殊儿童和家长经常会去的购物场所的类型，以及对学校的社区调查，将类似的购物场所用相机照下，制作成购物场所图文卡，供特殊儿童选择当天的购物场所。根据购物内容和购物场所定制成购物小册，有助于特殊儿童购物时图文对照自由选择商品和选择购物场所。给特殊儿童最大的自主性，有助于特殊儿童在常态环境下学习，所购买的商品和所去的购物场所都是特殊儿童选择的、喜欢的，大大提高特殊儿童的学习兴趣。根据学校附近的购物场所和特殊儿童经常光顾的购物场所，制定了社区线路图，并且让特殊儿童自主选择不同的购物线路，有助于特殊儿童认识社区、提高自信、激发学习兴趣。有了学习的动机和兴趣，学习的效果也大大提高。

2. 运用大量的结构流程图，使特殊儿童形成结构化的学习。如购物流程图、外出准备图、超市购物流程图、市场购物流程图、面包店购物流程图、文具店购物流程图、市场购物流程图。使用大量的结构性流程图，每天反复学习、练习。高频的练习使特殊儿童熟悉每一不同的购物场所使用的购物流程，知道每一个购物的程序，形成巩固的结构性的知识基础。

3. 针对特殊儿童的IEP以及个人能力的不同，为每人设计不同的表格，如睿、鍌的表格(如表1)。

**表1　A组个人购物单**

日期：　　月　　日

| 我买了 | 单价 | 数量 | 总价 | 合计 |
|---|---|---|---|---|
| | | | | |

我有______元，用了______元，还有______元。

又如林、珊的个人购物单，是单纯的选择粘贴型的。完成一栏为打“√”或“×”(如表2)。

**表2　B组个人购物单**

| 我在这里买 | 我要买 | 完成 |
| --- | --- | --- |
| | | |

4. 因为是刚从功能性课程转换为生态性课程，特殊儿童从没接触过购物，所以在设计时选取特殊儿童较为熟悉的超市购物，用2选1的方式，学习超市的购物流程，设定小组学习时间为一个月，每周3节课，作为加强反复巩固练习。虽然同是超市，但是在购物流程中还是有细微的不同，对于特殊儿童来说还是有困难的，所以要对不同的超市进行反复的练习。在商品购物上，根据特殊儿童的强化物，设计单纯地学习购买饼干与饮料。每种商品的购买流程不同，如饼干要看生产日期，如牙膏要检查包装，现在只是集中学习饼干与饮料中的一种，它们同是食品，流程基本一样，反复强化形成技能，以后可以在其他零食类上使用。

# 第十章　生活常识

生活常识教育是特殊儿童生活技能教育中的重要一环，它以特殊儿童当前及未来生活中的各种常识、经验为课程内容，培养特殊儿童的自我保护能力和社会适应能力，使之尽可能成为一个独立的社会公民。由此可见，生活常识教学课程内容内涵丰富，从自然中的动物、植物、天气到日常生活习俗规范、法律法规等，无所不包。在整体上给特殊儿童展示了一张自然与社会适用性很强的知识网，适合特殊儿童的认知发展特点与切实需要，有力地促进了特殊儿童适应生活、适应社会能力的提高。因此，生活常识教育训练是特殊儿童生活技能训练的重要组成部分，是实现特殊儿童独立生活的重要条件，也是提高特殊儿童生活品质的重要保障。本章将从特殊儿童生活常识概述、生活常识的教育过程、生活常识案例三个方面进行阐述。

## 第一节　生活常识概述

### 一、生活常识的概念

生活常识，从普遍意义来讲，是指人们在日常生活中总结出来的科学知识，涵盖健康、营养、饮食、居家、生活小窍门等方面，或者说是生活中普通的知识，众所周知的知识，一般的知识。具体来讲，一是指与生俱来、毋庸特别学习的判断能力，或是生活中众人皆知、无须解释或加以论证的知识；二是指在生活中对一个理性的人来说是合理的知识，即“日常知识”。

### 二、生活常识的内容

（一）认识常见动物

认识常见动物，包括认识家禽家畜、认识野兽、认识昆虫、认识水中动物、认识两栖动物及爬行动物、认识鸟类、小动物的饲养七个方面。

认识家禽家畜，包括看见家禽家畜能够说出其名称，看见家禽家畜的图片能说出其名称；能举出三种家禽（如鸡、鸭、鹅）；能说出家禽的特征（如两条腿、有羽毛、有翅膀以及吃什么食物等);能辨别出家禽的叫声;能说出几种常见家畜(如狗、猫、猪、牛、羊、马等);能说出家畜的特征(如四条腿、吃什么、是人所饲养的等);能辨别出家畜的叫声;能辨别出家禽家畜的幼年与成年;能指出家禽是卵生的;家畜是胎生的,能说家禽家畜与人类的关系(家禽生蛋给人吃或直接给人吃、狗看门、牛耕田、牛皮可做鞋等)等。

认识野兽,包括在动物园中看见野兽能说出其名称,看见十张野兽图片能说出六种以上的名称(如虎、狼、大熊猫、狐狸、猴、大象、狮子、豹等);看见图片能指出哪些是家禽,哪些是野兽,能举出野兽的特征(如四条腿、食物、生活地、生活习性等);能指出野兽与人类的关系(如哪些对人类有害,哪些对人类有益);知道保护野生动物等。

认识昆虫,包括看见图片能说出五种以上常见昆虫(如蝴蝶、蜜蜂、蜻蜓、螳螂、蝉、蚊子、苍蝇等);能说出昆虫有几双脚;能说出大部分昆虫有几对翅膀;能指出一种昆虫的头、身体、脚和触角;能说出哪些昆虫是益虫,哪些昆虫是害虫等。

认识水中动物,包括至少能说出一种水中动物(如鱼);能说出鱼的结构;能说出鱼有鳞;能说出鱼用鳃呼吸;用鳍游泳;能说出鱼的生活习性(如离不开水);能说出鱼的食物(至少一种),能说出鱼可食用(金鱼供观赏)等。

认识两栖动物及爬行动物,包括至少能说出一种两栖动物的名称(如青蛙),能说出青蛙的栖息地(水中和陆地),能说出青蛙是由蝌蚪变来的,能说出青蛙和蝌蚪的外形,知道青蛙是帮人类抓害虫的有益动物,至少能说出一种爬行动物(如蛇),能说出蛇无脚,能说出蛇是帮人类捉田鼠的有益动物,知道青蛙和蛇都要冬眠,知道保护青蛙与蛇等。

认识鸟类,包括能说出五种以上鸟的名称(如燕子、乌鸦、啄木鸟、鸽子、猫头鹰、麻雀等);看见图片能指出哪些是家禽,哪些是鸟类;能说出鸟的特征(如有羽毛,有翅膀,两只脚,多生活在树上);能说出鸟类与人的关系(如燕子消灭害虫、猫头鹰抓老鼠等);知道人要保护鸟类等。

小动物的饲养,包括知道饲养小动物有利于身心健康,知道自己最喜欢的小动物,知道自己最喜欢的小动物的生活习性,知道自己最喜欢的小动物的饲养方法等。

### (二)认识常见植物

认识常见植物教育的具体内容包括认识常见水果,认识常见蔬菜,认识常见农作物,认识花、草、树木,花、草、树木的种植五个方面。

认识常见水果,包括能看见水果说出其名称,看见常见水果图片能说出其名称，能举几种常见水果（如苹果、梨、香蕉、葡萄、桃、李、杏、广柑、橘柑等），知道常见水果的吃法，能指出不同季节中常见水果，能说出自己最喜欢吃的水果等。

认识常见蔬菜，包括看见蔬菜能说出其名称，看见常见蔬菜的图片能说出其名称，能举出几种常见蔬菜，知道多吃蔬菜有益于身体健康，能指出不同季节中常见的蔬菜，能说出自己最喜欢吃的蔬菜等。

认识常见农作物，包括能看见图片说出农作物名称，能举出常见农作物名称，能说出米来自稻谷，能说出面粉来自小麦，能说出由面粉做的食品（至少三种），能说出不同季节中生产的农作物，能认识植物（如水稻、小麦、玉米）的不同生长期，能说出植物（如水稻、小麦、玉米）的生长习性，知道爱护庄稼，知道要节约爱惜粮食等。

认识花、草、树木，包括能分清（如花、草、树木），能说出几种常见花的名称，能说出花的特征（如有香味），能说出自己最喜欢的花，能描述自己最喜欢的花的颜色、形状，能说出几种常见树的名称，能举出树的几种用途，能根据花、草、树木认出夏天与冬天的图片，能说出有些树在冬天会掉叶，能说出花、草、树木在春夏最茂盛，能说出不同季节的花，能按时给花木浇水，能不攀折花木、不践踏草地，能在看见别人攀折花木或践踏草地时知道这是错的，能说出所有植物生长都离不开阳光和水等。

花、草、树木的种植，包括知道种植花、草、树木是一种休闲，知道种植花、草、树木可以绿化与美化环境，知道不同的花、草、树木的种植方法，知道不同的花、草、树木的保护和培养方法，知道在适当的时间、适当的地点种植植物花、草、树木等。

### （三）认识天气与四季

认识天气与四季教育的具体内容包括认识、观察天气状况，认识四季变化、认识天气冷热变化三个方面。

认识、观察天气状况，包括知道四种天气类别（晴天、阴天、雨天、雪天），能说出晴天是有太阳的天气特征，能说出雨天的天气特征，能说出阴天和多云的天气特征，能说出雪天的天气特征，能描述风向，能看（听）懂天气预报，能记录每天的天气及气温等。

认识四季变化，包括能说出一年中的四季，能以图片中的情形判断季节，能描述春天的景色（自然界与人们生活），能描述夏天的景色，能描述秋天的景色，能描述冬天的景色，能了解主要节气（春分、夏至、秋分、冬至）的时间与意义等。

认识天气冷热变化，包括能说出今天的天气，能说出今天的冷热状况，能说出夏天热该怎么办，能说出冬天冷该怎么办，能依据天气冷热变化增减衣物等。

（四）认识地理环境

认识地理环境教育的具体内容包括认识各种自然环境、认识周围环境、知道我国基本地理概况、知道地理的基本概况四个方面。

认识各种自然环境，包括能认识山，能认识河流，能认识农田，能认识沟渠，能认识丘陵，能认识盆地，能认识平原，能认识湖泊，能认识海洋，能认识草原，能认识沙漠，能认识森林，能认识山区，能认识农村，能认识城市。

认识周围环境，包括能说出自己的居住地（某区某街某号或某县某乡某村等），能说出自己居住地的环境（如在山脚、水边），能说出学校的名称，能说出学校的地址，能独自从家到校上学或放学回家，了解家乡的地理概况（风景区、特产、发展变化等），初步辨认方向：东、西、南、北等。

知道我国基本地理概况，包括能从世界地图中找出中国的位置，能从中国地图中找出家乡所在省位置（如四川省、陕西省等），能从本省地图中找出家乡的位置，了解我国的几大河流（如长江、黄河、淮河、珠江、松花江等），了解我国主要山脉，了解我国地势（西高东低），了解我国四大高原（青藏高原、内蒙古高原、云贵高原、黄土高原），了解我国三大平原（东北平原、华北平原、长江中下游平原），了解我国四大盆地（四川盆地、塔里木盆地、准噶尔盆地、柴达木盆地），知道家乡的地理特点，知道我国有丰富的物产，知道保护土地的重要性，知道我国共有 34 个省级行政区（其中 4 个直辖市、23 个省、5 个自治区、2 个特别行政区）等。

知道地球的基本概况，包括知道地球的形状是球形，能说出七大洲，能说出四大洋，知道地球表面海洋面积比陆地面积大，知道我国处于亚洲，知道我国的邻国，知道地球上几个主要国家（美、日、法、英、俄、德、意），知道地球上有几种不同肤色的人种（黄、黑、白、棕），知道我们是黄色人种，知道地球以外有太阳、月亮、星星，知道地球绕太阳转，知道地球上白天能看见东西是因为有太阳光，知道月亮绕地球转，知道我们之所以能看见月亮是因为月亮反射太阳光，能说出月亮最圆最亮是在哪一天，能说出太阳和月亮都是东升西落等。

（五）其他有关自然知识

其他有关自然知识教育的具体内容包括认识了解水，认识了解火、认识了解光、电、热磁三个方面。

认识了解水，包括初步了解水的用途；知道节约用水，初步了解水的三态变化

（自然界中雨、冰、雪、露、霜、水蒸气等）；知道水的危害，并学会保护自己等。

认识了解火，包括知道火的用途、知道火的危害、学习防火知识等。

认识了解声、光、电、热、磁等，包括知道我们能听得见是因为有声音的缘故，能通过不同的声音辨别物体，知道我们之所以能看得见是因为有光的缘故，认识发光的物体和不发光的物体，知道光的发射，知道我们的生活离不开电，知道电的危险，认识触电危险的标志，初步懂得安全用电常识，认识物体的热胀冷缩现象，认识磁铁并了解磁铁能吸铁的性质，认识（沙、石、土）的用途等。

（六）习俗传统

习俗传统教育的具体内容包括认识常见的节日、风俗、文化，了解历史知识三个方面。

认识常见的节日，包括知道 10 月 1 日是国庆节（是庆祝中华人民共和国诞生的日子），知道 6 月 1 日是国际儿童节（是小朋友自己的节日），知道 5 月 1 日是劳动节（我们应该热爱劳动），知道 9 月 10 日是教师节（我们应尊敬教师），知道 8 月 1 日是中国人民解放军建军节（我们要热爱解放军），知道 7 月 1 日是中国共产党成立纪念日（我们要热爱共产党），知道元旦是新年的开始，知道春节是我国传统的新年，知道清明节是我国传统祭祖和扫墓的节气，知道端午节是农历五月初五（人们用吃粽子、划龙船来庆祝），知道中秋节是农历八月十五以及中秋的意义，能了解生日的意义及庆祝方式，知道自己、家人、好友的生日等。

风俗、文化，包括能说出家庭成员的称谓及名字，能了解遵循家庭伦理道德（孝顺长辈与同辈友好相处、直系与旁系等），能了解一般习俗（如祝寿、探病、婚礼、丧礼、走访亲友、扫墓等），能了解我国传统节日的来历及庆祝方式，能了解农历与公历的意义，能了解 24 节气与农业生产的关系，知道我国及本地著名的名胜古迹和风景游览区，知道保护名胜古迹和风景区。

了解历史知识，包括知道我国有悠久的历史（古代中国政治、经济、文化一直领先世界），知道我国四大发明，能初步了解我国古代社会的一般特点，知道几个古代有作为的皇帝（如秦始皇、汉武帝、唐太宗、宋太祖、明太祖、康熙帝），知道炎黄传说（了解我们是炎黄子孙的来历），知道几个古代文化名人（如孔子、孟子、张衡、朱熹等），能了解鸦片战争与林则徐，能了解辛亥革命与孙中山，能了解五四运动，能了解中国共产党成立，能了解南昌起义，能了解长征，能了解抗日战争，能了解解放战争，能了解中华人民共和国成立，知道自己家乡的起源历史，知道家乡的近代史等。

### （七）权利与义务

权利与义务教育的具体内容包括了解相关法律、法规，能做好社会角色两个方面。

了解相关法律、法规，包括能了解《残疾人保障法》有关内容并知道保护自己的权利，能了解《义务教育法》并知道自己受教育既有权利又是义务，能了解我国的婚姻制度（一夫一妻），能了解我国有关结婚的条件（如法定年龄、近亲不能结婚等），能了解有关离婚的规定，能了解民法中关于财产处理的规定（如遗产继承的规定），能知道《治安管理处罚条例》的内容，能了解与遵守日常生活中的各项规章制度（如交通规则、校规校纪等），知道守法的重要性，知道违法就要受到惩罚，能了解法律是保护好人并惩罚坏人的，知道向何处求教有关法律问题，能了解宪法是国家的根本大法等。

能做好社会角色，包括认识职业（工人、农民、解放军、知识分子等），知道作为一个人应该遵守一定的社会公德，知道人应有良好个人品德（如准时、诚实、合群、尊重隐私等），知道人在不同场合扮演不同角色并有不同的权利与义务，能在学校中遵循学校规范，能在家庭中遵循家庭规范，能在生活中实践五讲四美三热爱，能在不同社区活动中认识自己的角色并享受权利履行义务，知道作为国家公民必须守法，能认识、使用、爱护公共设施，能积极参与公共事务等。

### （八）国情

国情教育的具体内容包括具备基本国情知识、具有爱国行为两个方面。

具备基本国情知识，包括能说出我国的首都是北京，能说出我国的国旗是五星红旗，知道国旗的颜色、图案及含义，知道红领巾是国旗的一角并爱护红领巾，能认识国徽并知道国徽的颜色和图案的含义，会唱我国的国歌，能认识不同面值的人民币，知道我国的版图、政区、人口、面积，知道我国是以汉族为主体的多民族国家（有56个民族），知道各民族一律平等，能说出自己的民族，能说出中华民族的含义，能尊重各民族的风俗习惯，知道我国地大物博及人口众多，知道我国正在实行计划生育政策，能了解计划生育政策并自觉遵守计划生育政策，能说出我国是社会主义国家（执政党是共产党），知道我国正在进行改革开放和发展经济，能说出环境保护的意义，能自觉保护环境等。

具有爱国行为，包括唱国歌要立正，尊敬党和国家领导人，遇升降国旗要肃立致敬，尊重外国友人，能简述本民族和本地区的英雄事迹，能了解历史上和当今英雄人物的爱国事迹，能了解历史上爱国与卖国的史实，能认识了解国家与个人的关系等。

### 三、生活常识的作用

人生活在世界上，在生活中展开自己的生命活动，体验着自己的生存状态和生命活力。特殊儿童作为“存在者”，也同样在生活世界中体验着自己“生命之河”的流动，在生活的体验中实现自身的生成，进而发展成为一个完整的人。特殊教育的最终目标是通过九年义务教育后，使特殊儿童成为能适应社会，甚至创造社会价值的人。因此，生活常识教育训练在特殊教育中占有非常重要的地位。

#### （一）特殊儿童学会生活常识技能有助于较熟练地解决生活中经常出现的困难

生活常识是人们在日常生活中总结出来的科学知识，涵盖健康、营养、饮食、居家、生活小窍门等各方面。特殊儿童通过学习，了解并掌握了这些生活中的合理的、日常的知识，将有助于其在生活中加以运用，解决生活中经常出现的各种困难。

#### （二）特殊儿童学会生活常识技能有助于掌握基本的生活技能和劳动技能

特殊儿童在了解并掌握日常生活中包括自然、社会、文化、习俗、法律与道德等生活常识的过程中，通过日常生活中的各项具体事务，如雨天外出要带雨具、穿雨靴，外出忘记带雨伞头发被淋湿后，要及时用电吹风吹干等经历，逐步学习掌握基本的生活技能和劳动技能。

#### （三）特殊儿童学会生活常识技能有助于培养个体责任感、自信心及处理问题的能力

根据特殊儿童的身心发展特点以及他们的个体差异性，从生活中着力开展生活常识的有效教学，制订不同的个别教学计划，在生活化教学中渗透各科知识，包括自然与社会、文化与习俗、道德与法律，从而能比较熟练地解决生活中经常出现的困难，掌握基本的生活技能和劳动技能，并有助于培养其责任感、自信心及处理问题的能力，对以后的生活产生深远的影响。

## 第二节　生活常识的教育过程

### 一、生活常识教育的评估

#### （一）生活常识教育的评估内容

根据生活常识训练的长短期目标进行评估。评估的长期目标为认识常见动

物、认识常见植物、认识天气与四季、认识地理环境、其他有关自然知识、习俗传统、权利与义务、国情等八个方面。每个长期目标由若干个短期目标构成。

认识常见动物的短期目标包括:认识家禽家畜、认识野兽、认识昆虫、认识水中动物、认识两栖动物及爬行动物、认识鸟类、小动物的饲养。

认识常见植物的短期目标包括:认识常见水果、认识常见蔬菜、能认识常见农作物、认识花草树木、花草树的种植。

认识天气与四季的短期目标包括:认识观察天气状况、认识四季变化、认识天气冷热变化。

认识地理环境的短期目标包括:认识各种自然环境、认识周围环境、我国基本地理概况、地球基本概况。

其他有关自然知识的短期目标包括:认识了解水,认识了解火,认识了解声、光、电、热、磁等。

习俗传统的短期目标包括:认识常见的节日,知道风俗、文化,了解历史知识。

权利与义务的短期目标包括:了解相关法律、法规、角色参与。

国情的短期目标包括:具备基本国情知识、具有爱国行为。

### (二)生活常识教育的评估标准

对照各个短期目标的评估标准,按照“尚未开始发展”“仅发展些微能力”“已发展较多能力”“已发展出适应环境需要的能力”四个等级对特殊儿童各领域的能力水平进行打分,标注在“特殊儿童生活技能训练课程目标评估体系”表格相应位置。计算出各个短期目标的总分,在“特殊儿童生活教育侧面图”中的相应位置完成发展曲线,以便为教育训练做参考(见附录1、附录2、附录4)。

### (三)生活常识教育的评估方法

#### 1. 观察法

特殊儿童所掌握的生活常识是生活中普通的知识,众所周知的知识,一般的知识,透过日常生活中观察特殊儿童对待各种常见动物、植物的表现,在不同天气状况下的行为反应,对周围环境的认识情况、对各种习俗等的理解等等,可以做出相应的评估和判断。

#### 2. 访谈法

还可以针对特殊儿童的家长和教师进行访谈,了解特殊儿童在家庭中和学校中有关生活常识的表现情况。

3．测验法

通过特殊儿童社会适应能力的评估，了解特殊儿童生活常识的发展水平、存在的问题等。

## 二、生活常识教育的要点

### （一）演示法

演示法是教师在教学时，把实物或直观教育展示给特殊儿童看，通过实际观察获得感性知识，从而理解教学主要内容的方法。

演示法能使特殊儿童获得生动而直观的感性知识，加深对学习对象的印象，把抽象的概念和实际事物与情境联系起来，形成较为正确而深刻的概念；同时提供一些形象生动的声光感性材料，进行多感官刺激，能引起特殊儿童的兴趣，集中特殊儿童的注意力，有助于巩固和加深特殊儿童的记忆。比如在认识小狗这个单元，运用录像和图片的段落式教学，借助视觉图像和声音讯号，以及实物教学法，使教学内容直观、生动，具有变化性，便于特殊儿童对物品概念的理解和记忆。另外，实物色彩鲜艳、形态逼真的图片，加之动态影像的音响效果，能激发特殊儿童的学习兴趣，加深他们对主题的认识和记忆。

### （二）练习法

练习法是特殊儿童在教师的指导下，依靠自觉的控制和校正，反复地完成一定动作或活动方式，借以形成技能、技巧或行为习惯的教学方法。从生理机制上说，通过练习使特殊儿童在大脑中形成一定的动力定型，以便顺利地、成功地完成某种活动。对特殊儿童而言，运用肢体动作，包括粗大动作与精细动作，通过耐心、仔细的练习，可以帮助其大脑神经控制的稳定，提升注意力水平，增强学习能力。例如，在认识小狗这个单元，采用绘画的方式来加深对小狗形体、习性等的认识，透过用蜡笔进行涂色和构图，从手部动作的操作与视觉及听觉的结合，使特殊儿童的知觉接收和运动输出不断获得强化和整合，有效稳定特殊儿童的情绪和注意力水平，提高神经稳定度，为进一步的学习创造了条件。

此外，讲授法、情境教学等都是生活常识教学中常用的方法，尤其是讲授法，贯穿生活常识教学的整个过程。教师应用语简单、通俗，抓住关键概念和字词，针对特殊儿童自己探索和思考而未果的问题进行讲解，并通过情境教学让特殊儿童参与活动，在实际操作中将教与学做到自然和快乐。

## 三、生活常识教育的相关服务

在生活常识的教育中，除了课程教学中的演示和练习以外，这些日常生活中无处不在的潜在常识应该放入生活中的各个环节，即从改变特殊儿童生活的环境入手，以结构化与视觉化的方式呈现。例如特殊儿童认识周围环境，可以将周围环境做成沙盘模型或用图画呈现，在模型或图画中标出居住小区、超市、附近的主要建筑物和学校等，或者是居住村舍、大树、河流等，还可以继续细化居住小区或村舍中可以看到的植物和动物。另外，就天气、季节、节日、时间等概念，可以做成结构化的图片放在每天教学或晨起学习的第一个环节，请特殊儿童辨识或填写，便于特殊儿童学习和记忆。

总之，特殊儿童的生活常识教育训练是密切联系实际生活的知识，在结构化与视觉化教学内容的同时，也要随机应变，瞅准时机进行适时有趣的教与学。

# 第三节　生活常识案例

特殊儿童通过适当的教育，包括学校教育和家庭教育，在学会简单生活自理能力，如穿衣、吃饭、上厕所等基本生活技能之后，开始从家庭融入社会，从对自我的关注到对大自然中常见的动物、植物、天气等自然知识的了解；开始学习社会习俗与传统，了解作为一个公民所应具备的基本权利与义务，了解与国家相关的知识。对特殊儿童进行生活常识教育，对其从一个依附家庭和成人的自然人成长为一名具有一定生活常识和社会知识的较为独立的社会人具有重要意义。下面介绍一个生活常识训练的教学案例。

## 一、个案情况

本个案为一名6岁自闭症儿童，能听懂如“去上课”“下课”“去厕所”“回家”等十分具体的简单的口头指令，能发如“ba”“ma”等几个简单的音节，能穿脱衣物和鞋袜等。本个案中的儿童在特殊教育班就读，日常照护者是其母亲。

## 二、活动设计

### （一）训练主题

本案例的训练主题是逛超市。

### （二）训练目标

本案例的训练为主题课程，持续进行两个单元教学。

第一个单元教学目标：

1. 能熟悉家门、学校大门、天桥、超市大门的图片；

2. 能从熟悉的图片中找出相应图片（葡萄干、小馒头、香脆饼干等）；

3. 能听从简单的口头指令：过来、等等我。

第二个单元教学目标：

1. 能从熟悉的图片中找出相应的图片（家门、学校大门、天桥、超市大门）

2. 能帮忙拿取图片中的食物放进购物篮（葡萄干、小馒头、香脆饼干等）。

3. 能听从简单的口头指令：过来、到那边去、等等我。

### （三）训练准备

上述教学过程中用到的图片，包括地点实物图片和购买食物图片。

### （四）训练过程和方法

首先采用实地经历现场教学，通过现场与图片的配对认识周围环境，包括家门、学校大门、人行天桥、购物超市等。其次回到教室情景中，透过搭建与周围环境相对应的地点，并贴上图片，带着个案运用跪走、倒退跪走、倒坐楔形垫、交替半跪等活动来完成到超市购买食物的活动。

所采用的实地经历现场教学与教室情景中的学习轮替进行，直到个案达成教学目标。主要采用演示法和练习法等训练方法。

## 三、案例评析

（一）本案例的成功之处有两点：一是较为准确地把握住了个案的学习基本能力和有效的学习策略，如个案的优势学习通道是视觉，通过图片与实物及现场比对教学，具体直观，容易理解。二是针对注意力稳定性差的个案，采用了知觉与动作相结合的有效教学策略，帮助个案通过粗大动作的操作在稳定情绪心理的基础上认识了周围环境和接收并理解了简单的口头指令。

（二）本案例的不足之处暂时未发现，有待进一步练习分析。

# 第十一章　职业准备

职业，指一个人拥有一份兼职或全职（支持性或非支持性的）工作或是参与社区中的义务活动，职业对于人既是获得报酬、薪资、能养活自己的行为，又是一个人的自我需要。特殊儿童作为一个独立的个体，经历了从出生后的生理发育、心理发展和社会化的综合过程，到成年后也必然经历工作过程。如果特殊儿童在成年后进入职业生活，就必须做好职业生活准备训练，本章从职业准备概述、职业准备的教育过程和职业准备案例三个方面介绍特殊儿童职业生活准备训练。

## 第一节　职业准备概述

### 一、职业准备的概念

特殊儿童生活教育集中体现了支持与生活品质教育观、适应性教育观和个别化教育观，而该课程中的职业准备教育训练则更为明确地反映出了教育对人自身作为一个独立个体的尊重，社会对特殊群体的接纳。人之所以成为人，除了外在形体作为物质存在以外，更重要的是心灵这一精神存在；除了具备的自然属性外，更重要的是被群体接纳的社会属性。

在特殊儿童的生涯发展过程中，社会化过程会经历两个阶段、四个进程，在顺应阶段，包括基本社会化、预期社会化两个进程；在能动阶段包括发展社会化和再社会化两个进程。

具体来讲前三个阶段分别是，从婴儿开始的童年期是人的社会化最重要的进程，称为“基本社会化”。儿童 6 到 7 岁进入学校教育，便开始了新的社会化进程，称为“学校中的社会化”。从儿童晚期的青年进入到成年期，从学校生活过渡到成年生活，担任正式的成年人及相关的社会角色，称为“发展社会化时期”。它以就业为重要标志。因此，特殊儿童的生活技能训练不仅是在学校阶段着重培养其日常生活的自理能力，更重要的是成为学校与社会之间的衔接，为其担任成年人及相关社会角色做准备，努力彰显特殊个体与群体共同进步的社会价值。

工作成为发展社会化中的核心和关键问题。一个人的独立生活是建立在经济独立的基础上，而经济独立就必须工作；同时工作也可以实现一个人的价值，使他体会到自己的价值，体会到生活具有的意义。所以，工作对于成年生活十分重要，它也是人的一项基本权利。

## 二、职业准备的内容

特殊儿童为了适应未来的职业生活，其职业生活准备的内容非常丰富，包括职业态度、职业知识和职业能力三个方面。

### （一）职业态度

职业态度教育的具体内容包括有积极的工作愿望、有端正的职业态度、有良好的职业习惯三个方面。

积极的职业愿望是指知道工作的意义、具有工作意愿、能主动寻求工作机会、愿意参加职业培训等。

端正的职业态度是指严格遵守作息时间（准时上下班，不无故缺席、迟到、早退等）；严格遵守各项规章制度，保持愉快乐观的情绪（若无严重刺激，一般能保持情绪稳定、愉快、乐观）；在工作时段专心努力工作（能吃苦耐劳，工作中有维持工作品质的概念）；自信（对自己的能力有适当的信心，敢于尝试，学习做新工作，接受新任务）；有责任感（对于交付的工作任务能时时挂心，设法完成，遇困难会寻求解决的途径，不随意放弃努力）；服从（对指派的工作无论喜欢与否，就口头和行为均乐于接受）；有适当竞争心理（工作中具有适当追求成功或比他人优秀的心理，当工作伙伴表现较佳时，如产品数量质量比自己好时，有见贤思齐的表现）；谨慎（在工作中随时细心地确保工作的安全与质量，不粗鲁莽撞，操作过程小心谨慎，不出差错）；克服压力（在有工作压力的情况下工作时，能维持内心平和及工作品质，能忍受辛苦挫折）；有始有终（能专注地努力完成交付的工作，不受环境或其他刺激干扰，不中途退缩、放弃或龙头蛇尾）；接受批评（能接受领导和他人的批评，并改正自己的错误，不会产生情绪反弹）等。

良好的职业习惯是指养成守时的习惯；养成安全操作的习惯；独立完成本职工作的习惯（培养独立完成分内工作，不会要求他人帮忙或非必要的协助，不需他人提醒督促就能进行工作的习惯）；养成收拾的习惯（工作告一段落时，有收拾现场、物归原位的习惯）；养成爱清洁、讲卫生、文明礼貌的习惯等。

（二）职业知识

职业知识是顺利完成工作的必要条件，特殊儿童职业生活准备中需要具备相关的职业的知识，具体包括认识自己的兴趣和专长（能认识自己的工作兴趣、工作能力和限制）；了解社区的工作条件和性质（知道适合自己的职业）；了解求职技巧（知道如何寻找工作机会，如查找就业资讯，就业资讯的理解，就业资讯的运用及面谈技巧的掌握等）；认识工作环境（如工作地点、交通路线、工作设备、工作单位各配套设施的位置及使用，知道上厕所、吃饭、洗澡及看病等的地方）；懂得职业安全常识（知道安全守则、安全生产操作规程，了解指示危险的标示、消防知识、急救知识以及设备的保养和常见故障的排除，简单的维修）；薪资处理（薪金的计算和薪金的领取，薪资使用计划，薪资使用，薪资储存）；工作合约的签订和履行（知道在参加工作之前与工作单位签定书面的工作合约，工作合约内容主要包括：双方承担的责任和义务、违约责任、合同的合法性、合同的有效期限等；在参加工作之后双方要认真履行，知道工作合约的法律效力）；劳保福利（了解劳动法、劳动保险，了解工时、假期的基本权益，了解女工的基本权益，了解健康检查等其他重要权益的知识）；职业知识准备（对选定的职业所需专业知识的准备）等。

（三）职业能力

职业能力是完成工作的核心条件，特殊儿童职业生活准备中要加强职业能力的训练。职业能力教育的具体内容包括认识同事、协调相互关系、具备交往礼仪、具有工作技能四个方面。

认识同事，是指能认识与同事和领导之间的隶属关系，能认识与自己有关系的其他部门、工作性质及与自己工作的关系（如财会人员、保管员、检验员）等。

协调相互关系，是指服从管理和指挥，对同事表现友善、接纳、合作等态度，会用口语或非口语方式与同事适当沟通（表达正向情感；赞美、喜欢他人等；表达负面的情绪：生气、害怕、忧伤等），知道如何倾听和适当反应（当其他人在讲话时，能倾听且不随意打断谈话），知道如何与人建立并维持友谊（会找同事做朋友，与同事融洽相处），会他人的赞美做出适当反应，对他人的批评也能做出适当反应并改正，能以适当的方式请求协助，能适当地协助同事，能以适当的方式道歉，能判断开玩笑和胡闹，能控制脾气等。

具备交往礼仪，是指能维持令人满意的个人卫生（如保持外表整洁：保持头发指甲及衣着，牙齿清洁，无口臭或其他异味）；能礼貌待人（在各种社交场合表现:适当的问候,适当的歉意,尊重他人,礼让他人,与他人分享所有物,分享经验等);无习惯性动作和语言(没有若干不自觉的或难以控制的习癖动作或语言,如:咬手指、晃动身体、不分场合发出怪声音、紧随人、讲脏话或口头禅等);给人信任感(说实话、诚实,并能坦承错误);信守承诺(在与别人交往中不会有“忘记”、“反悔”、“中途变卦”、“缺席”等不可靠表现);不随便拿取他人的东西(对于非自己的物品、金钱、财务不会私自取走);对异性能表现适宜的举止(不给人轻浮、轻佻的感觉,不随便拉人的手,与人拥抱,更不能对异性有骚扰、侵犯的行为或裸露自己)等。

具备职业技能,是指体能准备(具备持续工作的体力和耐力);具备职业所需的操作技能(能适当使用工具;能完成正确的工作步骤;会自我检查、修正工作;能维持与别人相当的正确率;能保持与他人相当的工作速度等);智能准备(能理解主管指令,并按要求工作;能辨识自己应加强的工作能力;会设法自己解决工作中的困难和求助;具备一定的应变能力)等。

## 三、职业准备的作用

通过特殊儿童生活技能课程中有关生活和学习的基本知识和技能的培养,针对特殊儿童进行适合其接受水平的职业态度、职业知识和职业能力的训练。

### (一)特殊儿童学会职业准备技能有助于学会许多做人的基本准则

职业准备技能中职业态度本身蕴含了许多做人的基本原则,如严格遵守作息时间、严格遵守各项规章制度、保持愉快乐观的情绪等都是一个人在生活中所应具备的行为习惯与态度,是人格的具体体现。

### (二)特殊儿童学会职业准备技能有助于理解自己的职业兴趣和专长

职业准备技能中职业知识着重分析讨论个体的职业兴趣和专长,让特殊儿童进行简单具体的自我探讨,以及对职业环境的认识,如工作地点、交通路线、工作设备、工作单位配套设施的位置及使用,包括其他基本的环境觉知能力,如知晓吃饭、大小便、洗澡及看病等的地点和流程。

### (三)特殊儿童学会职业准备技能有助于掌握职业所需的基本操作能力

职业准备技能中职业能力最重要的是让特殊儿童具备未来所从事的职业所需要的基本操作能力和基本的与人相处的能力,包括要能认识与同事、领导的关系,并服从管理和指挥,对同事表现友善、接纳、合作等态度;要信守承诺、给人信任感,在异性面前要举止得当等。作为一个受人欢迎的人的基本特征，同时他还需具备相关职业的体能，以及临场应变智能，以适应职业现场的需求。

## 第二节　职业准备的教育过程

近二十年来，特殊儿童的职业准备教育随着个体就业方式的改变发生了相应的变化。职业准备教育从过去单纯开发特殊儿童的自身潜力来提高其就业能力，转向从能力与环境的关系上来分析特殊儿童就业面临的问题，不仅重视特殊儿童自身的职业准备训练，同时通过改变就业的条件、环境、工作辅具以及支持辅助等方式来增加特殊儿童就业的机会。

### 一、职业准备教育的评估

#### （一）职业准备教育的评估内容

根据职业准备教育的长短期目标进行评估。评估的长期目标为有积极的工作愿望、有端正的工作态度、有良好的职业习惯、具备相关的职业知识、认识同事、协调相互关系、具备交往礼仪、具备职业技能等八个方面。每个长期目标由若干个短期目标构成。

有积极的职业愿望的短期目标包括：知道职业意义、具有职业意愿、能主动寻求职业机会、愿意参加职业培训。

有端正的职业态度的短期目标包括：严格遵守作息时间、严格遵守各项规章制度、保持愉快乐观的情绪、在工作时段专心工作、自信、有责任感、服从、有竞争心、谨慎、克服压力、有始有终、接受批评。

有良好的职业习惯的短期目标包括：养成守时的习惯，养成安全操作的习惯，养成独立完成本职工作的习惯，养成收拾的习惯，养成认真负责对待职业的习惯，养成爱清洁、讲卫生、文明礼貌的习惯。

具备相关的职业知识的短期目标包括：认识自己的兴趣和专长、了解社区所能提供的职业条件及性质、了解求职技巧、认识职业环境、了解职业安全常识、薪资处理、职业合约的签订和履行、劳保福利、职业知识准备。

认识同事的短期目标包括：能认识与同事及领导的关系、能认识与自己有关系的其他部门的职业性质及与自己职业的关系。

协调相互关系的短期目标包括：服从管理和指挥、对同事表示友善与接纳等态度、会用口语或非口语方式与同事适当沟通、知道如何倾听和适当反应、知道如何与人建立并维持友谊、能对他人的赞美作出适当反应、对他人的批评也能作出适当反应并改正、能以适当的方式请求协助、能适当地协助同事、能以适当的方式道歉、能判断开玩笑或胡闹、能控制脾气。

具备交往礼仪的短期目标包括：能维持令人满意的个人卫生、能礼貌待人、无习惯性动作和语言、给人信任感、信守承诺、不随便拿取他人之物、对异性能表现适宜的举止。

具备职业技能的短期目标包括：体能准备，具备职业所需的操作技能、智能准备。

（二）职业准备教育的评估标准

对照各个短期目标的评估标准，按照“尚未开始发展”“仅发展些微能力”“已发展较多能力”“已发展出适应环境需要的能力”四个等级对特殊儿童各领域的能力水平进行打分，标注在“特殊儿童生活技能训练课程目标评估体系”表格相应位置。计算出各个短期目标的总分，在“特殊儿童生活教育训练侧面图”中的相应位置完成发展曲线，以便为教育训练做参考（见附录 1、附录 2、附录 4）。

（三）职业准备教育的评估方法

1. 访谈法

职业准备是针对较年长的特殊儿童所进行的生活教育，因此就职业态度、职业知识和职业能力可以直接向特殊儿童进行问卷调查和访谈，了解特殊儿童对自己的判断和评估，以及特殊儿童的书面与口头表达能力。同时对特殊儿童的家长和教师进行访谈，了解特殊儿童在日常生活中的人际互动关系、生活及学习习惯、职业意愿、职业态度、体能及职业技能等方面的情况。

2. 观察法

就职业态度中的职业习惯和态度，可以从日常生活中特殊儿童的直接表现进行观察及评估。即使是职业知识和职业能力也同样可以透过适时的观察做出判断，为问卷调查和访谈所得资料进行佐证，使评估更为准确。

3. 测验法

通过特殊儿童社会适应能力的评估，了解特殊儿童职业准备的发展水平、存在的问题等。

## 二、职业准备教育的要点

### （一）讲授法和讨论法

职业准备教育是特殊儿童进入职场前的准备式教育训练，既与其现有学习和生活密切联系，又为其未来职业生涯做发展规划；既有行为习惯的培养，又有知识技能的教授。因此在教育训练过程中首先可以从课堂讲授开始，就职业的意义、履职中的责任感、认真负责的态度等主题一边进行课件讲授，一边设计话题开展讨论。例如，在讲授责任感时，可以就故事中主人公在上班时打游戏而忘记按时检查楼道灯光和门窗关闭事件进行讨论，分析“这种行为在工作时是有责任感的表现吗，为什么？”等问题。最后，就特殊儿童的讨论将责任感和认真负责的态度联系起来做进一步的关于职业态度的讲授，帮助特殊儿童掌握这些抽象的观念并落实到实际行动中去。由此可见，类似观念性的职业准备教育内容都可以采用讲授与讨论相结合的方法进行教育。

### （二）练习法

有关职业习惯的教育内容应该从日常生活做起，从一日活动安排做起。包括日常作息、饮食、卫生习惯、与人互动时的礼貌用语等内容的练习。强调特殊儿童生活作息的规律性、安全性、快捷性和愉悦性，帮助其养成良好的守时习惯、安全操作习惯、收拾习惯，以及爱清洁、讲卫生和文明礼貌的习惯等。

另外，与同事及领导相处的能力也可以通过练习进行培养。教师可以在课堂中创设职场情景，运用角色扮演的方式让特殊儿童学习如何对同事表示友善和接纳的态度、如何与同事沟通、如何与人建立并维持友谊等。教师在必要时还可以适当示范，与特殊儿童一起就某个内容进行演练，帮助其理解当下情景中个体应有的正确的情绪心理及适当的行为反应，为特殊儿童在未来的职场中适应复杂的人际关系提供行为参照和应对策略。

职业知识和职业技能教授通常采用集中训练和现场指导的方式进行。

## 三、职业准备教育的相关服务

在职业准备的教育要点中，我们发现特殊儿童职业准备教育训练如果仅从课程教学的方面，即在职业准备教育中运用各种教学法针对特殊儿童自身所应具备的职业态度、职业知识和职业技能直接进行教授，以提高其就业能力，并不能保证特殊儿童能顺利进入职场。相反，职业准备教育应从过去单纯开发特殊儿童的自身潜力，转向从能力与环境的关系上来分析特殊儿童就业面临的问题，不仅重视特殊儿童自身的职业准备训练，而且重视通过改变就业的条件、环境、工作辅具以及支持辅助等方式来增加特殊儿童就业的机会，在竞争性就业和庇护性就业的基础上提出了支持性就业的概念。

支持性就业是指中学阶段的职业教育，先进行职业陶冶教育，为特殊儿童提供一般性的职业认识，培养特殊儿童的职业态度和基本的职业能力。在此基础上，再为特殊儿童开拓就业机会，根据职业性质和条件，为恰当的特殊儿童(个案)进行密集性的职业训练、现场辅导、支持和跟踪，完成其成功就业和职业维持。支持性就业是在市场经济条件下对特殊儿童进行职业准备教育的必然选择，包括四个连续的步骤：

第一步，为特殊儿童开拓就业机会。这一步与庇护性就业相当不同。在庇护性就业当中，我们将特殊儿童安置在预先训练好的就业机会中。然而在市场经济的条件下，就业机会是根据市场的需要不断变化的，因此，为特殊儿童提供许多已经受过预先训练的职业显得十分困难。而支持性就业的最大优点就在于能够根据市场需要为特殊儿童开拓就业机会，在正常的就业环境中为他们提供更多的就业机会。

第二步，在确定就业机会以后将从以下两个方面进行分析：一方面是分析工作环境和工作任务，另一方面是分析特殊儿童的个性心理特征和能力。尽力为相应的特殊儿童安排合适的就业机会，这一步被称为“就业机会与个案的匹配”。

第三步，为个案制订个别转衔计划，并在个别转衔计划的指导下，根据特殊儿童的个别需求提供相应的训练。在这一过程中，通过集中训练、现场指导等方式帮助特殊儿童获得与职业相关的职业知识和技能，以适应该职业的要求。

第四步，在维持该项职业的过程中，通过跟踪辅导的方式，在特殊儿童需要的时候提供所需的帮助，例如通过调整人际关系、调整工作的程序等帮助特殊儿童维持就业机会。

支持性就业的关键是制订个别转衔计划，它指导特殊儿童完成从青少年时代的学校生活转向成人时期的社区生活。转衔计划包括两个部分，一是社区的独立社会生活能力，另一为职业教育。在个别转衔计划的指导下，最终促使特殊儿童得到相适宜的就业机会，其核心问题是使就业及其环境与特殊儿童的个别需求相匹配。

## 第三节　职业准备案例

特殊儿童职业生活准备训练具有养成性教育的特点，其目的就是要促进特殊儿童的生涯发展，解决其就业的问题。下面介绍一个特殊儿童职业生活准备训练的教学案例。

### 一、个案情况

本个案为一名16岁自闭症儿童，认知正常，能与人简单互动，回答如“吃饭了吗?”“做完了吗?”等问题，生活能自理，并能听从指令完成如洗碗、扫地、倒垃圾、择菜等工作。本个案在特殊学校就读，日常照护者是其母亲。

### 二、活动设计

#### （一）训练主题

本案例的训练主题是职业劳动训练。

#### （二）训练目标

1. 培养特殊儿童负责任、完成任务的工作态度。

2. 培养特殊儿童基本的工作技能。

3. 培养特殊儿童爱劳动的习惯。

#### （三）训练策略

1. 每天利用固定的时间、固定的工作，养成工作习惯。

2. 评量特殊儿童工作技能的缺点，设法提供练习的机会，了解特殊儿童工作方面的专长与性向，分派给他独立完成该项工作的任务。

3. 学校的各项杂务工作，尽量每天安排由一班儿童来分担，例如教室清扫、淘米、图书整理盖章、巷道清洁，洗杯盘等，并依据特殊儿童的能力分别给予少量工作。

4. 鼓励家长于放学后到校来指导自己孩子做清洁工作，在教师协助下，家长可掌握教自己孩子的诀窍，并养成教孩子的习惯。

5. 设计一些生产线式的工作，让特殊儿童学习坐着工作，并设计适当的工作辅具，帮助特殊儿童完成较困难的工作步骤。

6. 如果能应用社会上的一些工厂当实习基地，效果更佳。

7. 面对就业困难的现状，先教会特殊儿童为社会工作劳动，以及在社会中独立活动的能力，提高他们的基本能力，以待有工作机会时可以很快适应工作的要求。

（四）训练过程

以生产线式的工作举例：特殊儿童到材料台领料→坐到自己座位开始工作→新工作看教师的示范，旧工作自动完成→下班（课）铃响，教师检查合格品→计算自己工作量，登记于工作表上→下班（课）

（五）训练变化

1. 能力进步之后可教导个案填写材料申请表，或当别人的协助者。

2. 依据特殊儿童的工作实况提供辅具，或更改工作方式，或升降工作要求，先让特殊儿童能正确完成工作，再讲求工作速度。

## 三、案例评析

本案例的成功之处在于训练能依据个案的基本能力提出适切的训练目标与训练策略，帮助个案能按时有效地完成各项分配的工作，并获得成就感。

本案例的不足之处在于这样的职业劳动训练的内容太单一和模式化，缺乏趣味性。

# 第十二章　生涯教育

特殊儿童的生涯教育是特殊儿童生涯发展的保证，确保特殊儿童未来能够更好地适应社会生活、学习和职业活动。因此，特殊儿童的生涯教育是贯穿于特殊儿童一生发展的教育，如果没有生涯教育，特殊儿童的发展前景将不堪设想。本章从特殊儿童生涯发展（即特殊儿童人生纵向发展）、特殊儿童的一日活动（即特殊儿童人生的横向发展），以及特殊儿童转衔教育（特殊儿童在发展中的过渡）三个方面，阐述特殊儿童的纵横发展。

## 第一节　生涯教育概述

生涯，是指个体生命历程中所经历的一系列职业、工作、职位、角色的生活或生计。而特殊儿童的整个生涯生活的发展都需要教育和训练的支持，因此，在特殊教育中，特殊儿童的生涯生活是以特殊儿童生活为中心的生涯教育。林宏炽认为，生涯是一个人一生中职业、社会与人际关系的总称，也就是个人终身发展的历程，包含个人生活中衣、食、住、行、娱乐方面的活动与经验。

### 一、生涯教育的特点

（一）规划性

特殊儿童与普通儿童比较，各种能力发展相对滞后，因此，特殊儿童的生涯教育应具有规划性，根据特殊儿童每个发展年龄段的目标，规划未来的自我成长、支持协助、生活质量等。

（二）阶段性

特殊儿童的生涯生活有明显的阶段性，不同的年龄段需要的技能和支持不同，因此，特殊儿童的生涯教育具有阶段性。例如，学前特殊儿童的生涯教育侧重生活自理、感知、动作、沟通等能力的训练，学龄特殊儿童的生涯教育侧重实用知识的学习，学龄后特殊儿童的生涯教育侧重职业技能训练、休闲与娱乐能力训练等。

（三）衔接性

与普通儿童的生涯生活发展不同，特殊儿童生涯生活发展速度慢、不流畅，每个发展阶段之间有很大的差异性，从一个阶段到下一个阶段不能自然过渡。在两个阶段之间，要对特殊儿童进行转衔教育，因此，特殊儿童的生涯教育具有明显的衔接性。

（四）个别性

不同类别特殊儿童的特点不同，同类别的特殊儿童之间也各有不同，特别是个人内在能力的差异较大。因此，在面对所有特殊儿童的生涯教育中应该特别考虑特殊儿童的个性。

## 二、生涯教育的依据

（一）生理发展

特殊儿童的生理发展是从出生到死亡的过程，与普通儿童一样，经历胎儿期、婴幼儿期、儿童期、少年期、青年期、壮年期、老年期的发展过程。伴随着这个发展过程，特殊儿童会出现各种生理障碍，如感官结构缺损或异常、感官功能丧失、肢体残缺、运动功能丧失、神经结构或功能障碍等。

（二）心理发展

特殊儿童的生理障碍会严重影响心理的发展，伴随生理障碍的出现，特殊儿童会出现非常明显的心理方面的问题，如注意力不集中、智力和认知能力落后、言语与语言障碍、严重的情绪与行为问题、沟通与社交障碍、自卑感和防卫心理等。

## 三、生涯教育的内容

根据特殊儿童所处的年龄阶段不同，生涯教育的重点和特征各有不同。Donn E. Brolin 认为，特殊儿童的生涯教育包括生涯觉知、生涯试探、生涯准备、生涯同化四个发展段。而这四个方面的内容不同程度地体现在特殊儿童的学前阶段、学龄阶段和职业阶段。

（一）学前阶段的生涯教育

学前阶段是基础教育的重要组成部分，在这个阶段，特殊儿童生涯教育的重点是培养生活自理能力、沟通能力、适应新环境能力、知觉动作协调能力、安全意识等，课程设计以游戏和活动为主，学科课程占次要地位。特殊儿童学前阶段生涯教育是为生涯觉知、生涯探索、生涯准备、生涯同化发展做准备的阶段。

1. 生活自理能力

学前阶段的特殊儿童生活自理能力主要包括吃、喝、大小便、穿脱、洗漱能力：

①学前阶段的特殊儿童要学会吃各种食物,要知道不同的食物怎么吃,例如苹果要削皮、橘子要剥皮、西瓜要切开等,会使用餐具,包括刀、勺、叉、筷子,会咀嚼食物,将食物嚼碎,食物不能从嘴里掉出来,吃有核的食物时,要会吐出核,要养成良好的餐饮习惯,包括餐前和餐后洗手、保持餐桌的清洁等;②学前阶段的特殊儿童要学会喝水、牛奶和饮料等,包括倒水、用杯子喝、用吸管吸、使用饮水机等;③学前阶段的特殊儿童要学会大小便,包括能够表达自己大小便的意愿、会使用厕所、会擦屁股、会冲水、便后洗手等;④学前阶段的特殊儿童要学会穿脱衣服,包括有拉链的衣裤和扣子的衣裤,并且会穿脱袜子,以及戴脱帽子等;⑤学前阶段的特殊儿童要学会洗漱,包括洗脸、刷牙、洗手、洗澡、洗头和梳头、擦鼻涕和眼泪等。

2. 沟通能力

学前阶段的特殊儿童沟通能力主要包括会使用口语、手势与肢体动作、表情等方式与他人沟通:①理解他人的语言,听指令,或听词语指点物、图或做相应的动作;②能模仿说词汇或句子;③能看物、图、动作说出词语;④看图画或动作说出句子;⑤叙述刚刚发生过的事情;⑥理解他人的表情,并做出回应;⑦理解他人的手势并做出回应;⑧理解他人的肢体动作并做出回应;⑨能主动表达自己的需要。

3. 适应新环境能力

学前阶段的特殊儿童适应新环境的能力主要包括:能够与成人分开一段时间而不过度焦虑、愿意参加新的活动、愿意并迅速回答他人的问话、能够适时保持安静、能够介绍自己、理解并执行新环境的规范和要求等。

4. 知觉动作协调能力

学前阶段的特殊儿童知觉动作协调能力是指视知觉动作协调、听知觉动作协调、触知觉动作协调、运动知觉动作协调四个方面。视知觉动作协调包括:在指定位置涂色、在指定位置画线、在田字格内写字、折纸、剪纸、贴纸等;听知觉动作协调包括听到他人喊自己的名字做出反应、听到教师的指令做出反应、完成家长或教师口头交代的任务等;触知觉动作协调包括对他人的碰触做出反应、经触摸物体的形状辨别出物体、经触摸物体表面光滑度辨别出物体、经触摸物体的软硬辨别出物体;运动知觉动作协调包括能够躲避物体的撞击、能够自由旋转身体并控制平衡、能够判断身体的极限等。

5. 安全意识

学前阶段的特殊儿童应该具有的安全意识是指室内安全、室外安全和危险的警觉三个方面：室内安全包括不乱敲玻璃、小心开窗户和门、远离热水器、远离炉灶、不要爬窗户、不要用手摸电插头、会辨认有毒物品和非食品等；室外安全包括上下楼梯不乱跑、马路上行走时和大人手牵手、在指定的区域游戏、不跟陌生人走、坐车时头手不伸出窗外、不在车厢内乱跑、远离动物等；危险的警觉包括身体不舒服要告知父母或教师、认识危险的标志、不单独与陌生人接触等。

### （二）学龄阶段的生涯教育

学龄阶段是生涯觉知、生涯探索、生涯准备的主要阶段，在这个阶段，特殊儿童生涯教育以学科知识和实践技能为主。根据特殊儿童的年龄段不同，学龄阶段又分为小学、初中、高中、中学毕业后四个阶段：①小学阶段开始强调生涯的觉知，需要的生涯教育包括自我照顾、使用金钱、居家生活、认识自己、安排休闲时间、培养良好的行为习惯等；②初中阶段开始强调生涯的探索，需要的生涯教育包括评价自己、处理自我与环境的关系、处理日常事务的能力、了解不同职业的特点、发现并发展潜能等；③高中阶段或者初中毕业后开始强调生涯的准备，Brolin 认为这个阶段需要的生涯教育包括管理个人财务等日常生活技能、建立自我觉察意识等社会技能、试探性地进行职业的选择等；④高中毕业后开始强调生涯的同化，Brolin 认为这个阶段需要的生涯教育包括寻找职业机会、表现良好的职业习惯、获得某项职业技能、精确掌握操作技巧等，具体的内容见下表：

**表 12－1　学龄特殊儿童生涯教育的内容**

| 生涯内容<br>生涯阶段 | 日常生活技能 | 个人社会技能 | 职业辅导与准备 |
|---|---|---|---|
| 生涯觉知（小学） | 计算金钱与找零；<br>合理地消费；<br>维持室内外清洁；<br>适宜的打扮和卫生；<br>洗衣服；<br>购买食物；<br>参与个人或团体活动；<br>了解交通规则和安全，使用交通工具 | 了解身体和心理需要；<br>了解情绪；<br>发展自信；<br>在公共场合表现适当的行为；<br>表现出倾听与反应的技能；<br>建立和维持亲密关系 | 遵从指示；<br>表现手部的灵活性；<br>表现毅力和忍耐力；<br>动作协调与平衡 |

续表

| 生涯内容<br>生涯阶段 | 日常生活技能 | 个人社会技能 | 职业辅导与准备 |
|---|---|---|---|
| 生涯探索<br>（初中） | 记账；<br>使用家庭用具；<br>了解自己身体状况；<br>了解权利与义务；<br>理解社区资源 | 了解兴趣与能力；<br>了解身体的知识；<br>接受和给予赞美；<br>接受和给予批评；<br>认同个人角色；<br>建立和维持友谊 | 确认职业性向和兴趣；<br>了解监督的重要性 |
| 生涯准备<br>（高中或初中毕业） | 使用银行服务；<br>处理家务；<br>维护个人安全；<br>烫熨衣服；<br>准备三餐；<br>开车 | 描述他人对自己的感受；<br>表现自我组织；<br>向自己的目标前进；<br>紧急情况的了解和反应 | 职业选择；<br>了解获得工作的必要条件；<br>了解竞争 |
| 生涯同化<br>（中学毕业） | 选择合适的住宅；<br>处理家务；<br>维持家居环境；<br>了解疾病预防与治疗；<br>负起婚姻的责任；<br>购买衣服；<br>知法守法 | 表达自我价值感；<br>了解个人特质；<br>对他人权利和财产的尊重；<br>达成独立；<br>理解性地沟通；<br>了解沟通的微妙之处 | 获得特定职业技能；<br>表现适当的工作习惯和行为；<br>寻找和维持职业 |

## （三）职业阶段的生涯教育

### 1. 职业阶段生涯教育的内容

特殊儿童职业阶段生涯教育是指职业训练与就业辅导，对于特殊儿童而言，是指以职业复健为主，能使特殊儿童获得就业机会与培养职业适应能力，职业复健的目的在于为特殊儿童提供有关职业方面的训练与矫治性的服务，使特殊儿童充分发挥职业方面的潜能。

林宏炽认为特殊儿童的职业训练与就业辅导应该包括职业陶冶、职业指导、职业训练、职业安置、社会安置等方面。职业陶冶可以帮助特殊儿童获得相关的职业常识、了解工作的重要性、了解一般工作项目和工作方法等；职业指导可以根据特殊儿童的兴趣、性向、能力、人格特征提供合适的工作机会，以及提供有关就业市场的相关信息等；职业训练是特殊儿童未来能够获得与职业相关技术水平的训练，可以帮助特殊儿童养成职业必需的技能、习惯和态度等；职业安置可以帮助特殊儿童进入真实环境中从事职业活动，协助特殊儿童找到合适的工作岗位；社会安置是对特殊儿童进行持续的追踪辅导，使特殊儿童适应新的工作和社交生活等。

2. 职业阶段生涯教育的模式

目前，国内外关于特殊儿童职业阶段生涯教育（即职业训练与就业辅导）的模式主要针对以特殊儿童发展为核心，相关的研究较多，但是台湾的学者林宏炽概括为工作适应训练、生活中心生涯教育、工作经验训练、工作学习与工读、一般的技能训练、特殊的技能训练、工作岗位上训练、庇护工厂、支持性就业九种模式。工作适应训练侧重训练特殊儿童的工作适应技能，包括守时、保证质量、控制情绪等；生活中心生涯教育侧重为特殊儿童进行整体的发展规划和辅导，包括学校生活的规划、家庭生活的规划、社区生活的规划、职业生活的规划等；工作经验训练侧重发现与探索特殊儿童的职业性向；工作学习与工读模式侧重特殊儿童学习职业知识的同时参加职业训练，属于一半时间学习，一半时间职业训练；一般的技能训练强调特殊儿童通过学校的美劳课、电脑操作课等训练与职业相关的技能；特殊的技能训练侧重在特殊儿童职业学校进行专业的职业技能训练；工作岗位上训练模式，可以帮助特殊儿童学习功能性的谋生技能、社交技能等；庇护工厂侧重训练中重度障碍儿童的职业技能；支持性就业侧重训练重度特殊儿童的就业技能等。

3. 职业潜能的发展

特殊儿童由于自身的缺陷，很多职业都会受到限制，如 Brolin 认为轻度特殊儿童可以习得半技术但具有竞争性的职业工作能力，中度特殊儿童可习得半独立的职业工作能力，重度特殊儿童可以习得教养式的职业技能或庇护工厂，极重度的特殊儿童一般在养护机构中接受照顾。但是随着各种辅具、庇护工厂、支持性就业的出现，中重度特殊儿童也有机会参与职业训练与就业辅导，因此，特殊儿童职业潜能的发展显得更为重要。

## 第二节　一日活动

特殊儿童的一日生活，即一日活动，是指儿童从早上进校到下午离校所经历的一切活动。[①] 特殊教育是以特殊儿童为中心的教育，特殊儿童一日生活也是特殊教育教学活动设计的重要组成部分。一日活动的教育有助于培养特殊儿童良好的

---

① 张文京. 特殊儿童班级管理[M]. 重庆：重庆出版社，2007：10.

行为习惯，做事情有计划性以及责任感，因此，对其终身发展有很重要的作用。

## 一、一日活动的特点

### （一）科学性

特殊儿童一日活动非常丰富，活动内容和形式多样，各活动之间衔接流畅，有张有弛，有静有动，有个别的也有团体的，有室内的也有室外的。特殊儿童的一日活动中所有的活动安排都遵循儿童生理发展的特点。

1. 紧张与放松相结合

特殊儿童一日活动中有学科教学时段，学科教学时段的教学活动比较固定、紧凑，是为了达成儿童的个别化教育目标而有序进行的。因此，特殊儿童和教师都不能有任何的疏忽和懈怠，显得比较紧张。如果特殊儿童早上刚刚进入班级就开始紧张的教学活动，学生会没有心理准备，甚至有的学生还没有睡醒，这势必会影响教学效果，如果在每个紧张时段之前都有一段准备活动，例如特殊儿童早上刚到学校，教师先带着学生做体操或跳跳舞等，这样会大大增加学生的学习效率。

2. 动静活动相结合

特殊儿童与普通儿童一样，神经系统有兴奋状态和抑制状态，特殊儿童的一日活动中包括安坐为主的活动和运动为主的活动。安坐为主的活动如学科课程，包括语文、数学、美术、手工，以及语言训练等，这些活动要求儿童安静地坐在座位上，进行思考或者手部的精细活动。运动为主的活动如体育课、律动课、游戏课、感统训练，以及课前准备和课后的放松活动等，这些活动要求特殊儿童能动起来，充分活动大肌肉和小肌肉，从而达到活动课程的教学要求。

3. 个别和团体活动相结合

特殊儿童的一日活动，根据儿童的个别化的教学目标的不同，会包括班级教学活动、小组教学活动和一对一的个别训练活动。班级教学活动中，特殊儿童和班级同学一起上课，共同参与教师设计的活动，例如语文课、数学课、体育课、美术课、音乐课、游戏课等，在团体教学活动中，教师要为班级所有的儿童设计教学。根据学生的个别化教育目标不同，教师的教学活动会分层分组完成，把目标相同或类似的儿童分成一组进行教学。有些训练课程也需要分组，例如沟通训练，需要儿童在一起互相沟通。除了集体教学和小组教学外，还有一对一的个别教学，即教师根据特殊儿童的个别化教育目标进行的教学活动，例如语训课、家政训练、个别康复和治疗等，个别教学活动完全体现特殊儿童的个别能力发展和个性。

4. 室内外活动相结合

特殊儿童的一日活动包括室内活动和室外活动，而且特殊教育学校都设有室内活动设施和室外活动设施，室内活动注重对特殊儿童的学科知识和能力的训练，室外活动注重让特殊儿童亲近大自然，呼吸新鲜空气，能够充分地放松自己的手脚进行活动。

5. 知识与技能学习相结合

特殊儿童在学校中的一日活动包括知识的学习和技能的学习两个方面。知识的学习是指学习字、词、句子、文章、数字、计算、节奏、音符、点、线、面、标志等知识，技能的学习是指注意力、沟通能力、生活自理能力、抓握能力等技能的训练。与普通儿童不同，这些技能的训练对于特殊儿童显得更重要，特殊儿童只有掌握这些技能，才能更好地学习文化知识，文化知识的学习也是对技能学习的巩固和强化。

（二）功能性

特殊儿童一日活动中每个活动都具有功能性，对特殊儿童的发展具有促进作用。为了能够让特殊儿童未来独立生活在社会中，必须发展他们的语言能力、运动能力、思维能力、注意力、生活自理能力、社会适应能力等。在培智学校，通过实用语文课的教学，特殊儿童能够学会中文的语音、语法、语型、语意和语用的相关知识，促进语言理解和语言表达能力的发展；通过实用数学课的教学，特殊儿童能够学会数字的意义、数字推理、数的计算，促进数的运用能力和逻辑思维能力的发展；通过体育课、音乐课或律动课的教学，特殊儿童能够学会节奏、韵律等知识，促进粗大动作、听觉能力和触觉能力的发展；通过绘画和手工课的教学，特殊儿童能够学会点、线、面组合的相关知识，促进视觉能力、美感、精细动作能力的发展；通过个训课程的教学，特殊儿童能够训练自己的感知觉能力、运动能力、社会适应能力、沟通与社交能力、生活自理能力的发展和提高。

为了更好地说明特殊儿童一日活动安排的科学性与功能性，下面将从盲聋学校、培智学校、康复机构、融合班、职业教育学校的一日活动安排中感受一日活动的特点。

表 12 - 2 是苏州市盲聋学校一年级住校聋生一日活动的时间表，从表格中可以看出，聋生的一日活动的时间段从早上 6:00 到晚上 20:30，一日活动的具体内容包括起床早自理、晨练、升旗、早餐、宿舍卫生和教室卫生、早读、数学、语文、阳光

体育活动、体育、品生、美术、律动、午会、健康教育、心理教育、午餐、生活、手语、兴趣、大扫除、自由活动、阅览或作业、个人生活自理、课外活动、降旗活动、晚餐、晚自习、就寝等，这些内容的安排符合聋生的身心特点。聋生的一日活动体现了聋生的一日活动规律，具有科学性和功能性的特点。

**表 12 - 2　苏州市盲聋学校一年级住校聋生一日活动**

| 时间 | | 活动 | 教师 |
|---|---|---|---|
| 上午 | 6:00—6:30 | 起床早自理 | 生活教师 |
| | 6:30—7:00 | 晨练 | 生活教师 |
| | 7:00—7:05 | 升旗 | 各班教师 |
| | 7:05—7:30 | 早餐 | 生活教师 |
| | 7:30—8:00 | 宿舍卫生/教室卫生 | 生活教师 |
| | 8:00—8:15 | 早读 | 各班教师 |
| | 8:20—9:00 | 周一至周五数学 | 学科教师 |
| | 9:10—9:50 | 周一数学，周二至周五语文 | 学科教师 |
| | 9:50—10:10 | 阳光体育活动 | 学科教师 |
| | 10:10—10:55 | 周一至周五语文 | 学科教师 |
| | 11:05—11:45 | 周一体育，周二、四品生，周三美术，周五律动 | 学科教师 |
| | 11:45—12:40 | 午餐 | 生活教师 |
| | 12:40—12:55 | 周一至周三午会，周四健康教育，周五心理教育 | 各班教师 |
| 下午 | 13:00—13:40 | 周一生活，周二律动，周三手语，周四体育，周五兴趣 | 各班教师 |
| | 13:50—14:35 | 周一班队活动，周二手语，周三休息，周四美术，周五休息 | 各班教师 |
| | 14:45—15:25 | 周一全校大扫除，周二活动，周三休息，周四活动，周五休息 | 各班教师 |
| | 15:25—16:00 | 自由活动 | 各组负责教师 |
| | 16:00—16:45 | 阅览、作业 | 各班教师 |
| | 16:45—17:10 | 个人卫生自理/课外活动 | 生活教师 |
| | 17:10—17:15 | 降旗活动 | 生活教师 |

**续表**

| 时间 | | 活动 | 教师 |
|---|---|---|---|
| 晚上 | 17:15—17:45 | 晚餐 | 生活教师 |
| | 18:00—18:30 | 晚自习 | 各组负责教师 |
| | 20:30 | 熄灯就寝 | 生活教师 |

表 12－3 是南京市江浦特殊学校培智部春蕾二班一日活动的时间表，从表格中可以看出，智障儿童一日活动的时间段从上午 8:00 到下午 16:30，一日活动的具体内容包括晨会、早操、主题课、健康课、运动与保健、课间活动、劳动、唱游与律动、眼保健操、绘画与手工、班务管理、生活技能训练、自由活动、一天回顾、放学等，这些内容的安排符合智障儿童的身心特点。智障儿童的一日活动体现了智障儿童的一日活动规律，具有科学性和功能性的特点。

**表 12－3　南京市江浦特殊学校培智部春蕾二班一日活动**

| 时间 | | 活动 | 教师 |
|---|---|---|---|
| 上午 | 8:00—8:20 | 晨会 | 各班教师 |
| | 8:20 | 早操 | 各班教师 |
| | 8:40—9:15 | 周一、二、四主题课，周三健康教育，周五运动与保健 | 学科教师 |
| | 9:20—9:45 | 课间活动 | 各班教师 |
| | 9:45—10:20 | 周一劳动，周二唱游与律动，周三、四、五主题课 | 各班教师，学科教师 |
| | 10:35—10:40 | 眼保健操 | 各班教师 |
| | 10:40—11:15 | 周一运动与保健，周二、三绘画与手工，周四唱游与律动，周五劳动 | 各班教师，学科教师 |
| | 11:30 | 午餐、午休 | 各班教师 |
| 下午 | 13:50 | 进班级/到校 | 各班教师 |
| | 14:00—14:35 | 班务管理/生活技能训练 | 各班教师 |
| | 14:50—14:55 | 眼保健操 | 各班教师 |
| | 14:55—15:30 | 活动 | 各班教师 |
| | 15:45—16:20 | 一天回顾 | 各班教师 |
| | 16:30 | 放学 | 各班教师 |

表 12－4 是南京市爱德儿童发展中心月亮班一日活动的时间表，从表格中可以看出，自闭症以及广泛性发展障碍儿童的一日活动的时间段从上午 9:00 到下午 16:30，一日活动的具体内容包括早操、个训（学习基础）、点心、个训（小肌肉/个人做系统）、个训（大肌肉/美术）、午餐、午休、个训（感觉统合）、个训（生活自理/感官教学）、个训（社区适应/音乐）、社区适应、沟通、放学等，这些活动内容是以康复训练为主，教学的形式多以小组教学和个别教学形式为主，这些活动的安排符合自闭症以及广泛性发育障碍儿童的身心特点。自闭症以及广泛性发育障碍儿童的一日活动体现了他们的一日活动规律，具有科学性和功能性的特点。

**表 12－4 爱德儿童发展中心月亮班一日活动**

| 时间 | | 活动 | 教师 |
|---|---|---|---|
| 上午 | 9:00—9:20 | 早操 | 各班负责教师 |
| | 9:20—9:50 | 个训（学习基础） | 个别教学教师 |
| | 9:50—10:05 | 点心 | 各班负责教师 |
| | 10:05—10:35 | 个训（小肌肉/个人做系统） | 个别教学教师 |
| | 10:40—11:15 | 个训（大肌肉/美术） | 个别教学教师 |
| | 11:15—13:55 | 午餐/休息 | 各班负责教师 |
| 下午 | 14:00—15:00 | 个训（感觉统合） | 个别教学教师 |
| | 15:00—15:15 | 点心 | 各班负责教师 |
| | 15:15—15:45 | 个训（生活自理/感官教学） | 个别教学教师 |
| | 15:45—16:15 | 周一、周五个训（社区适应/音乐）周二、周三、周四（社区适应） | 个别教学教师 |
| | 16:15—16:30 | 放学/沟通 | 各班负责教师 |

表 12－5 是苏州花朵幼儿园大班（融合班）一日活动的时间表，从表格中可以看出，听障儿童的一日活动的时间段从上午 8:00 到下午 16:30，普通儿童的一日活动时间从上午 7:45 到下午 17:00，虽然时间有一点差异，但是听障儿童和普通儿童的入园截止时间都为 8:15，离园的截止时间都为 17:00。听障儿童既有单独的教学活动内容，又有与普通儿童集体的教学活动内容，因此，听障儿童与普通儿童一日活动的具体内容略有差别。听障儿童的一日活动主要包括听力言语技能训练、进入班级活动、个别言语治疗、午餐、散步、午睡、点心、听觉语音训练、语言教育、离园等，这些活动以语言康复训练为主，教学的形式多以小组教学和个别教学

形式为主，这些活动的安排符合融合班听障儿童的身心特点。融合班听障儿童的一日活动体现了他们的一日活动规律，具有科学性和功能性的特点。

**表 12－5 苏州花朵幼儿园大班(融合班)一日活动**

| 时间 | | 活动(聋童) | 教师 | 时间 | 活动(普通儿童) |
|---|---|---|---|---|---|
| 上午 | 8:00—8:15 | 听力言语技能训练 | 各班教师 | 7:45—8:15 | 来园活动 |
| | 8:15—8:30 | 进入班级活动 | 各班教师 | 8:15—9:00 | 晨间活动 |
| | 8:30—9:10 | 个别言语治疗 | 个训教师 | 9:00—9:15 | 点心、自由活动 |
| | 9:10—9:50 | 个别言语治疗 | 个训教师 | 9:15—9:40 | 学习活动 |
| | 9:50—10:30 | 个别言语治疗 | 个训教师 | 9:40—9:50 | 自由活动 |
| | 10:30—11:10 | 个别言语治疗 | 个训教师 | 9:50—10:15 | 学习活动(集体、分组、区域等) |
| | | | | 10:15—11:05 | 游戏活动 |
| | 11:10—11:45 | 午餐 | 生活教师 | 11:05—11:40 | 盥洗、午餐 |
| | 11:50—12:20 | 散步 | 生活教师 | 11:40—12:10 | 餐后散步、户外游戏 |
| 下午 | 12:20—14:30 | 午睡 | 生活教师 | 12:10—14:30 | 午睡 |
| | 14:30—15:00 | 起床、点心 | 生活教师 | 14:30—15:00 | 起床、点心 |
| | 15:10—15:45 | 听觉语音训练 | 各班教师 | 15:00—15:30 | 户外活动 |
| | 15:55—16:30 | 语言教育 | 各班教师 | 15:30—16:00 | 游戏、区域活动 |
| | 16:30 | 离园 | 各班教师 | 16:00—17:00 | 离园活动 |

表 12－6 是北京市平谷特教中心 17 岁以上智障儿童一日活动的时间表，从表格中可以看出，进入职业教育阶段的智障儿童一日活动从早上 6:30 到晚上21:30，一日活动的具体内容包括起床、洗漱、值日、早饭、晨检、早读、升旗、广播体操、组装笔件、社区卫生服务学习、体验市民娱乐生活、眼保健操、卖场购物体验、学习搓澡技术、平整土地和施肥技术、写出劳动过程与体会、安全教育、午餐、午休、午检、眼保健操、练习手语歌曲《国家》、看电影、兴趣活动、自由活动、班级活动、课外活动、晚饭、生活课、休息等，这些活动内容是以职业教育和职业训练为主，此表是 2013 年春季学期第三周的一日活动内容，根据儿童未来职业的需求，每周的内容都不同。这些活动的安排符合智障儿童的身心特点，体现了他们的一日活动规律，具有科学性和功能性的特点。

**表 12－6　北京市平谷特教中心某周一日活动**

| 时间 | | 活动 | 教师 |
|---|---|---|---|
| 上午 | 6:30 | 起床 | 生活教师 |
| | 6:30—7:20 | 洗漱/值日 | 生活教师 |
| | 7:20—7:50 | 早饭 | 生活教师 |
| | 8:00—8:10 | 晨检早读 | 各班教师 |
| | 8:10—8:30 | 周一升旗，周二、三、四、五广播体操 | 各班教师 |
| | 8:35—9:10 | 周一组装笔件，周二、四、五社区卫生服务学习，周三体验市民娱乐生活 | 各组负责教师 |
| | 9:20—9:55 | 周一组装笔件，周二、四、五社区卫生服务学习，周三体验市民娱乐生活 | 各组负责教师 |
| | 10:05—10:10 | 眼保健操 | 各班教师 |
| | 10:10—10:45 | 周一组装笔件，周二大卖场购物体验，周三学习搓澡技术，周四学习平整土地和施肥技术（铺粪、有机肥），周五安全教育 | 各组负责教师 |
| | 10:55—11:30 | 周一组装笔件，周二大卖场购物体验，周三学习搓澡技术，周四学习平整土地和施肥技术（铺粪、有机肥），周五安全教育 | 各组负责教师 |
| | 11:30—12:50 | 午餐、午休 | 生活教师 |
| 下午 | 12:50—12:55 | 午检 | 各班教师 |
| | 12:55—13:00 | 眼保健操 | 各班教师 |
| | 13:00—13:35 | 周一组装笔件，周二练习手语歌曲《国家》，周三看电影，周四写出劳动过程和体会，周五安全教育 | 各组负责教师 |
| | 13:45—14:20 | 周一组装笔件，周二练习手语歌曲《国家》，周三看电影，周四写出劳动过程和体会，周五安全教育 | 各组负责教师 |
| | 14:20—14:40 | 广播体操 | 各班教师 |
| | 14:45—15:35 | 周一、二、四、五兴趣活动，周三自由活动 | 各班教师，生活教师 |
| | 15:35—16:00 | 班级活动 | 各班教师 |
| | 16:00—17:00 | 课外活动 | 生活教师 |
| 晚上 | 17:00—18:00 | 晚饭、自由活动 | 生活教师 |
| | 19:00—20:30 | 生活课 | 生活教师 |
| | 21:30 | 熄灯休息 | 生活教师 |

可见，特殊儿童的一日活动是丰富多彩、富于变化的，符合特殊儿童的生理、心理发展规律，具有科学性和功能性的特点。

## 二、一日活动的安排

特殊儿童一日活动安排不单纯是儿童和教师的作息时间表，而是以特殊儿童及发展为核心的计划表，因此，应该遵循特殊儿童的发展和学习的特点，做到真正以特殊儿童为中心统筹安排。第一，根据特殊儿童的学习和能力水平，决定学习内容和教师，特殊儿童之间的能力差异较大，特殊儿童自身能力发展不平衡，可以通过教育评估，找出儿童现有能力的发展水平，制定相应的学习内容，决定负责的教师。第二，特殊儿童的一日活动要具有弹性，分时段教学，学科性的知识学习和技能训练，以及活动课程相互衔接，使儿童动静结合，劳逸结合。第三，特殊儿童一日活动中所有的活动顺序先后安排应该考虑儿童的生理发展特点。表 12－7 是重庆师范大学儿童实验学校一日活动安排，从内容的安排中，我们可以对特殊儿童的一日活动安排做出分析。

**表 12－7　重庆师范大学儿童实验学校一日活动安排**

| 时间 | | 活动 | 教师 |
|---|---|---|---|
| 上午 | 8:00—8:40 | 晨间活动/如厕 | 教师轮流值周 |
| | 8:40—9:05 | 圆圈活动 | 各组负责教师 |
| | 9:05—9:10 | 如厕/课前准备 | 各班教师 |
| | 9:10—9:40 | 学科课：周一、三、五语文，周二、四、六数学 | 各教学班教师 |
| | 9:40—10:00 | 个别教学 | 个别教学教师 |
| | 10:00—10:30 | 早操 | 各班教师 |
| | 10:30—11:00 | 间食/如厕 | 各组负责教师 |
| | 11:00—11:20 | 单元课 | 各教学班教师 |
| | | 个别教学 | 个别教学教师 |
| | 11:20—11:30 | 整理、准备 | 各班教师 |
| | 11:30—12:30 | 午餐、清洁 | 各班教师 |

续表

| 时间 | | 活动 | 教师 |
| --- | --- | --- | --- |
| 下午 | 12:30—14:30 | 午休 | 值班教师 |
| | 14:30—15:00 | 起床 | 各班教师 |
| | 15:00—15:30 | 吃水果/生活自理、个别训练 | 各班负责教师 |
| | | 个别教学 | 个别教学教师 |
| | 15:30—16:00 | 兴趣活动(三个组轮流以下活动:音乐、美术、游戏、外出) | 各学科教师及助教 |
| | 16:00—16:25 | 休闲/个别训练/生活自理 | 各学科教师 |
| | | 个别教学 | 个别教学教师 |
| | 16:25—16:30 | 再见活动 | 各班负责教师 |

### (一) 晨间活动

晨间活动是指儿童到校至正式上课之间从事的活动。晨间活动包括一般身体检查、打招呼、找名字牌、将家长联络簿和作业交给教师等,晨间活动是为特殊儿童一日活动正常有序进行所做的准备。

1. 一般身体检查

特殊儿童到学校后,教师先对班级每个儿童进行一般的身体检查,包括手指的检查、舌头的检查、是否发烧、精神状态如何等。

手指的检查主要检查手是否清洁、手指甲是否剪过、手指是否受伤,如在培智学校,有些智障儿童在冬季会长冻疮,又疼又痒,还会皲裂,教师如果发现儿童长冻疮,就不会安排他参加劳动或者让其戴手套进行室外活动。

舌头的检查主要是看儿童舌头的颜色是否正常,舌头或者口腔内是否出现溃疡,如果出现溃疡,会影响儿童的饮食,教师会特别注意提醒特殊儿童按时服用治疗溃疡的药物,或者禁止儿童将手等伸到口腔造成感染等。

特殊儿童一日活动前要检查儿童是否发烧,儿童在低烧时,可能表现和平时没有什么区别,教师无法发现,但是每天早上到校后进行体温测试,教师很容易发现儿童是否有发烧的症状,避免儿童状况恶化。

特殊儿童一日活动前,教师观察儿童的精神状态,如果儿童的精神状态较差,儿童可能身体不舒服,特别是伴有癫痫病的特殊儿童,倘若精神极度兴奋,会极易诱发癫痫。

2. 打招呼

特殊儿童每天到校后，应该和教师打招呼，从而养成讲礼貌的沟通行为。有一些儿童会主动和教师打招呼，而有些特殊儿童不会主动打招呼，教师会微笑并看着特殊儿童，提示打招呼，等待特殊儿童能够主动与教师打招呼，如果儿童有言语与语言障碍或者某些无口语的自闭症儿童，教师会鼓励他们使用点头、握手、微笑等方式打招呼。

3. 找名字牌

特殊儿童进入班级，找到自己的名字牌，并贴到指定的位置。有的教师会在班级白墙上划出一个区域，上面贴着大的纸板，分成“已到”、“未到”；有的教师要求儿童将名字牌贴到自己的桌角上；在自闭症儿童为主的班级中，教师会给每个儿童一个区域，上面有儿童的照片和一日生活的具体安排，儿童到校后将自己的名字牌贴到自己的照片后面等。找名字牌的活动能够锻炼儿童的规则意识以及分辨能力，还能提醒儿童当天的活动安排，对儿童未来养成规律生活做好准备。

4. 将家长联络簿和作业交给教师

特殊儿童在座位上坐好后，会等待教师检查家长联络簿和作业，教师逐个检查后，特殊儿童可以进行课前的自由活动，包括看书、操作玩具、上厕所等，等待第一节课。

（二）圆圈活动

圆圈活动是特殊儿童到校后的第一节课，包括教师点名、说出或指出日期、说出或指出天气、律动、游戏等，目的是唤醒儿童对自我和周围环境的觉知。例如有的儿童早上进入班级后仍是昏昏欲睡，注意力不集中，通过做操或游戏活动能够让儿童兴奋起来，进而为学科课程和个训课程做好准备。

（三）学科课

1. 语文

语文教学活动注重语言的理解和表达，教师依据班级儿童语文能力，围绕儿童目前最需要的语文能力选择和组织内容，实用性比较强。语文教学活动分集体和小组两种形式，集体教学活动要求班级的所有儿童学习相同的内容，但是回答问题、作业等会根据儿童语文能力不同而有差异；小组教学活动是将语文能力接近的儿童分成一组，根据本组儿童的语文能力、已有生活经验、个别化教育目标等选择教学主题，问题和作业的呈现形式根据儿童的特点会有差异。例如，语文教学内容为“一年四季”，语文能力较好的儿童，语言理解和表达都较好，可以让这些儿童阅读整篇文章，并学习书写描述一年四季的字和词；对于语言理解能力较好，语言表达较一般的儿童，可以练习说一些描述四季的句子；对于语言理解能力一般，语言表达较差的儿童，可以练习说描述四季的词语；对于理解能力一般和无法表达的儿童，可以练习用图片表达。

2. 数学

数学教学活动注重数学知识的学习和应用，教师选择实用性较强的学习内容，根据儿童的能力进行集体和小组教学。例如在“多与少”的教学活动中，教师会将物品分成两堆，让儿童感知多与少，再用图片或动画表示多与少；教师也会设计摘苹果的游戏活动，儿童之间比一比谁摘得多等。

（四）个别教学

个别教学，即一对一的教学，教师通过对特殊儿童诊断与教育评估，找出儿童在感知觉、认知、语言与沟通、粗大动作、精细动作、社会交往、生活自理、情绪与行为等领域发展的优势和不足，制定儿童的个别化训练目标，有些训练目标可以在集体教学和小组教学中达成，有些训练目标则必须在个别教学中完成。例如，班级中某个特殊儿童触觉迟钝，要进行一对一的触觉训练；某个儿童无法发音，则要进行一对一的语音训练。

（五）早操

早操是全校性的集体活动，主要功能是让特殊儿童的精神状态饱满，训练粗大动作、精细动作、动作模仿、手眼协调能力和四肢运动协调能力等。早操活动中，一名教师会站在班级的前面做示范，其他教师维持班级儿童的秩序，有的儿童做早操时不由自主地就远离了班级，教师会提醒儿童，并事先给儿童的站位做标记。对于障碍程度特别重，缺乏动作模仿能力的儿童，教师会站在他后面辅助。

（六）间餐或点心时间

间餐或点心时间是为了让儿童补充身体能量和休息的时间。在这个时间段，教师可以训练儿童的感知觉、饮食自理、餐饮礼仪、语言与沟通、精细动作、自我决策等。例如，间餐时间到了，教师拿着圆形饼干、手指饼、锅巴、豆浆、牛奶等食品，训练儿童能够坐好等待、感知这些食品，知道或说出食品的名称，自我选择和要求喜欢的食品，自己会食用等。儿童在选择食品时，能够进行语言表达的儿童可以说出食品的名称，无法用语言表达的儿童可以用手指出来。间餐结束，教师组织儿童分组收拾餐具和打扫卫生。

（七）单元课

单元课，即单元主题活动，围绕日常生活中的某个主题和儿童的最近发展区选择内容，包括所有领域的学习和训练，目的是给儿童提供一个完整的学习、生活经验。例如，单元课“米饭”，教师会让儿童认识和感知大米、理清做米饭的工具、观察米饭的制作过程、分享品尝自己的劳动成果。通过学习特殊儿童不仅学会了米饭的制作过程和方法，而且使自己的感知、认知、粗大动作、精细动作、语言与沟通、社会交往、生活自理等能力都得到了训练和提高。

（八）兴趣活动

兴趣活动包括音乐、美术、游戏、外出等活动，主要功能是培养特殊儿童的兴趣。兴趣活动中可以训练特殊儿童的多感官协调能力、陶冶特殊儿童的艺术情操和美感、培养儿童的生活情趣等。

（九）休闲活动

休闲活动在整个的一日活动中有举足轻重的作用，既可以培养特殊儿童学习的兴趣，又可以教会特殊儿童如何管理自己的业余时间。休闲活动根据儿童的兴趣和爱好分成不同的区域和内容，包括阅读区、绘画区、拼图区、积木区、过家家区、打牌区等。通过休闲活动，特殊儿童能够恢复体力、放松精神，为后续的活动做准备。

（十）再见活动

再见活动代表特殊儿童一日活动的结束，这个活动中，特殊儿童要对当天的所学和表现做总结，教师会提醒儿童回家以及作业，教师与儿童说再见、儿童之间互相说再见。通过再见活动，特殊儿童能够感知上学和放学的含义、规范自己的行为、养成良好的行为习惯。

## 第三节 转衔教育

特殊儿童的生涯发展中，除了必经的教育阶段，如学前阶段、学龄阶段、义务教育后阶段外，还包括每个阶段之间的衔接阶段，如果衔接的阶段过渡不好，直接影响到特殊儿童下一个阶段的适应和发展。特殊儿童的转衔教育主要从含义及理论基础、模式、内容等三个方面阐述。

## 一、转衔教育的含义

对于转衔教育的含义，不同的教育家有不同的观点，其中有三种含义具有代表性。Angie R. Thoeni 和 Philippe Grandjean(1980)提出，转衔是指个体生命中从一个阶段转移到另一个阶段。American Heritage Dictionary(1982)提出，转衔是指一种形式转变为另一种形式，或一种状态转变为另一种状态，或一种活动变成另一种活动，或由一个地方转变为另一个地方的过程或现象。Madeline Will(1984)提出，转衔是指一段涵盖中学、毕业时期、学校之后的教育或成人服务。美国身心障碍者教育法案中指出，转衔是指专为某一位学生所安排的系列活动，转衔教育是指转衔阶段提供给身心障碍者有关的教育措施，帮助其达成顺利转衔目的。

转衔教育的理论基础包括心理学理论、广义的生涯教育理论、终身教育理论、教育法律法规等。第一，心理学观念认为，转衔是生命、生活、角色形态的转型或改变，生命的成长和发展是成功地克服并解决生命过程中每个阶段所遭遇的困难。第二，广义的生涯教育理论认为个体的生涯教育包含了生涯转衔，是个体生活中各种事件的演进方向、历程的转换及过渡阶段，表现出个体独特的生涯变化形式，是个体一生中生活角色的过渡与转折。第三，终身教育理论认为，个体终身教育的过程是由婴幼儿阶段、青少年阶段、成人阶段和老年阶段等各个阶段构成的完整的教育过程。第四，特殊教育法律法规也对特殊儿童的转衔教育提出明确的规定，1997年105－17公法规定教育机构需要对14岁以下的所有儿童提供个别化教育和转衔教育；台湾《身心障碍者保护法》提出多元、多样、弹性的生涯转衔服务，并提出以生涯发展为架构的统整性课程在学前特殊教育机构、义务教育机构等的运作模式。

## 二、转衔教育的模式

特殊儿童转衔教育的模式主要包括生活中心生涯教育模式、社区适应教育模式、全方位的无缝转衔模式这三种模式。第一，生活中心生涯教育模式是将生涯教育的观念延伸到各个年龄层次，从幼儿园至高中，以儿童的能力发展为核心，以家庭生活和社区生活维持的课程统整。第二，社区适应教育模式强调生活技能的培养、人际关系网络生活的建立、就业能力开发统整的技能网络系统。提出转衔内容以实用为中心、教学伴随评量、所学技能均有实用性、重视个别差异、转衔以正常的真实生活为主等五大原则。第三，全方位的无缝转衔强调全方位的生命内涵、生活品质的提升、全时程的生涯转衔安排，包括早期疗育的转衔、中学阶段转衔、离校后转衔等三个阶段的生涯转衔。

## 三、转衔教育的内容

从特殊儿童生涯发展的角度看，特殊儿童每个阶段的发展都需要转衔教育，特殊儿童才能顺利适应新的环境，发挥自己的潜能。因此，转衔教育应该是终身的、全方位的，贯穿于特殊儿童整个生涯发展。林宏炽认为，特殊儿童的终身转衔教育应该包括学前阶段、学龄阶段、义务教育后三个阶段，如下表：

**表 12－8　特殊儿童转衔教育**

| 年龄与发展阶段 | 生涯转衔教育计划 | 转衔教育重点 |
| --- | --- | --- |
| 0—6 岁（学前阶段） | 个别化服务计划 | 早期疗育、咨询服务、家庭服务、幼儿园教育衔接 |
| 6—21 岁（学龄阶段） | 个别化教育计划 | 入学鉴定、安置、生涯试探、亲职教育、个别化教育转衔 |
| 21 岁—死亡（义务教育后阶段） | 个别化转衔计划康复计划 | 职能鉴定、就业辅导、职训安置、成人继续教育、障碍者养护、经济补助、家庭服务 |

### （一）学前阶段特殊儿童生涯转衔教育

学前阶段特殊儿童生涯转衔教育是特殊儿童终身转衔教育的起点，有助于减少特殊儿童与普通儿童的差距，为特殊儿童提供社会融合的机会。学前阶段的生涯转衔教育以特殊儿童及其家庭为主要对象，因此，转衔教育的重点是早期疗育、咨询服务、家庭服务、幼儿园教育衔接。Karen Lynn Nylund 等认为学前特殊儿童转衔教育的内容包括儿童适宜的班级行为、社会性技能、游戏技能、自助技能、沟通技能、独立技能等。为了实现顺利转衔，应该先评估特殊儿童下个阶段的环境需求、特殊儿童现有的能力水平、家庭支持等。

### （二）学龄阶段特殊儿童生涯转衔教育

学龄阶段特殊儿童生涯转衔教育是特殊儿童终身转衔教育的重要部分，包括学前至小学的转衔教育、小学至初中的转衔教育、初中至高中的转衔教育等，为特殊儿童顺利过渡到下一个学习阶段做准备。学龄阶段的转衔教育也是以特殊儿童及其家庭为主要对象，转衔教育的重点包括入学鉴定、安置、生涯试探、亲职教育、个别化教育转衔等。

（三）义务教育后阶段的生涯转衔教育

义务教育后阶段的生涯转衔教育是特殊儿童未来独立适应社会生活、谋求生计的关键阶段。义务教育后阶段的转衔教育也是以特殊儿童及其家庭为主要对象，重点包括职能鉴定、就业辅导、职训安置、成人继续教育、障碍者养护、经济补助、家庭服务等。

# 附录：特殊儿童生活教育课程

## 附录1　特殊儿童生活教育课程指引

与普通儿童发展比较，特殊儿童可能由于发展时间点的延迟、发展速度的缓慢、发展水平的障碍表现出生活和社会适应方面的困难，特殊儿童生活教育课程的目的是培养特殊儿童良好的生活态度，传授生活知识和技能，使其获得生活能力。

生活教育课程内容以普通儿童发展轨迹为基本出发点，选取儿童当前生活和未来生活中可能需要的基本的生活技能，目标内容选取以普通儿童身心成长的顺序和规律为准，以适应性教育为目的，课程的实施以功能性教育为手段。

### 一、特殊儿童生活教育课程大结构

生活教育课程由生活板块、学习板块、职业准备板块三大板块构成。这三大板块涵盖了特殊儿童当前和未来的基本生活内容。

### 二、特殊儿童生活课程十个大领域

生活教育课程三大板块（生活、学习、职业准备）共由十大领域构成：

| | | | |
|---|---|---|---|
| 自我照顾 | 领域1 | 居家生活 | 领域2 |
| 社区生活 | 领域3 | 健康安全 | 领域4 |
| 休闲生活 | 领域5 | 自我决定 | 领域6 |
| 生活语文 | 领域7 | 生活数学 | 领域8 |
| 生活常识 | 领域9 | 职业准备 | 领域10 |

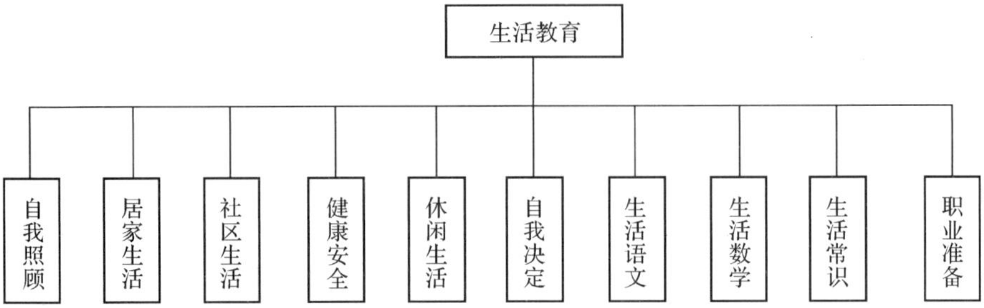


生活教育课程十大领域所含内容：

1. 自我照顾

自我照顾即自我服务的能力。

本领域含：1.1　饮食

1.2　穿着打扮

1.3　如厕

1.4　个人清洁

2. 居家生活

居家生活指家庭生活中的基本能力。居家的时间规划、安全、社区行为等划入适应性学科和其他领域中。

本领域含：2.1　家事清洁

2.2　衣物整理

2.3　食物料理

2.4　金钱处理

2.5　家庭布置

2.6　家庭沟通

3. 社区生活

社区生活指人在社会环境中与社会接触、交往的积极行为建树。如结交朋友、表达好感、微笑合作、表现诚恳、信赖、对人关心理解、平等，以及对负向行为的遏抑修正，如发脾气、妒忌等。社区生活还包括对社区环境的认识，对社区资源的利用和社区中的行为能力。

本领域含：3.1　结交朋友

3.2　表达感情

3.3　团体适应

3.4　交通能力

3.5　采购能力

3.6　获得服务

3.7　参加社区活动

3.8　遵守社区活动规范

4. 健康安全

健康安全指维持自己良好的状态，是安身立命的根本，例如饮食、疾病、预防治疗等。包括安全常识、健康检查、日常生活习惯、自我保护、紧急情况应对，同时还有对适用性学科的运用。

本领域含：4.1　饮食卫生

4.2　疾病防治

4.3　性知识

4.4　安全

5. 休闲生活

休闲生活指个人喜好并选择多样的休闲娱乐种类及形式的能力。休闲占人生几乎三分之一的时光，是人的生活的重要组成部分。休闲娱乐既包含休闲又包含选择、需求和互动，以及学科能力和行动能力的运用等方面。

本领域含：5.1　选择休闲活动

5.2　自我休闲活动

5.3　团体休闲活动

6. 自我决定

自我决定指做决定的能力，是对自我的把握、分析、判定，是自我主动性的体现。

本领域含：6.1　认识自我

6.2　时间规划

6.3　自我主张

6.4　解决问题

6.5　自我调控

6.6　生涯规划

7. 生活语文

生活语文以生活为核心组织课程内容，让特殊儿童掌握与生活紧密相关的语文基础知识和技能，感受、理解和热爱祖国语言文字，具备听、说、读、写的基本能力。为培养特殊儿童的生活能力、社会交往和沟通能力，形成良好的公民素质和文明行为打基础，培养特殊儿童的学习能力，为创造美好的家庭打基础。注意运用适合特殊儿童的多种语言形式如手语、口语、书面语、盲文、沟通图等，将传授知识与补偿缺陷、调动潜能相结合。

本领域含：7.1 语言沟通

7.2 识字与阅读

7.3 写字与习作

8. 生活数学

生活数学突出体现该学科的基础性、普遍性和发展性，让特殊儿童获得数学知识，用数学思维方式解决日常生活或其他学科问题，体会数学与自然，社会和生活的关系。让不同的特殊儿童在数学上得到适于个人需求的发展。

本领域含：8.1 数前概念

8.2 数的认识

8.3 数的运算

8.4 量与计量

8.5 空间与图形

8.6 统计与概率

9. 生活常识

生活常识即感知自然、社会，对日常生活基本现象有常识性了解，学习多类自然、社会、生活现象以及形成原因及解决策略，建立对社会对科学对环境的认识与学习模式。

本领域含：9.1 认识常见动物

9.2 认识常见植物

9.3 认识天气与四季

9.4 认识地理环境

9.5 其他有关自然知识

9.6 习俗传统

9.7 权利与义务

9.8 国情

10. 职业准备

职业准备指为特殊儿童未来有一份兼职工作或参与社区中的义务活动所做的

准备。职业对于人既是获得报酬、薪资,养活自己的行为,又是一个人的自我需要。

本领领域:10.1　职业态度

10.2　职业知识

10.3　职业能力

## 三、课程目标构成

领域(一码)、次领域(二码)、功能目标(三码)、行为目标(四码)

本课程目标由四个层次构成:大领域、次领域、功能目标、行为目标,层层相依。从概括到具体,由宏观到微观。

一码阿拉伯数字代表大领域。如"1"代表自我照顾;"2"代表居家生活,共十大领域。

二码阿拉伯数字代表大领域下属的次领域。如1.1　饮食;1.2　穿着打扮;1.3　如厕;1.4　个人清洁;均属自我照顾大领域,本大领域下有次领域4项。

三码阿拉伯数字代表次领域下属的功能项目,三码项目是作课程评量的;三码项目表示的是某种技能或能力,有详细的等级标准,详见"特殊儿童生活技能训练课程评量"。

四码阿拉伯数字代表功能目标下属的行为目标或称具体教育内容。如:"4.1.1.1　能说出人的饮食消化器官","4.1.2.3　能于饭前饭后洗净器皿","4.2.4.1　能遵循合理的生活习惯"都称为行为目标。

## 四、课程目标呈现形式——课程目标评估等级(以"健康安全"为例)

| 代码 | 教学目标 | 检核 | | | |
|---|---|---|---|---|---|
| 4 | 健康安全 | | | | |
| 4.1 | 饮食卫生 | | | | |
| 4.1.1 | 饮食卫生基本知识 | | | | |
| 4.1.1.1 | 能说出人的饮食消化器官(如嘴、舌、牙齿、胃、肠的位置和功能) | | | | |
| 4.1.1.2 | 能保护自己的饮食器官(如不撕、咬嘴皮,不嚼过硬的东西,饭后睡前刷牙) | | | | |
| 4.1.1.3 | 能分辨食物的鲜腐 | | | | |
| 4.1.1.4 | 能选择、购买食物(能选用新鲜、清洁、卫生的食品) | | | | |

续表

| 代码 | 教学目标 | 检核 | | | |
|---|---|---|---|---|---|
| 4.1.1.5 | 能正确贮存食物 | | | | |
| 4.1.1.6 | 能清洗干净食物 | | | | |
| 4.1.1.7 | 能分辨食物的吃法 | | | | |
| 4.1.2 | 饮食卫生习惯 | | | | |
| 4.1.2.1 | 能用肥皂洗手 | | | | |
| 4.1.2.2 | 能在饭前便后洗手 | | | | |
| 4.1.2.3 | 能在饭前饭后洗净器皿 | | | | |
| 4.1.2.4 | 能定时定量吃饭 | | | | |
| 4.1.2.5 | 饭后常吃水果,常喝水 | | | | |
| 4.1.2.6 | 能不乱吃零食 | | | | |
| 4.1.2.7 | 能养成不偏食的习惯 | | | | |
| 4.1.2.8 | 不狼吞虎咽 | | | | |
| 4.1.2.9 | 不吞食异物 | | | | |
| 4.1.2.10 | 不吸烟,不喝酒,不吸毒 | | | | |
| 4.2 | 疾病防治 | | | | |
| 4.2.1 | 疾病感觉、分辨、表达 | | | | |
| 4.2.1.1 | 能指认人体的部位 | | | | |
| 4.2.1.2 | 能辨认痛、痒、酸、晕等感觉 | | | | |
| 4.2.1.3 | 能指认自己生病部位 | | | | |
| 4.2.1.4 | 能描述自己病情 | | | | |
| 4.2.1.5 | 能辨认冷热 | | | | |
| 4.2.2 | 常见疾病简单知识 | | | | |
| 4.2.2.1 | 能说出感冒的症状 | | | | |
| 4.2.2.2 | 能判别自己是否患感冒 | | | | |
| 4.2.2.3 | 能说出引起感冒的原因 | | | | |
| 4.2.2.4 | 能知道怎样预防感冒 | | | | |
| 4.2.2.5 | 能说出肚子痛的部位 | | | | |
| 4.2.2.6 | 能分辨肚子痛的感觉 | | | | |
| 4.2.2.7 | 能说出拉肚子的原因 | | | | |

**续表**

| 代码 | 教学目标 | 检核 | | | |
|---|---|---|---|---|---|
| 4.2.2.8 | 能说出胃不舒服的原因 | | | | |
| 4.2.3 | 常见急救常识 | | | | |
| 4.2.3.1 | 会将外伤用生理盐水洗净消毒 | | | | |
| 4.2.3.2 | 能用消毒纱布包扎 | | | | |
| 4.2.3.3 | 能将出血的上下肢向上举 | | | | |
| 4.2.3.4 | 能用消毒液消毒伤口 | | | | |
| 4.2.3.5 | 能将挫伤、扭伤处马上用冰水冲或冷水泡 | | | | |
| 4.2.3.6 | 能用冷开水冲洗烫、烧伤创面 | | | | |
| 4.2.4 | 预防 | | | | |
| 4.2.4.1 | 能遵循合理的生活习惯 | | | | |
| 4.2.4.2 | 能坚持体育锻炼 | | | | |
| 4.2.4.3 | 能注意饮食卫生清洁 | | | | |
| 4.2.4.4 | 会保持环境卫生,消灭苍蝇、蚊子等传播疾病的害虫 | | | | |
| 4.2.4.5 | 能定时配合预防接种 | | | | |
| 4.2.4.6 | 能依天气变化而增减衣服 | | | | |
| 4.2.4.7 | 能做到定时定量吃饭 | | | | |
| 4.2.4.8 | 能做到劳逸结合 | | | | |
| 4.3 | 性知识 | | | | |
| 4.3.1 | 了解男女性别特征 | | | | |
| 4.3.1.1 | 能识别男生短发,不戴头饰;女生长发,常带头饰 | | | | |
| 4.3.1.2 | 能识别男生少穿花衣;女生穿漂亮的花衣,穿裙子 | | | | |
| 4.3.1.3 | 能识别男生声音粗而低,女生尖而高 | | | | |
| 4.3.1.4 | 能识别男生个子较高,女生个子相对矮小 | | | | |
| 4.3.1.5 | 能识别男生肩宽背阔,女生肩圆臀宽 | | | | |
| 4.3.1.6 | 能识别男生肌肉多,女生脂肪多 | | | | |
| 4.3.1.7 | 能识别男生性格粗犷,女生性格温柔 | | | | |
| 4.3.2 | 了解青春期知识 | | | | |
| 4.3.2.1 | 能说出男生青春期性征 | | | | |
| 4.3.2.2 | 能说出女生青春期性征 | | | | |

续表

| 代码 | 教学目标 | 检核 | | | | |
|---|---|---|---|---|---|---|
| 4.3.2.3 | 能养成良好的青春期卫生习惯 | | | | | |
| 4.3.2.4 | 简单的生育知识 | | | | | |
| 4.3.3 | 具有性道德常识 | | | | | |
| 4.3.3.1 | 能有隐私的观念 | | | | | |
| 4.3.3.2 | 能尊重别人的隐私 | | | | | |
| 4.3.3.3 | 能保护自己的性隐私 | | | | | |
| 4.3.3.4 | 能适时适地处理性卫生和性行为 | | | | | |
| 4.3.3.5 | 能知道男女有别,自尊自爱 | | | | | |
| 4.3.3.6 | 不乱交性伙伴 | | | | | |
| 4.3.3.7 | 能拒绝别人随意的性要求 | | | | | |
| 4.3.3.8 | 能在性行动上征求家长及老师的意见 | | | | | |
| 4.4 | 安全 | | | | | |
| 4.4.1 | 安全意识 | | | | | |
| 4.4.1.1 | 能说出安全的意义 | | | | | |
| 4.4.1.2 | 能说出危险的意义 | | | | | |
| 4.4.1.3 | 能说出危险的后果和对自己及别人造成的伤害 | | | | | |
| 4.4.1.4 | 能随时随地保护自己不受伤害 | | | | | |
| 4.4.1.5 | 能不对别人造成伤害 | | | | | |
| 4.4.1.6 | 能随时随地回避危险 | | | | | |
| 4.4.2 | 安全基本知识 | | | | | |
| 4.4.2.1 | 能注意交通安全 | | | | | |
| 4.4.2.2 | 能注意电器安全 | | | | | |
| 4.4.2.3 | 能注意用火安全 | | | | | |
| 4.4.2.4 | 能注意药品安全 | | | | | |
| 4.4.2.5 | 陌生人安全 | | | | | |
| 4.4.2.6 | 能注意灾害时安全 | | | | | |
| 4.4.2.7 | 防止意外 | | | | | |

课程呈现(由左至右)项目说明：

课程左侧起第一项“代号”由1至4码分布，分别依序表示大领域、次领域、功能项目、行为目标。

课程第二项“教学目标”反映的是大领域目标→次领域目标→功能性目标→行为目标，是教育诊断、评量、教育教学的内容。其中四码行为目标放在各领域具体训练章节当中，供使用者作短程目标选用参考。多数短程目标在教育过程中生成。

课程第三项“检核”指的是课程的评量，反映特殊儿童对教学目标的达成情况，检核的标准分为0、1、2、3四个等级。

## 五、课程评量标准

1. “评量标准”编制目的

“评量标准”是与“课程目标检核大系”配套编制的，课程目标检核大系大领域下有二码项，二码项下有三码项，三码项下有四码项，“标准”将课程目标中的三码项目即功能性项目单独列出，为学生某项能力或技能情况作等级区分，便于准确地了解学生的实际和需求，以更可靠的信息提供给IEP的拟定、实施和修正。

2. 评量等级划分总标准(评量共分四个等级：0、1、2、3)

| 分类等级 | 标准 | 能力含义 |
|---|---|---|
| 0 | 学生不会做，完全缺乏能力 | 完全需他人照顾，动作协助也感困难 |
| 1 | 具些微能力，小部分偶尔能通过 | 大部分需人照顾，需直接动作协助 |
| 2 | 具较多能力，大部分或经常通过，但未达到需要的能力 | 偶尔需要照顾，只需语言提醒 |
| 3 | 达到需要的能力，全部通过 | 完全不需他人照顾、提示，可独立完成 |

3. 评量等级划分的具体标准(举例)

1　自我照顾

1.1　饮食

1.1.1　进食基本能力

0. 要别人喂食

1. 动作协助下会拿着食物吃

2. 别人将食物放在他手中会拿着食物吃

3. 会自己伸手抓食物并拿着食物吃

1.1.2　餐具使用

0. 不会使用餐具

1. 少数情况下能使用常用餐具(如勺子、筷子、碗等)

2. 能用筷子吃喝一般食物(如米饭、一般蔬菜、饮料等)

3. 能用餐具吃喝复杂的食物(如面条、豌豆、黄豆粒、花生米等)

1.1.3　具有饮食常识

0. 不具有饮食常识

1. 具有少部分饮食常识

2. 具有较多饮食常识

3. 具有基本的饮食常识

1.1.4　有餐饮礼仪

0. 完全不具餐饮礼仪

1. 动作协助下能执行餐饮礼仪

2. 口头提示(或不接触学生身体的动作、手势、表情提示)下能有适当餐饮礼仪

3. 能主动地运用适当的餐饮礼仪

1.2　穿着打扮

1.2.1　会穿脱简单衣物

0. 要别人帮助穿脱衣物

1. 动作协助下能穿脱简单衣物(如圆领、套头衫、松紧裤等)

2. 口头提示下能穿脱简单衣物

3. 会独立穿脱简单衣物

1.2.2　会穿脱复杂衣物

0. 不会穿脱复杂衣物

1. 在动作协助下能穿脱衣物(如拉链衣裤、连衣裙等)

2. 在口头提示下能穿脱复杂衣物

3. 会独自穿脱复杂衣物

1.2.3　会穿脱饰品

0. 不会穿脱饰品

1. 动作协助下能穿脱饰品(如皮带、发卡、胸针等)

2. 口头提示下能穿脱饰品

3. 能自己穿脱饰品

1.2.4　会使用雨具

0. 完全不会使用雨具,需别人代劳

1. 能使用简单雨具(如雨衣)

2. 能使用部分较复杂的雨具(如雨伞)

3. 能自己使用复杂雨具

1.2.5　会依场合着装

0. 完全由别人替他决定衣饰

1. 只挑选自己喜欢的衣饰或不考虑场合任意穿戴

2. 能在日常经历的场合选择衣饰

3. 能依场合自己选择衣着

1.2.6　会依气候着装

0. 没有依气候着装的意识,需别人照应

1. 在别人的协助或提示下会按气候着装

2. 能在例行的气候下适当着装

3. 自己能够依气候适当着装

1.2.7　会保持衣着整洁、美观

0. 不能保持衣着整洁,不注意美观,需别人照应

1. 小部分时间能保持部分的整洁、美观

2. 大部分时间能保持衣着整洁、美观

3. 能主动保持衣着整洁,注意衣着美观

教师、家长依评量标准中各项目的标准找到与特殊儿童能力相对应的分(每一项只能给一个分),先做三码的项目,然后将同一个领域的三码项目分相加,得出二码即次领域分值,最后将各大领域分相加得出每一个大领域的分值,这样,各大领域、次领域、功能性项目均有分值。

## 六、侧面图及评量结果分析

1. 侧面图绘制

侧面图由使用者以各领域目标大系生成。侧面图设置与课程评量配套的目的

是为了使评量结果更直观、鲜明，便于比较、分析。在课程评量以后，将评量结果转化为侧面图。

本课程侧面图共分为三类：

(1) 综合发展侧面图　一张(1码)＋大领域。

(2) 综合发展侧面图　一张(2码)＋大领域及各大领域下的次领域。

(3) 功能性项目侧面图　共10张＋大领域，每个领域各一张。

共有侧面图12张(全套)

2. 评量结果分析

教师、家长可依课程评量结果，参看绘制的侧面图，结合特殊儿童日常状况找到特殊儿童在各大领域中的优弱势，作原因推断后，讨论出建议策略。

## 七、课程使用

### (一) 课程使用者

课程使用者为：教师、家长、特殊儿童本人

### (二) 课程使用基本流程

1. 请教师、家长熟悉全套流程，以课程纲要→课程目标检核大系→课程评量标准→侧面图及评量结果分析的顺序去阅读、理解。理解各要件的内容及其之间的关系。

2. 在对特殊儿童首次教育诊断时，按“课程评量标准”进行评量。

3. 将评量结果在侧面图上绘制出来。

4. 依评量结果拟出个别化教育计划。

5. 后续评量距首次评量时间可以为半年，按“课程评量标准”进行各次评量。绘制侧面图时请选用不同颜色，并注明时间、评量者、被评量者，便于比较。

6. 每一学期必须按照每位同学的IEP做长短程目标评量，课程的使用融入教育诊断、个案研讨、个别化教育计划拟定、教学计划拟定、教学活动设计、评量等教育教学全程，只有当课程进入教学当中才有生命力。

### (三) 课程使用过程中应注意的问题

1. 容易出现“固定课程”现象，即多数特殊儿童都在学系鞋带、扣衣扣，因为教师、家长往往将这些技能、活动都认为是儿童应该学的，但是却忽略了儿童个体的特殊需要。

2. 家长应主动参与选择教育目标和生活直接相关的教育活动，否则所教授的技能虽然从教师的角度看很适用，但实际上对特殊儿童目前和未来生活只有少许作用或根本没多大作用。

3. 运用生活教育课程一定要考虑学生的生活环境，做环境生态分析。

4. 使用过程中，课程五大要件需对照。

# 附录 2　特殊儿童生活教育课程纲要

**特殊儿童生活教育课程目标检核大系——自我照顾（领域一）**

| 代码 | 教学目标 | 检核 | | | |
|---|---|---|---|---|---|
| 1 | 自我照顾 | | | | |
| 1.1 | 饮食 | | | | |
| 1.1.1 | 进食基本能力 | | | | |
| 1.1.2 | 餐具使用 | | | | |
| 1.1.3 | 具有饮食常识 | | | | |
| 1.1.4 | 有餐饮礼仪 | | | | |
| 1.2 | 穿着打扮 | | | | |
| 1.2.1 | 会穿脱简单衣物 | | | | |
| 1.2.2 | 会穿脱复杂衣物 | | | | |
| 1.2.3 | 会穿脱饰品 | | | | |
| 1.2.4 | 会使用雨具 | | | | |
| 1.2.5 | 会依场合着装 | | | | |
| 1.2.6 | 会依气候着装 | | | | |
| 1.2.7 | 会保持衣着整洁、美观 | | | | |
| 1.3 | 如厕 | | | | |
| 1.3.1 | 会控制大小便 | | | | |
| 1.3.2 | 会在厕所大小便 | | | | |
| 1.3.3 | 会在厕所穿脱裤子 | | | | |
| 1.3.4 | 会处理便后 | | | | |
| 1.3.5 | 会辨识男女厕所 | | | | |
| 1.4 | 个人清洁 | | | | |

续表

| 代码 | 教学目标 | 检核 | | | |
|---|---|---|---|---|---|
| 1.4.1 | 会处理每日例行的身体清洁 | | | | |
| 1.4.2 | 会维护身体清洁 | | | | |
| 1.4.3 | 会处理身上偶发的脏乱 | | | | |
| 1.4.4 | 就寝 | | | | |

**特殊儿童生活教育课程目标检核大系——居家生活(领域二)**

| 代码 | 教学目标 | 检核 | | | |
|---|---|---|---|---|---|
| 2 | 居家生活 | | | | |
| 2.1 | 家事清洁 | | | | |
| 2.1.1 | 清扫 | | | | |
| 2.1.2 | 洗涤 | | | | |
| 2.1.3 | 擦拭 | | | | |
| 2.1.4 | 垃圾处理 | | | | |
| 2.2 | 衣物整理 | | | | |
| 2.2.1 | 折叠 | | | | |
| 2.2.2 | 晾晒 | | | | |
| 2.2.3 | 保存 | | | | |
| 2.3 | 食物料理 | | | | |
| 2.3.1 | 会清洗食物 | | | | |
| 2.3.2 | 会处理熟食品 | | | | |
| 2.3.3 | 会使用炊具 | | | | |
| 2.3.4 | 会调制食品 | | | | |
| 2.3.5 | 会存放食品 | | | | |
| 2.4 | 金钱处理 | | | | |
| 2.4.1 | 有适当的金钱来源 | | | | |
| 2.4.2 | 会清点钱币 | | | | |
| 2.4.3 | 会存放钱币 | | | | |
| 2.4.4 | 会购物预算 | | | | |

续表

| 代码 | 教学目标 | 检核 | | | |
|---|---|---|---|---|---|
| 2.4.5 | 会记账 | | | | |
| 2.5 | 家庭布置 | | | | |
| 2.5.1 | 会摆设家具 | | | | |
| 2.5.2 | 会摆设装饰品 | | | | |
| 2.6 | 家庭沟通 | | | | |
| 2.6.1 | 认识家庭成员 | | | | |
| 2.6.2 | 能适当与家庭成员沟通 | | | | |
| 2.6.3 | 能用适当态度对待家庭成员 | | | | |

**特殊儿童生活教育课程目标检核大系——社区生活(领域三)**

| 代码 | 教学目标 | 检核 | | | |
|---|---|---|---|---|---|
| 3 | 社区生活 | | | | |
| 3.1 | 结交朋友 | | | | |
| 3.1.1 | 具有交友的需求愿望 | | | | |
| 3.1.2 | 对别人的友好态度能正确应答 | | | | |
| 3.1.3 | 能认识朋友 | | | | |
| 3.1.4 | 会选择朋友 | | | | |
| 3.1.5 | 有恰当的交友方式 | | | | |
| 3.2 | 表达感情 | | | | |
| 3.2.1 | 有表达感情的愿望需求 | | | | |
| 3.2.2 | 能识别感情 | | | | |
| 3.2.3 | 表达感情的方式 | | | | |
| 3.2.4 | 能有分寸地表达感情 | | | | |
| 3.3 | 团体适应 | | | | |
| 3.3.1 | 有进入团体的愿望 | | | | |
| 3.3.2 | 能认识团体 | | | | |
| 3.3.3 | 能遵守团体规范 | | | | |
| 3.3.4 | 能协调与团体成员的关系 | | | | |

续表

| 代码 | 教学目标 | 检核 | | | |
|---|---|---|---|---|---|
| 3.3.5 | 团体活动的体验 | | | | |
| 3.4 | 交通能力 | | | | |
| 3.4.1 | 能认识交通工具(依当地具体情况而定) | | | | |
| 3.4.2 | 能识别交通标志 | | | | |
| 3.4.3 | 具有交通安全意识 | | | | |
| 3.4.4 | 能利用交通工具 | | | | |
| 3.4.5 | 能处理交通中的突发事件 | | | | |
| 3.5 | 采购能力 | | | | |
| 3.5.1 | 能做购物前的准备 | | | | |
| 3.5.2 | 能选择购物场所 | | | | |
| 3.5.3 | 能识别商品 | | | | |
| 3.5.4 | 能做购物决断 | | | | |
| 3.5.5 | 懂得购物礼仪 | | | | |
| 3.6 | 获得服务 | | | | |
| 3.6.1 | 能了解社区服务项目 | | | | |
| 3.6.2 | 能选择获得服务项目 | | | | |
| 3.6.3 | 能有礼貌地获得服务 | | | | |
| 3.7 | 参加社区活动 | | | | |
| 3.7.1 | 有参加社区活动的愿望 | | | | |
| 3.7.2 | 能认识社区活动项目 | | | | |
| 3.7.3 | 能利用社区活动场所和资源 | | | | |
| 3.7.4 | 具有参加社区活动的技能 | | | | |
| 3.8 | 遵守社区活动规范 | | | | |
| 3.8.1 | 能了解社区活动规范的内容 | | | | |
| 3.8.2 | 能遵守社区中的人际交往规范 | | | | |

## 特殊儿童生活教育课程目标检核大系——健康安全(领域四)

| 代码 | 教学目标 | 检核 | | | |
|---|---|---|---|---|---|
| 4 | 健康安全 | | | | |
| 4.1 | 饮食卫生 | | | | |
| 4.1.1 | 饮食卫生基本知识 | | | | |
| 4.1.2 | 饮食卫生习惯 | | | | |
| 4.2 | 疾病防治 | | | | |
| 4.2.1 | 疾病感觉、分辨、表达 | | | | |
| 4.2.2 | 常见疾病简单知识 | | | | |
| 4.2.3 | 常见急救常识 | | | | |
| 4.2.4 | 预防 | | | | |
| 4.3 | 性知识 | | | | |
| 4.3.1 | 了解男女性别特征 | | | | |
| 4.3.2 | 了解青春期知识 | | | | |
| 4.3.3 | 具有性道德常识 | | | | |
| 4.4 | 安全 | | | | |
| 4.4.1 | 安全意识 | | | | |
| 4.4.2 | 安全基本知识 | | | | |

## 特殊儿童生活教育课程目标检核大系——休闲生活(领域五)

| 代码 | 教学目标 | 检核 | | | |
|---|---|---|---|---|---|
| 5 | 休闲生活 | | | | |
| 5.1 | 选择休闲活动 | | | | |
| 5.1.1 | 有机会接触各种休闲活动 | | | | |
| 5.1.2 | 有个人爱好和兴趣 | | | | |
| 5.1.3 | 具备选择某项活动的能力 | | | | |
| 5.1.4 | 选择正当的休闲活动 | | | | |
| 5.1.5 | 能选择适合自己条件的休闲活动 | | | | |
| 5.2 | 自我休闲活动 | | | | |
| 5.2.1 | 具备自我休闲的基本技能 | | | | |

续表

| 代码 | 教学目标 | 检核 | | | |
|---|---|---|---|---|---|
| 5.2.2 | 会利用工具和资源 | | | | |
| 5.2.3 | 会计划和安排自我休闲活动 | | | | |
| 5.2.4 | 能做休闲的准备 | | | | |
| 5.2.5 | 能完成自我休闲活动 | | | | |
| 5.2.6 | 会改进和提升休闲活动 | | | | |
| 5.2.7 | 会体验休闲的愉悦 | | | | |
| 5.3 | 团体休闲活动 | | | | |
| 5.3.1 | 能参与团体休闲 | | | | |
| 5.3.2 | 能遵守活动规则 | | | | |
| 5.3.3 | 具备团体休闲的基本技能 | | | | |
| 5.3.4 | 会利用团体休闲的工具和资源 | | | | |
| 5.3.5 | 会组织、安排团体活动 | | | | |
| 5.3.6 | 会分享团体活动的愉悦 | | | | |

**特殊儿童生活教育课程目标检核大系——自我决定(领域六)**

| 代码 | 教学目标 | 检核 | | | |
|---|---|---|---|---|---|
| 6 | 自我决定 | | | | |
| 6.1 | 认识自我 | | | | |
| 6.1.1 | 自我意识 | | | | |
| 6.1.2 | 自我概念 | | | | |
| 6.1.3 | 角色扮演 | | | | |
| 6.2 | 时间规划 | | | | |
| 6.2.1 | 时间概念 | | | | |
| 6.2.2 | 时间控制 | | | | |
| 6.2.3 | 时间安排 | | | | |
| 6.3 | 自我主张 | | | | |
| 6.3.1 | 自我表达 | | | | |
| 6.3.2 | 能做选择 | | | | |

**续表**

| 代码 | 教学目标 | 检核 | | | |
|---|---|---|---|---|---|
| 6.3.3 | 有责任感 | | | | |
| 6.4 | 解决问题 | | | | |
| 6.4.1 | 能协商解决问题 | | | | |
| 6.4.2 | 求助 | | | | |
| 6.4.3 | 助人 | | | | |
| 6.5 | 自我调控 | | | | |
| 6.5.1 | 能控制自己的情绪 | | | | |
| 6.5.2 | 能调节自己的情绪 | | | | |
| 6.6 | 生涯规划 | | | | |
| 6.6.1 | 规划未来的生活 | | | | |
| 6.6.2 | 规划未来的职业 | | | | |
| 6.6.3 | 规划未来的休闲活动 | | | | |

**特殊儿童生活教育课程目标检核大系——生活语文（领域七）**

| 代码 | 教学目标 | 检核 | | | |
|---|---|---|---|---|---|
| 7 | 生活语文 | | | | |
| 7.1 | 语言沟通 | | | | |
| 7.1.1 | 具备语前能力（适应性反应） | | | | |
| 7.1.2 | 具备非语言沟通能力 | | | | |
| 7.1.3 | 能理解语言 | | | | |
| 7.1.4 | 能进行语言表达 | | | | |
| 7.1.5 | 具有语用能力 | | | | |
| 7.2 | 识字与阅读 | | | | |
| 7.2.1 | 具备前阅读能力 | | | | |
| 7.2.2 | 会认读常用汉字 | | | | |
| 7.2.3 | 对名词的阅读 | | | | |
| 7.2.4 | 对动词的阅读 | | | | |
| 7.2.5 | 对其他常用词的阅读 | | | | |

续表

| 代码 | 教学目标 | 检核 | | | |
|---|---|---|---|---|---|
| 7.2.6 | 对简单短句的阅读 | | | | |
| 7.2.7 | 对疑问句的认读 | | | | |
| 7.2.8 | 能朗读课文 | | | | |
| 7.2.9 | 能认识常用标点符号，体会标点符号所表达的语气 | | | | |
| 7.2.10 | 能理解课文 | | | | |
| 7.2.11 | 能认读拼音 | | | | |
| 7.2.12 | 能使用字典、词典等工具 | | | | |
| 7.2.13 | 能积极参与识字和阅读，有良好的阅读习惯 | | | | |
| 7.3 | 写字与习作 | | | | |
| 7.3.1 | 具备写前能力 | | | | |
| 7.3.2 | 能书写笔画 | | | | |
| 7.3.3 | 能写简单汉字 | | | | |
| 7.3.4 | 能书写词语 | | | | |
| 7.3.5 | 能写句子 | | | | |
| 7.3.6 | 能写一段话 | | | | |
| 7.3.7 | 能写留言条 | | | | |
| 7.3.8 | 能写病、事假条 | | | | |
| 7.3.9 | 能写个人资料 | | | | |
| 7.3.10 | 能写信 | | | | |
| 7.3.11 | 能填写日常生活中常用的表、单 | | | | |

**特殊儿童生活教育课程目标检核大系——生活数学(领域八)**

| 代码 | 教学目标 | 检核 | | | |
|---|---|---|---|---|---|
| 8 | 生活数学 | | | | |
| 8.1 | 数前概念 | | | | |
| 8.1.1 | 比较 | | | | |
| 8.1.2 | 顺序与规律 | | | | |
| 8.1.3 | 变与不变 | | | | |

续表

| 代码 | 教学目标 | 检核 | | | |
|---|---|---|---|---|---|
| 8.2 | 数的认识 | | | | |
| 8.2.1 | 认识数 1 | | | | |
| 8.2.2 | 认识数 2—5 各数 | | | | |
| 8.2.3 | 认识 6—9 各数 | | | | |
| 8.2.4 | 认识序数 | | | | |
| 8.2.5 | 认识数“0” | | | | |
| 8.2.6 | 认识数 10 | | | | |
| 8.2.7 | 认识 11—20 各数 | | | | |
| 8.2.8 | 认识 21—100 各数 | | | | |
| 8.2.9 | 认识 1 万以内的数 | | | | |
| 8.2.10 | 认识比万大的数(大数) | | | | |
| 8.2.11 | 认识生活中的数 | | | | |
| 8.2.12 | 能认识简单小数 | | | | |
| 8.2.13 | 能认识简单分数 | | | | |
| 8.3 | 数的运算 | | | | |
| 8.3.1 | 能计算 10 以内的加法 | | | | |
| 8.3.2 | 能计算 10 以内的减法 | | | | |
| 8.3.3 | 能计算 20 以内数的加法 | | | | |
| 8.3.4 | 能计算 20 以内数的减法 | | | | |
| 8.3.5 | 能计算 100 以内的加、减法 | | | | |
| 8.3.6 | 能计算乘法 | | | | |
| 8.3.7 | 能计算除法 | | | | |
| 8.3.8 | 四则混合运算 | | | | |
| 8.3.9 | 能使用计算器 | | | | |
| 8.4 | 量与计量 | | | | |
| 8.4.1 | 能区分大小、长短、高矮、厚薄、宽窄 | | | | |
| 8.4.2 | 能认识长度 | | | | |
| 8.4.3 | 能认识人民币 | | | | |

续表

| 代码 | 教学目标 | 检核 | | | |
|---|---|---|---|---|---|
| 8.4.4 | 能认识时间 | | | | |
| 8.4.5 | 能认识面积单位 | | | | |
| 8.4.6 | 能认识体积单位 | | | | |
| 8.4.7 | 测量物体的质量 | | | | |
| 8.4.8 | 能认识容积单位 | | | | |
| 8.4.9 | 能认识速度 | | | | |
| 8.5 | 空间与图形 | | | | |
| 8.5.1 | 认识前后、左右、里外、上下、上中下、曲直 | | | | |
| 8.5.2. | 认识直线、线段 | | | | |
| 8.5.3 | 认识圆形 | | | | |
| 8.5.4 | 认识直角、锐角、钝角 | | | | |
| 8.5.5 | 认识正方形、长方形 | | | | |
| 8.5.6 | 认识三角形 | | | | |
| 8.5.7 | 认识平行四边形 | | | | |
| 8.5.8 | 认识梯形 | | | | |
| 8.5.9 | 认识长方体 | | | | |
| 8.5.10 | 认识正方体 | | | | |
| 8.5.11 | 认识圆柱、圆锥和球体 | | | | |
| 8.5.12 | 图形与位置 | | | | |
| 8.5.13 | 图形的周长、面积、体积 | | | | |
| 8.5.14 | 拼图游戏 | | | | |
| 8.6 | 统计与概率 | | | | |
| 8.6.1 | 生活中的统计 | | | | |
| 8.6.2 | 生活中的概率 | | | | |
| 8.7 | 实践与应用 | | | | |
| 8.7.1 | 知道自家门牌号 | | | | |
| 8.7.2 | 统计全班人数、男女生人数，了解他们的年龄 | | | | |

续表

| 代码 | 教学目标 | 检核 | | | |
|---|---|---|---|---|---|
| 8.7.3 | 知道昨天、今天、明天；知道白天、黑夜；知道上课、下课；知道一周有七天 | | | | |
| 8.7.4 | 知道自家电话，会打电话给同学 | | | | |
| 8.7.5 | 知道特种电话号码的功能，会拨打特种电话号码110、120、118等 | | | | |
| 8.7.6 | 购买与测量 | | | | |
| 8.7.7 | 购物中的实用计算 | | | | |
| 8.7.8 | 生活中的分配物品 | | | | |
| 8.7.9 | 简单理财 | | | | |

**特殊儿童生活教育课程目标检核大系——生活常识(领域九)**

| 代码 | 教学目标 | 检核 | | | |
|---|---|---|---|---|---|
| 9 | 生活常识 | | | | |
| 9.1 | 认识常见动物 | | | | |
| 9.1.1 | 认识家禽家畜 | | | | |
| 9.1.2 | 认识野兽 | | | | |
| 9.1.3 | 认识昆虫 | | | | |
| 9.1.4 | 认识水中动物 | | | | |
| 9.1.5 | 认识两栖动物及爬行动物 | | | | |
| 9.1.6 | 认识鸟类 | | | | |
| 9.1.7 | 小动物的饲养 | | | | |
| 9.2 | 认识常见植物 | | | | |
| 9.2.1 | 认识常见水果 | | | | |
| 9.2.2 | 认识常见蔬菜 | | | | |
| 9.2.3 | 认识常见农作物 | | | | |
| 9.2.4 | 认识花、草、树木 | | | | |
| 9.2.5 | 花、草、树木的种植 | | | | |
| 9.3 | 认识天气与四季 | | | | |
| 9.3.1 | 认识、观察天气状况 | | | | |

续表

| 代码 | 教学目标 | 检核 | | | |
|---|---|---|---|---|---|
| 9.3.2 | 认识四季变化 | | | | |
| 9.3.3 | 认识天气冷热变化 | | | | |
| 9.4 | 认识地理环境 | | | | |
| 9.4.1 | 认识各种自然环境 | | | | |
| 9.4.2 | 认识周围环境 | | | | |
| 9.4.3 | 知道我国基本地理概况 | | | | |
| 9.4.4 | 知道地球的基本概况 | | | | |
| 9.5 | 其他有关自然知识 | | | | |
| 9.5.1 | 认识了解水 | | | | |
| 9.5.2 | 认识了解火 | | | | |
| 9.5.3 | 认识了解声、光、电、热、磁等 | | | | |
| 9.6 | 习俗传统 | | | | |
| 9.6.1 | 认识常见的节日 | | | | |
| 9.6.2 | 知道风俗、文化 | | | | |
| 9.6.3 | 了解历史知识 | | | | |
| 9.7 | 权利与义务 | | | | |
| 9.7.1 | 了解相关法律、法规 | | | | |
| 9.7.2 | 能做好社会角色 | | | | |
| 9.8 | 国情 | | | | |
| 9.8.1 | 具备基本国情知识 | | | | |
| 9.8.2 | 具有爱国行为 | | | | |

**特殊儿童生活技能训练课程目标检核大系——职业准备(领域十)**

| 代码 | 教学目标 | 检核 | | | |
|---|---|---|---|---|---|
| 10 | 职业准备 | | | | |
| 10.1 | 职业态度 | | | | |
| 10.1.1 | 有积极的职业愿望 | | | | |
| 10.1.2 | 有端正的职业态度 | | | | |

续表

| 代码 | 教学目标 | 检核 | | | |
|---|---|---|---|---|---|
| 10.1.3 | 有良好的职业习惯 | | | | |
| 10.2 | 职业知识 | | | | |
| 10.2.1 | 具备相关的职业知识 | | | | |
| 10.3 | 职业能力 | | | | |
| 10.3.1 | 认识同事 | | | | |
| 10.3.2 | 协调相互关系 | | | | |
| 10.3.3 | 具备交往礼仪 | | | | |
| 10.3.4 | 具备职业技能 | | | | |

# 附录3　特殊儿童生活教育评估标准

1　自我照顾

1.1　饮食

1.1.1　进食基本能力

0. 要别人喂食
1. 动作协助下会拿着食物吃
2. 别人将食物放在他手中会拿着食物吃
3. 会自己伸手抓食物并拿着食物吃

1.1.2　餐具使用

0. 不会使用餐具
1. 少数情况下能使用常用餐具(如勺子、筷子、碗等)
2. 能用餐具吃喝一般食物(如米饭、一般蔬菜、饮料等)
3. 能用餐具吃喝复杂食物(如面条、豌豆、黄豆粒、花生米等)

1.1.3　具有饮食常识

0. 不具有饮食常识
1. 具有少部分饮食常识
2. 具有较多饮食常识
3. 具有基本的饮食常识

1.1.4 有餐饮礼仪

0. 完全不具餐饮礼仪

1. 动作协助下能执行餐饮礼仪

2. 口头提示(或不接触学生身体的动作、手势、表情提示)下能有适当餐饮礼仪

3. 能主动地运用适当的餐饮礼仪

1.2 穿着打扮

1.2.1 会穿脱简单衣物

0. 要别人帮助穿脱衣物

1. 动作协助下能穿脱简单衣物(如圆领衫、套头衫、松紧裤等)

2. 口头提示下能穿脱简单衣物

3. 会独立穿脱简单衣物

1.2.2 会穿脱复杂衣物

0. 不会穿脱复杂衣物

1. 动作协助下能穿脱衣物(如拉链衣裤、连衣裙等)

2. 在口头提示下能穿脱复杂衣物

3. 会独自穿脱复杂衣物

1.2.3 会穿脱饰品

0. 不会穿脱饰品

1. 动作协助下能穿脱饰品(如皮带、发卡、胸针等)

2. 口头提示下能穿脱饰品

3. 能自己穿脱饰品

1.2.4 会使用雨具

0. 完全不会使用雨具,需别人代劳

1. 能使用简单雨具(如雨衣)

2. 能使用部分较复杂的雨具(如雨伞)

3. 能自己使用复杂雨具

1.2.5 会依场合着装

0. 完全由别人替他决定衣饰

1. 只挑选自己喜欢的衣饰或不考虑场合任意穿戴

2. 能在日常经历的场合选择衣饰

3. 能依场合自己选择衣着

1.2.6　依气候着装

0. 没有依气候选择衣着的意识,需别人照应

1. 在别人的协助或提示下会按气候着装

2. 能在例行的气候下适当着装

3. 自己能够依气候适当着装

1.2.7　会保持衣着整洁、美观

0. 不能保持衣着整洁,不注意美观,需别人照应

1. 小部分时间能保持部分的整洁、美观

2. 大部分时间能保持衣着整洁、美观

3. 能主动保持衣着整洁,注意衣着美观

1.3　如厕

1.3.1　会控制大小便

0. 需包尿布或经常尿湿

1. 会在协助下到厕所大小便或很少尿湿,很少大便在身上

2. 会表示大小便的意愿

3. 会自己到厕所里大小便

1.3.2　会在厕所小便

0. 自己不能到厕所小便,完全需别人照料

1. 在厕所小便需别人动作协助

2. 在口头提示下能在厕所小便

3. 能自己在厕所小便

1.3.3　会在厕所大便

0. 自己不能到厕所大便,完全需别人照料

1. 动作协助下能在厕所大便

2. 口头提示下能在厕所大便

3. 能自己在厕所大便

1.3.4　会在厕所穿脱裤子

0. 没有进厕所才穿脱裤子的意识,随处穿脱

1. 经别人要求、提示能在厕所穿脱裤子
2. 多数时间能够在厕所穿脱裤子
3. 能自觉地在厕所里穿脱裤子

1.3.5 会处理便后

0. 自己不能处理便后情况，完全由别人料理
1. 动作协助下能处理便后
2. 口头提示下能处理便后
3. 能独立处理便后

1.3.6 会辨识男女厕所

0. 完全不能辨识男女厕所
1. 经提示能辨识男女厕所
2. 熟悉环境中能辨识男女厕所
3. 在各种场景均能辨识男女厕所

1.4 个人清洁

1.4.1 会处理每日例行的清洁

0. 完全不能自己处理每日例行的清洁
1. 动作协助下或自己处理少数每日例行的清洁
2. 口头提示下可以处理大部分每日例行的清洁
3. 能自己处理每日例行的清洁

1.4.2 会维护身体清洁

0. 完全不会维护自己身体清洁
1. 动作协助下能维护自身少部分的清洁
2. 口头提示下能维护自己身体的大部分清洁
3. 能维护自己身体的清洁

1.4.3 会处理身上偶发的脏乱

0. 完全不能处理身上偶发的脏乱
1. 偶尔或动作协助下能处理自己身上偶发的脏乱
2. 口头提示下能处理自己身上偶发的脏乱
3. 能独自处理自己身上偶发的脏乱

1.4.4 就寝遵守时间与常规

0. 完全不按时间与常规行事

1. 少数时间或偶尔能遵守时间与常规

2. 部分时间或部分情况下能遵守时间与常规

3. 能自觉遵守时间与常规

1.4.5 就寝基本能力

0. 没有就寝能力

1. 具少数就寝能力或偶尔有就寝能力

2. 具部分就寝能力或部分时间具有就寝能力

3. 具有就寝基本能力,能独自进行就寝

2 居家生活

2.1 家事清洁

2.1.1 清扫

0. 无法使用清扫工具

1. 动作协助下能使用各种清扫工具

2. 口头提示下能使用各种清扫工具

3. 能独立使用多种清扫工具,清扫家庭主要环境(如客厅、居室、厨房、厕所、过道、楼道、场院等)

2.1.2 洗涤

0. 完全不能洗涤任何物品

1. 能冲洗常用的小物品(如手帕、杯子)

2. 口头提示下能洗涤常用物品(如盘碟、衣裤,包括使用洗衣机)

3. 能独立洗涤常用物品(如餐、炊具,并含使用洗衣机洗涤)

2.1.3 擦拭

0. 不会擦拭

1. 动作协助下能擦拭桌椅等较简单物件

2. 口头提示下能擦拭门窗等较复杂的物品

3. 能擦拭家中的常用物品

2.1.4 垃圾处理

0. 完全不会处理垃圾

1. 动作协助下能正确堆放、倾倒垃圾

2. 口头提示下能正确堆放、倾倒垃圾

3. 能自觉正确处理垃圾

2.2　衣物整理

2.2.1　折叠

0. 不会折叠衣物

1. 能折叠简单的常用衣物(如内衣裤、手帕、袜子)

2. 能在口头提示下折叠复杂衣物(如毛衣、厚外套、丝绸衣)

3. 能自己折叠各种常用衣物

2.2.2　晾晒

0. 完全不会晾晒

1. 动作协助下会晾晒简单的物品(如手帕、袜子)

2. 口头提示下会晾晒一般的衣物(如衣、裤)

3. 能自己晾晒复杂的物品(如被罩、丝绸衣服等)

2.2.3　保存

0. 不具保存衣物常识,不会保存衣物

1. 动作协助下会保存常用的简单衣物(如内衣裤、手帕、袜子)

2. 口头提示下会保存常用的衣物

3. 能自己保存四季衣物

2.3　食物料理

2.3.1　会清洗食物

0. 自己完全不会清洗食物

1. 动作协助下会清洗简单食物(如水果等)

2. 口头提示下会清洗常用食物(如蔬菜、淘米等)

3. 会独立清洗较复杂食物(肉、鱼等)

2.3.2　会处理熟食品

0. 自己完全不会处理熟食品

1. 动作协助下会处理简单熟食品(如冲芝麻糊等)

2. 口头提示下会处理常见熟食品(如冲泡方便面、剥皮蛋等)

3. 会自己处理熟食品(如热剩饭菜等)

2.3.3 会使用炊具

0. 自己完全不会使用炊具

1. 动作协助下会使用简单炊具(如用勺子添饭、用碗盛菜等)

2. 口头提示下会使用常用炊具(如点天然气、烧柴灶、烧水等)

3. 能独立使用炊具

2.3.4 会调制食品

0. 完全不会调制食品

1. 动作协助下会调制简单食品(如放面条佐料、往菜里加盐等)

2. 口头提示下会调制一般食品(如制作凉拌食品等)

3. 会自己调制常用食品(如制作红烧肉、泡菜等)

2.3.5 会存放食品

0. 不会存放食品

1. 动作协助下会存放常用食品

2. 口头提示下会存放常用食品

3. 自己会合理存放食品

2.4 金钱处理

2.4.1 有适当的金钱来源

0. 没有金钱来源

1. 偶尔能从大人处得到少量零花钱

2. 能定期从大人处得到生活费及零花钱

3. 能通过自己的劳动获得金钱

2.4.2 会清点钱币

0. 完全不会清点钱数

1. 动作协助下会清点 1 元以内钱数

2. 口头提示下会清点 10 元以内钱数

3. 会独自清点 100 元以内钱数

2.4.3 会存放钱币

0. 完全没有存放钱的意识,不会存放钱

1. 会将钱存放在父母处

2. 会将钱自己保存(放在家中、自己身上)

3. 会将钱存入银行

2.4.4 会购物预算

0. 不会做购物预算

1. 动作协助下会做简单的购物预算

2. 口头提示下会做日常购物预算

3. 购物前会主动做预算

2.4.5 会记账

0. 不会记账

1. 动作协助下会记简单家庭账

2. 口头提示下会记日常家庭账

3. 会主动记家庭常用账目

2.5 家庭布置

2.5.1 会摆设家具

0. 不会摆设家具

1. 动作协助下会摆设常用的简单家具(如椅子、桌子等)

2. 口头提示下会摆设常用家具

3. 会自己安排、摆设家具

2.5.2 会摆设装饰品

0. 不会摆设装饰品

1. 动作协助下会摆设简单的装饰品

2. 口头提示下会摆设常见的装饰品

3. 会自己摆设复杂的装饰品

2.6 家庭沟通

2.6.1 认识家庭成员

0. 不能分辨家庭成员

1. 能够认识家庭中接触频率最高的成员(如父母)

2. 能够认识家庭中常住的成员(如祖父母、外祖父母等)

3. 能够认识常来往于家庭中的成员(如姨、姑、叔、伯、堂、表兄、姐妹等)

2.6.2 能适当与家庭成员沟通

0. 很难与家庭成员沟通

1. 动作协助下能与家庭成员简单沟通

2. 大部分情况下能与家庭成员沟通

3. 能主动与家庭成员沟通

2.6.3 能用适当态度对待家庭成员

0. 不听从家庭成员的教导

1. 偶尔能听从家庭成员教导,表现礼貌

2. 多数情况下能听从家庭成员教导,表现礼貌

3. 能自觉地与家庭成员协调关系,关心家庭成员

3 社区生活

3.1 结交朋友

3.1.1 具有交友的需求愿望

0. 完全没有交友的需求愿望

1. 在别人的提示下有交友的需求愿望

2. 偶尔有交友的需求愿望

3. 能主动、经常表达交友的需求愿望

3.1.2 对别人友好态度能正确应答

0. 完全不能对别人友好态度正确应答

1. 在别人的协助下能对别人友好态度正确应答

2. 能用一种方式(例如言语或姿势,参见四码)正确应答

3. 能用多种方式恰当地正确应答

3.1.3 能认识朋友

0. 完全不能认识朋友

1. 在别人的提示下能认识朋友

2. 能认识朋友的一种特征

3. 能认识朋友的多种特征

3.1.4 会选择朋友

0. 完全不会选择朋友

1. 在别人的协助下能选择朋友

2. 能根据一种标准选择朋友

3. 能根据多种标准选择朋友

3.1.5 有恰当的交友方式

0. 完全不具备恰当的交友方式

1. 能在别人的指示下用恰当方式交友

2. 只能在某种特定场合用恰当的交友方式

3. 能主动地根据场合用恰当的交友方式

3.2 表达感情

3.2.1 有表达感情的愿望需求

0. 完全没有表达感情的愿望需求

1. 在别人的提示下有表达感情的愿望需求

2. 偶尔有表达感情的愿望需求

3. 能经常具有表达感情的愿望需求

3.2.2 能识别感情

0. 完全不能识别感情

1. 能识别简单的感情

2. 能识别较复杂的感情

3. 能识别各种感情

3.2.3 表达感情的方式

0. 完全没有掌握表达感情的方式

1. 在别人的协助下能表达感情

2. 能掌握简单表达感情的方式

3. 能恰当地利用各种方式表达感情

3.2.4 能有分寸地表达感情

0. 完全没有掌握表达感情的分寸

1. 在别人的提示下能懂得表达感情的分寸

2. 能在特定的环境下掌握表达感情的分寸

3. 能在各种情景下掌握表达感情的分寸

3.3 团体适应

3.3.1 有进入团体的愿望

0. 完全没有进入团体的愿望
1. 在别人的提示下有进入团体的愿望
2. 偶尔有进入团体的愿望
3. 经常有进入团体的愿望

3.3.2 能认识团体

0. 完全不能认识团体
1. 偶尔能认识团体
2. 在某特定的环境能认识团体
3. 在各种场合能认识团体

3.3.3 能遵守团体规范

0. 完全不能遵守团体规范
1. 在别人提示下能遵守团体规范
2. 在特定的场合能遵守团体规范
3. 在各种场合能遵守团体规范

3.3.4 能协调与团体成员的关系

0. 完全不能协调与团体成员的关系
1. 在别人的协助下能协调与团体成员的关系
2. 能协调与部分成员的关系
3. 能够协调团体各成员的关系

3.3.5 团体活动的体验

0. 完全没有团体活动的体验
1. 偶尔有团体活动的体验
2. 经常有团体活动的体验
3. 能体验各种团体活动

3.4 交通能力

3.4.1 能认识交通工具(依当地具体情况而定)

0. 完全不能认识交通工具
1. 能认识一种交通工具
2. 能认识常见的交通工具
3. 能认识各种交通工具

3.4.2　能识别交通标志

0. 完全没有交通安全意识

1. 经别人提示具有交通安全意识

2. 能识别常见交通标志

3. 能识别各种交通标志

3.4.3　具有交通安全意识

0. 完全没有交通安全意识

1. 经别人提示具有交通安全意识

2. 能经常注意到交通安全的重要性

3. 能随时具有交通安全意识,并能控制自己的行为

3.4.4　能利用交通工具

0. 完全不能利用交通工具

1. 在别人的提示或协助下利用交通工具

2. 能利用常用的交通工具

3. 能恰当地利用各种交通工具

3.4.5　能处理交通中的突发事件

0. 完全不能处理交通中的突发事件

1. 在别人的协助下能处理交通中的突发事件

2. 能处理交通中的简单突发事件

3. 能处理交通中的复杂突发事件

3.5　采购能力

3.5.1　能做购物前的准备

0. 完全不能做购物前的准备

1. 在别人的协助下能做购物前的准备

2. 能准备钱款,能准备简单的搬运工具

3. 能独立做购物前的准备

3.5.2　能选择购物场所

0. 完全不能选择购物场所

1. 在别人的协助下会选择购物场所

2. 能选择常用物品的购物场所

3. 能选择各种物品的购物场所

3.5.3 能识别商品

0. 完全不会识别商品

1. 在别人的协助下或提示下能识别商品

2. 能识别商品的基本用途

3. 能识别商品的各种特性

3.5.4 能做购物决断

0. 完全不能做购物决断

1. 在别人的协助下做购物决断

2. 能根据自己的需要做购物决断

3. 能根据多方面的情况做购物决断

3.5.5 懂得购物礼仪

0. 完全不懂购物礼仪

1. 懂得购物时要注意礼仪

2. 在购物过程中会遵守秩序

3. 在购物过程中会遵守秩序并能运用礼貌语言

3.6 获得服务

3.6.1 能了解社区服务项目

0. 完全不了解社区服务项目

1. 只了解社区的一两项服务项目

2. 了解社区的常用服务项目

3. 了解社区的各种服务项目

3.6.2 选择获得服务项目

0. 完全不会选择获得服务的项目

1. 在别人的协助下能选择一些服务项目

2. 会常用服务项目的选择

3. 会恰当地选择各种服务项目

3.6.3 能有礼貌地获得服务

0. 完全不会有礼貌地获得服务

1. 在别人的协助下能有礼貌地获得服务

2. 掌握获得服务的基本礼仪

3. 掌握获得服务的各种礼仪

3.7 参加社区活动

3.7.1 有参加社区活动的愿望

0. 完全没有参加社区活动的愿望

1. 偶尔有参加社区活动的愿望

2. 经常有参加社区活动的愿望

3. 凡有社区活动都愿积极参加

3.7.2 能认识社区活动项目

0. 完全不认识社区活动项目

1. 认识社区活动的一两项项目

2. 认识社区活动的常见项目

3. 认识社区活动的各种项目

3.7.3 能利用社区活动场所和资源

0. 完全不会利用社区活动场所和资源

1. 在别人的协助下会利用社区活动场所和资源

2. 会利用社区活动场所和资源满足日常需要

3. 会利用社区活动场所资源满足各种需要

3.7.4 具有参加社区活动的技能

0. 完全不具备参加社区活动的技能

1. 具备参加社区活动的少数技能

2. 具备参加社区活动的常用技能

3. 具备参加社区活动的各种技能

3.8 遵守社区活动规范

3.8.1 能了解社区活动规范的内容

0. 完全不了解社区活动规范的内容

1. 了解极少的社区活动规范的内容

2. 了解社区活动规范的基本内容

3. 了解社区活动规范所有内容

3.8.2 能遵守社区中的人际交往规范

0. 完全不能遵守社区中的人际交往规范
1. 在别人的提示下能遵守社区中人际交往规范
2. 能遵守社区中人际交往的基本规范
3. 能遵守社区中人际交往的各种规范

4　健康安全

4.1　饮食卫生

4.1.1　饮食卫生基本知识

0. 不懂饮食卫生
1. 经较多协助可注意自己的饮食卫生
2. 经口头提示可注意自己的饮食卫生
3. 能随时注意自己的饮食卫生

4.1.2　饮食卫生习惯

0. 没有好习惯
1. 经较多协助可注意自己的饮食卫生
2. 经口头提示可注意饮食卫生
3. 有良好的饮食卫生习惯

4.2　疾病防治

4.2.1　疾病的感觉、分辨、表达

0. 对疾病没有感觉
1. 能知道自己生病(可感觉)
2. 能说出自己生病的感觉
3. 能感觉、分辨、表达自己生病

4.2.2　常见疾病简单知识

0. 完全不知道有什么疾病
1. 能说出常见疾病1种
2. 能说出常见疾病2种
3. 能说出常见疾病3种以上

4.2.3　常见急救常识

0. 完全不知急救常识

1. 能举出 1 种急救方法

2. 能举出 2 种急救方法

3. 能举出 3 种及 3 种以上的急救方法

4.2.4 预防

0. 完全不知道预防疾病的措施

1. 能举出预防疾病的措施 1 种

2. 能举出预防疾病的措施 2 种

3. 能举出预防疾病的措施 3 种或 3 种以上

4.3 性知识

4.3.1 了解男女性别特征

0. 完全不能区分男女生

1. 能举出男女性别特征 1 种

2. 能举出男女性别特征 2 种

3. 能举出男女性别特征 3 种

4.3.2 了解青春期知识

0. 不了解任何青春期知识

1. 能举出 1 种青春期知识(比如知道 1 种卫生习惯)

2. 能举出 2 种青春期知识

3. 知道 3 种及 3 种以上的青春期知识

4.3.3 具有性道德常识

0. 没有隐私观念

1. 有微小的隐私观念

2. 能保护自己的性隐私

3. 能自尊、自重、自爱

4.4 安全

4.4.1 安全意识

0. 没有一点安全意识

1. 知道部分危险会对自己造成伤害

2. 能说出并回避危险

3. 能保护自己和别人的安全

4.4.2 安全基本知识

0. 没有安全知识

1. 能举出 1 条安全常识

2. 能举出 2 条安全常识

3. 能举出 3 条及 3 条以上安全常识

5 休闲生活

5.1 选择休闲活动

5.1.1 有机会接触各种休闲活动

0. 只能自己无目的的休闲

1. 只能自己进行简单的休闲

2. 可在别人的邀请下进行休闲

3. 可主动地和别人共同休闲

5.1.2 有个人爱好和兴趣

0. 没有明确有意义的爱好和兴趣

1. 有自己单一而机械的爱好和兴趣

2. 有一般的个人爱好和兴趣

3. 有广泛的个人爱好和兴趣

5.1.3 具备选择某项活动的能力

0. 没有选择能力

1. 可选择简单的自己已会的活动

2. 可选择自己爱好和感兴趣的活动

3. 有选择适合自己的活动的能力

5.1.4 选择正当的休闲活动

0. 不知道休闲活动正当与否

1. 能选择喜爱的无论正当与否的休闲活动

2. 能避开不愿进行的休闲活动

3. 能选择健康有益的休闲活动

5.1.5 选择适合自己条件的休闲活动

0. 只能无目的地选择休闲活动

1. 可选择适合自己身体条件的休闲活动
2. 可选择适合自己兴趣爱好的休闲活动
3. 可选择适合自己条件的休闲活动

5.2 自我休闲活动

5.2.1 具备自我休闲的基本技能

0. 没有自我休闲的基本技能
1. 具备些微自我休闲能力或偶尔具有自我休闲能力
2. 具备部分的自我休闲能力或部分时间具有进行自我休闲的能力
3. 具备多种自我休闲能力或多数时间具有进行自我休闲的能力

5.2.2 会利用工具和资源

0. 完全不具备利用工具和资源的能力
1. 会利用少量的工具和资源或简单的工具和资源
2. 会利用部分的工具和资源或较为复杂的工具和资源
3. 依据活动需要,利用多种工具资源或复杂的工具和资源

5.2.3 会计划和安排自我休闲活动

0. 完全不能计划和安排自我休闲活动
1. 能够安排特定的自我休闲活动或简单的自我休闲活动
2. 能够安排部分自我休闲活动的时间和内容或较复杂的自我休闲活动
3. 能合理安排各种自我休闲活动的内容和时间

5.2.4 能做休闲的准备

0. 完全不能准备自我休闲
1. 对特定的或简单的休闲活动准备能够完成,对于复杂程序能够完成1/3的准备程序
2. 对部分或较复杂的休闲活动准备能够完成,对于复杂程序能完成2/3的程序准备
3. 自己能够独立地完成多种休闲活动,对于复杂程序能完成全部程序准备

5.2.5 能完成自我休闲活动

0. 完全不能完成自我休闲活动

1. 能完成极少数或简单的自我休闲活动

2. 能完成部分较复杂的自我休闲活动

3. 依照活动顺序,有始有终地完成各种自我休闲活动

5.2.6 会改进和提升休闲活动

0. 完全没有改进、提升休闲活动的意愿和能力

1. 特别专注、追求某种活动

2. 能介绍、宣扬某项活动

3. 能变换活动方式增加活动难度

5.2.7 会体验休闲的愉悦

0. 不能体验休闲的愉悦

1. 对少数休闲活动能够体验愉悦

2. 对部分休闲活动能够体验愉悦

3. 对各种活动能够表达愉快心情

5.3 团体休闲活动

5.3.1 能参与团体休闲

0. 不能参与团体休闲

1. 可参与少量的团体休闲或参与极少时间的休闲

2. 可参与较多的团体休闲或参与较多时间的休闲

3. 能参与大多数团体休闲

5.3.2 能遵守活动规则

0. 不能遵守活动规则

1. 能遵守少量活动规则或少数时间能遵守规则

2. 能遵守 1/2 的活动规则或 1/2 的时间能遵守规则

3. 能遵守所有活动规则或所有时间都能遵守规则

5.3.3 具备团体休闲的基本技能

0. 没有团体休闲的基本技能

1. 具备极少数的团体休闲基本技能或偶尔具有团体休闲的能力

2. 具备部分的团体休闲基本技能或部分时间具有进行自我休闲的能力

3. 具备各种自我休闲的能力或多数时间具有进行自我休闲的能力

5.3.4　会利用团体休闲的工具和资源

0. 完全不具备利用团体休闲工具和资源的能力

1. 会利用少量的团体休闲工具和资源或较为简单的工具和资源

2. 会利用部分的团体休闲工具和资源或较为复杂的工具和资源

3. 依据活动需要，利用多种团体休闲工具和资源或复杂的工具和资源

5.3.5　会组织、安排团体活动

0. 完全不能安排和组织团体活动

1. 会组织、安排特定的团体活动或简单的团体活动

2. 会组织、安排部分团体活动的时间和内容或较复杂的团体休闲活动

3. 能合理组织、安排各种团体活动的内容和时间

5.3.6　会分享团体活动的愉悦

0. 完全不会分享团体活动的愉悦

1. 以自我感到愉快来分享团体活动的愉悦

2. 以积极参与来分享团体活动的愉悦

3. 以积极参与和准备团体活动来分享其愉悦

6　自我决定

6.1　认识自我

6.1.1　自我意识

0. 完全不认识自我身心

1. 认识自己主要的身体部位(如头、手、脚等)

2. 知道自己的部分意愿(如想吃饭、想上公园等)

3. 知道自己的行为后果

6.1.2　自我概念

0. 自我概念薄弱

1. 知道自己名字及自己拥有的常用物品

2. 会正确运用人称代词，分清别人拥有的物品

3. 知道自己的基本情况

6.1.3　角色扮演

0. 不能做自我角色认识

1. 能做自我家庭角色认识

2. 能做自我社会角色认识

3. 能做自我多重角色认识

6.2 时间规划

6.2.1 时间概念

0. 没有时间概念

1. 具少数时间概念

2. 具部分时间概念

3. 具时间概念,办事能考虑时间因素

6.2.2 时间控制

0. 不会控制时间

1. 经较多协助偶尔能够控制时间

2. 较少提示下能够控制时间

3. 能自觉控制时间

6.2.3 时间安排

0. 不会安排时间

1. 在较多协助下偶尔能做时间安排

2. 经较少提示能做时间安排

3. 能自觉、合理安排时间

6.3 自我主张

6.3.1 自我表达

0. 完全没有表达的愿望

1. 偶尔有表达的愿望

2. 大部分时间有表达的愿望

3. 能够主动地表达自己的主张

6.3.2 能做选择

0. 完全不能做选择

1. 偶尔能做选择

2. 能做出选择

3. 能做出正确的选择

6.3.3　有责任感

0. 完全没有责任感

1. 偶尔有责任感

2. 在提示下能有责任感

3. 有强烈的责任感

6.4　解决问题

0. 无法解决常见简单问题

1. 能解决少数简单问题

2. 能够解决部分常见问题

3. 能自己解决常见问题

6.4.1　能协商解决问题

0. 无法协商解决问题

1. 能协商解决少数简单问题

2. 能够协商解决部分常见问题

3. 能协商解决常见问题

6.4.2　求助

0. 完全不能向别人求助

1. 偶尔能向别人求助

2. 在提示下能向别人求助

3. 能主动向别人求助

6.4.3　助人

0. 完全不能帮助别人

1. 偶尔能帮助别人

2. 能帮助别人

3. 乐于助人

6.5　自我调控

6.5.1　能控制自己的情绪

0. 完全不能控制自己的情绪

1. 偶尔能控制自己的情绪

2. 在提示下能控制住自己的情绪

3. 能自主控制住自己的情绪

6.5.2 能调节自己的情绪

0. 完全不能调节自己的情绪

1. 偶尔能调节自己的情绪

2. 在提示下能调节自己的情绪

3. 能自主调节自己的情绪

6.6 生涯规划

6.6.1 规划未来的生活

0. 完全不能规划未来的生活

1. 能少部分规划未来的生活

2. 在别人的协助下能规划未来的生活

3. 能自己规划未来的生活

6.6.2 规划未来的职业

0. 完全不能规划未来的职业

1. 能少部分规划未来的职业

2. 在别人的协助下能规划未来的职业

3. 能自己规划未来的职业

6.6.3 规划未来的休闲活动

0. 完全不能规划未来的休闲活动

1. 能少部分规划未来的休闲活动

2. 在别人的协助下能规划未来的休闲活动

3. 能自己规划未来的休闲活动

7 生活语文

7.1 语言沟通

7.1.1 具备语前能力(适应性反应)

0. 对外界刺激完全无反应,不能注意

1. 对外界刺激有微弱反应,瞬时注意

2. 对外界刺激有可观察的反应,能注意指定刺激 5 秒钟以内

3. 对外界刺激有适应性反应,并有良好注意力

7.1.2　具备非语言沟通能力

0. 完全不具备非语言沟通能力

1. 能对他人出示的实物、图片、视频等做出反应

2. 能用图片表达需求

3. 能使用沟通辅具与人沟通

7.1.3　能理解语言

0. 听不懂语言

1. 能听懂具体名词、动词

2. 能听懂简单句

3. 能听懂别人叙述的一件事

7.1.4　能进行语言表达

0. 只能发出任意声

1. 能模仿发音

2. 能说常见物品的名称

3. 能使用常用句进行表达

7.1.5　具有语用能力

0. 完全无语用能力

1. 能用常用简单词作答

2. 能用常用简单句与人交谈

3. 能与人交谈，并在言谈中能辅以恰当的语音、语调表达情绪和需求

7.2　识字与阅读

7.2.1　具备前阅读能力

0. 视线不能集中于指定位置

1. 能指出刚看过的字或图形

2. 能对特定的字或图形做联结反应

3. 能根据句意断句

7.2.2　会认读常用汉字

0. 完全不能阅读汉字

1. 能阅读简单字（如人、土、上）

2. 能阅读常用简单字（如太、山、水）

3. 自己能阅读常用字

7.2.3 对名词的阅读

0. 完全不能认读名词(或在较多协助下)

1. 能认读少数名词(如头发、桌子、妈妈等)

2. 能认读公共场所常见名词(如常乘坐的站牌、起止地点、厕所)

3. 能认读日常生活中的名词

7.2.4 对动词的阅读

0. 完全不能认读动词

1. 能认读少数动词(需较多协助)

2. 能认读部分常用动词(较少协助)

3. 能认读动词

7.2.5 对其他常用词的阅读

0. 无法阅读词语

1. 能认读少数形容词、副词

2. 能认读部分形容词、副词

3. 能自己认读日常生活中常见的形容词、副词

7.2.6 对简单短句的阅读

0. 不能成句阅读

1. 能阅读简单主谓或动宾句(如他来,回家等)

2. 能阅读(或在少量协助下能阅读)含形容词、副词或主、谓宾的短句

3. 能自己阅读常见常用的简单句

7.2.7 对疑问句的认读

0. 不能认读简单疑问句

1. 在较多协助下,认读简单疑问句

2. 认读部分疑问句(或在部分协助下完成)

3. 能自己认读常用的疑问句

7.2.8 能朗读课文

0. 完全不能读句子

1. 在较多协助下能认读两个句子

2. 在较少协助下能阅读图文结合的文章

3. 能自己阅读课文

7.2.9 能认识常用标点符号,体会标点符号所表达的语气

0. 不认识标点符号

1. 在较多协助下能认识句号,并了解句号所表达的语气

2. 在较少协助下能认识逗号、句号,并了解逗号、句号所表达的语气

3. 能认识常用标点符号,体会标点符号所表达的语气

7.2.10 能理解课文

0. 完全不能理解课文

1. 在较多协助下能借助课文中的图画理解课文

2. 在较少协助下能借助生活经验理解课文

3. 能结合上下文和生活实际理解课文,并能在课文中提取关键信息

7.2.11 能认读拼音

0. 完全不能认读拼音

1. 在较多协助下能认读单韵母

2. 在较少协助下能认读拼音

3. 能独立认读拼音

7.2.12 能使用字典、词典等工具

0. 完全不会使用字典、词典等工具

1. 在较多协助下能使用字典、词典等工具

2. 在口头提示下能使用字典、词典等工具

3. 能独立使用字典、词典等工具

7.2.13 能积极参与识字和阅读,有良好的阅读习惯

0. 完全不喜欢识字与阅读

1. 在较多协助下能看图认读生活中常用的词语

2. 在较少协助下能看图文故事

3. 能自觉阅读,并爱护图书。

7.3 写字与习作

7.3.1 具备写前能力

0. 不会眼手协调涂画

1. 在较多协助下能描简单笔画

2. 在较少协助下能描简单笔画

3. 能运用铅笔、圆珠笔、钢笔等正确写出简单笔画

7.3.2　能书写笔画

0. 不能摹写基本笔画

1. 在较多协助下能书写笔画

2. 在较少协助下能书写笔画

3. 能独立书写笔画

7.3.3　能写简单汉字

0. 不能仿写汉字

1. 在较多协助下能写直线条组成的汉字(如山、工)

2. 能写曲线条组成的汉字(如水、子)

3. 能写两个部首组成的汉字(如杯、打)

7.3.4　能书写词语

0. 不能书写词语

1. 在较多协助下能书写简单词

2. 在较少协助下能书写常用简单词语

3. 能独立书写词语

7.3.5　能写句子

0. 不能说,也不能写句子

1. 在较多协助下能写"谓语+宾语"的简单句子

2. 在较少协助下能写"主语+谓语+宾语"的简单常用句子

3. 能独立写一句话

7.3.6　能写一段话

0. 不能说,也不能写一段话

1. 在较多协助下能写一段话

2. 在较少协助下能写一段话

3. 能独立写一段话

7.3.7　能写留言条

0. 不能说也不能写留言条

1. 在较多协助下能写出留言的内容

2. 在较少协助下能写留言条

3. 能根据自己实际需求独立写留言条

7.3.8 能写病、事假条

0. 不能说出、不能写出病、事假条

1. 在较多协助下能写出病、事假的请求

2. 在较少协助下能写出病、事假条

3. 能依自己实际情况独立写病、事假条

7.3.9 能写个人资料

0. 无法说出或写出个人的简单资料

1. 在较多协助下能说出简单资料的2—3项

2. 在较少协助下能写出个人简单资料和一日记事

3. 能独立完成个人资料及一日简单记事

7.3.10 能写信

0. 无法写信

1. 在较多协助下能写3—5句的简信

2. 在较少协助下能写简信

3. 能独立写简单信

7.3.11 能填写日常生活中常用的表、单

0. 完全不能填写常用表单

1. 在较多协助下能填写简单表单2—3项

2. 在较少协助下能填写常用表单

3. 能独立填写常用表单

8. 生活数学

8.1 数前概念

8.1.1 比较

0. 儿童不会作比较

1. 在较多协助下能比较“一”和许多

2. 在口头协助下能比较多与少

3. 能比较有无、多少和同样多

8.1.2 顺序与规律

0. 儿童不能模仿排列和按顺序活动

1. 在较多协助下能模仿排列和按顺序活动

2. 在口头协助下能模仿排列和按顺序活动

3. 能模仿排列和按顺序活动

8.1.3 变与不变

0. 儿童不能感受物品的变与不变

1. 在较多协助下能感受物品的变与不变

2. 在口头协助下能感受物品的变与不变

3. 能感受物品的变与不变

8.2 数的认识

8.2.1 认识数 1

0. 儿童不认识数 1

1. 儿童在较多协助下认识数 1

2. 儿童在较少协助下认识数 1

3. 儿童能认识数 1

8.2.2 认识 2—5 各数

0. 儿童不认识 2—5 各数

1. 儿童在较多协助下认识 2—5 各数

2. 儿童在较少协助下认识 2—5 各数

3. 儿童能认识 2—5 各数

8.2.3 认识 6—9 各数

0. 儿童不认识 6—9 各数

1. 儿童在较多协助下认识 6—9 各数

2. 儿童在较少协助下认识 6—9 各数

3. 儿童能认识 6—9 各数

8.2.4 认识序数

0. 儿童不认识序数

1. 儿童在较多协助下认识第一到第十

2. 儿童在较少协助下能依序排列 1—10(由大到小或由小到大)

3. 儿童能依序排列 1—10(由大到小或由小到大)

8.2.5　认识数“0”

0. 儿童不认识数“0”

1. 儿童在较多协助下认识数“0”

2. 儿童在较少协助下认识数“0”

3. 儿童能认识日常生活中的数“0”

8.2.6　认识数 10

0. 儿童不认识数“10”

1. 儿童在较多协助下认识数“10”

2. 儿童在较少协助下认识数“10”

3. 儿童能认识日常生活中的数“10”

8.2.7　认识 11—20 各数

0. 儿童不认识 11—20 各数

1. 儿童在较多协助下认识 11—20 各数

2. 儿童在较少协助下认识 11—20 各数

3. 儿童能认识日常生活中的 11—20 各数

8.2.8　认识 21—100 各数

0. 儿童不认识 21—100 各数

1. 儿童在较多协助下认识 21—100 各数

2. 儿童在较少协助下认识 21—100 各数

3. 儿童能认识日常生活中的 21—100 各数

8.2.9　认识 1 万以内的数

0. 儿童不认识 1 万以内的数

1. 儿童在较多协助下认识 1 万以内的数

2. 儿童在较少协助下认识 1 万以内的数

3. 儿童能认识日常生活中的 1 万以内的数

8.2.10　认识比万大的数(大数)

0. 儿童不认识比万大的数(大数)

1. 儿童在较多协助下认识比万大的数(大数)

2. 儿童在较少协助下认识比万大的数(大数)

3. 儿童能认识日常生活中的比万大的数(大数)

8.2.11 认识生活中的数

0. 儿童不认识生活中的数

1. 儿童在较多协助下认识生活中的数”

2. 儿童在较少协助下认识生活中的数

3. 儿童能认识日常生活中的数

8.2.12 能认识简单小数

0. 儿童不认识简单小数

1. 儿童在较多协助下认识简单小数

2. 儿童在较少协助下认识简单小数

3. 儿童能认识日常生活中的简单小数

8.2.13 能认识简单分数

0. 儿童不认识简单分数

1. 儿童在较多协助下认识简单分数

2. 儿童在较少协助下认识简单分数

3. 儿童能认识日常生活中的简单分数

8.3 数的运算

8.3.1 能计算 10 以内加法

0. 儿童没有加法的概念

1. 儿童知道添加和加的意义

2. 儿童掌握 5 以内的加法

3. 儿童掌握 10 以内的加法

8.3.2 能计算 10 以内减法

0. 儿童没有减法的概念

1. 儿童知道剩余和减的概念

2. 儿童掌握 5 以内的减法

3. 儿童掌握 10 以内的减法

8.3.3 能计算 20 以内加法

0. 儿童没有加法的概念

1. 儿童知道添加和加的意义

2. 儿童掌握 20 以内的不进位加法

3. 儿童掌握 20 以内的进位加法

8.3.4 能计算 20 以内减法

0. 儿童没有减法的概念

1. 儿童知道剩余和减的概念

2. 儿童掌握 20 以内的不退位减法

3. 儿童掌握 20 以内的退位减法

8.3.5 能计算 100 以内加减法

0. 儿童没有加减法的概念

1. 儿童掌握不进位和进位的概念

2. 儿童掌握不退位和退位的概念

3. 儿童掌握 100 以内的任何加减法

8.3.6 乘法

0. 儿童没有乘法的概念

1. 儿童知道相同数累加和乘的意义

2. 儿童掌握简单乘法运算

3. 儿童掌握乘法运算,并可用计算器进行乘法运算

8.3.7 除法

0. 儿童没有除法概念

1. 儿童知道一半、平均分发东西等简单的除的概念

2. 儿童掌握简单除法运算

3. 儿童掌握除法运算,并可用计算器进行除法计算

8.3.8 四则混和运算

0. 儿童不会混和运算

1. 儿童在较多协助下能进行加减混和运算

2. 儿童在较少协助下能进行加减乘除混和运算

3. 儿童掌握加减乘除混和运算

8.3.9 能使用计算器

0. 儿童不认识计算器

1. 儿童在较多协助下能知道计算器常用键及功能

2. 儿童在较少协助下能使用计算器进行加减的计算

3. 儿童能够使用计算器进行加减乘除混合计算

8.4 量与计量

8.4.1 能区分大小、长短、高矮、厚薄、宽窄

0. 儿童不能辨别大小、轻重、长短、厚薄、粗细、高低

1. 儿童在较多协助下能辨别大小、轻重、长短、厚薄、粗细、高低

2. 儿童在较少协助下能辨别大小、轻重、长短、厚薄、粗细、高低

3. 儿童自己能辨别大小、轻重、长短、厚薄、粗细、高低

8.4.2 能认识长度

0. 儿童没有长度概念

1. 儿童在较多协助下认识长度的度量单位和工具

2. 儿童在较少协助下进行长度单位的各种换算

3. 儿童能进行各种长度的测量

8.4.3 能认识人民币

0. 儿童不认识钱币

1. 儿童知道钱的用途

2. 儿童在较少协助下认识各种钱币

3. 儿童会兑换、换算各种钱币

8.4.4 能认识时间

0. 儿童不能辨认时间

1. 儿童在较多协助下能辨认钟和日历上的时间

2. 儿童在较少协助下能辨认钟和日历上的时间

3. 儿童能辨认时间的各种表达方式

8.4.5 能认识面积

0. 儿童没有面积概念

1. 儿童在较多协助下认识面积的单位和工具

2. 儿童在较少协助下进行面积位的各种换算

3. 儿童能进行各种面积的测量

8.4.6 能认识体积

0. 儿童没有体积概念

1. 儿童在较多协助下认识体积的单位和工具
2. 儿童在较少协助下进行体积单位的各种换算
3. 儿童能进行各种体积的测量

8.4.7　测量物体的质量

0. 儿童没有质量概念
1. 儿童在较多协助下认识质量单位和工具
2. 儿童在较少协助下进行质量单位的各种换算
3. 儿童能进行各种质量的测量

8.4.8　能认识容积

0. 儿童没有容积概念
1. 儿童在较多协助下认识容积的度量单位和工具
2. 儿童在较少协助下进行容积单位的各种换算
3. 儿童能进行各种容积的测量

8.4.9　能认识速度

0. 儿童没有速度概念
1. 儿童在较多协助下认识速度的单位和工具
2. 儿童在较少协助下进行速度单位的各种换算
3. 儿童能进行各种速度的测量

8.4.10　生活中的计量

0. 儿童没有计量的概念
1. 儿童在较多协助下能认识测量工具和数据
2. 儿童在较少协助下能测量体温、身高等
3. 儿童能进行生活中常见的各种计量

8.5　空间与图形

8.5.1　认识前后、左右、里外、上下、上中下、曲直

0. 儿童不能辨前后、左右、里外、上下、上中下、曲直
1. 儿童在较多协助下能辨认前后、左右、里外、上下、上中下、曲直
2. 儿童在较少协助下能辨认前后、左右、里外、上下、上中下、曲直
3. 儿童能自己辨认前后、左右、里外、上下、上中下、曲直

8.5.2　认识直线、线段

0. 儿童不知道什么是线
1. 儿童能说出生活中的直线、线段
2. 儿童能模仿画直线、线段
3. 儿童能画直线、线段

8.5.3 认识圆形

0. 儿童不知道什么是圆形
1. 儿童能说出生活中的圆形
2. 儿童能模仿画圆形
3. 儿童能画圆形

8.5.4 认识直角、锐角、钝角

0. 儿童不知道什么是角
1. 儿童能说出生活中的直角
2. 儿童能协助下认识直角、锐角、钝角
3. 儿童能认识直角、锐角、钝角

8.5.5 认识正方形、长方形

0. 儿童不知道什么是正方形、长方形
1. 儿童能说出生活中的正方形、长方形
2. 儿童能模仿画正方形、长方形
3. 儿童能画正方形、长方形

8.5.6 认识三角形

0. 儿童不知道什么是三角形
1. 儿童能说出生活中的三角形
2. 儿童能模仿画三角形
3. 儿童能画三角形

8.5.7 认识平行四边形

0. 儿童不知道什么是平行四边形
1. 儿童能说出生活中的平行四边形
2. 儿童能模仿画平行四边形
3. 儿童能画平行四边形

8.5.8 认识梯形

0. 儿童不知道什么是梯形
1. 儿童能较多协助下说出生活中的梯形
2. 儿童能模仿画梯形
3. 儿童能画梯形

8.5.9　认识长方体

0. 儿童不知道什么是长方体
1. 儿童能较多协助下说出生活中的长方体
2. 儿童能协助下认识长方体
3. 儿童能认识长方体

8.5.10　认识正方体

0. 儿童不知道什么是认识正方体
1. 儿童能较多协助下说出生活中的正方体
2. 儿童能协助下认识正方体
3. 儿童能认识正方体

8.5.11　认识圆柱、圆锥和球体

0. 儿童不知道什么是圆柱、圆锥和球体
1. 儿童能较多协助下说出生活中的圆柱、圆锥和球体
2. 儿童能协助下认识圆柱、圆锥和球体
3. 儿童能认识圆柱、圆锥和球体

8.5.12　图形与位置

0. 儿童不知道什么是图形与位置
1. 儿童能较多协助下会用上、下、左、右、前、后描述物体的相对位置
2. 儿童能协助下辨认东、南、西、北四个方向
3. 从不同角度看这个物体，辨认从正面、侧面、上面观察到的简单物体的形状

8.5.13　图形的周长、面积、体积

0. 儿童不计算周长、面积、体积
1. 儿童能较多协助下计算周长、面积、体积
2. 儿童能协助下计算周长、面积、体积
3. 儿童能计算周长、面积、体积

8.5.14 拼图游戏

0. 儿童不能玩拼图游戏

1. 儿童能较多协助下用长方形、正方形、三角形、平行四边形或圆拼图。

2. 儿童能协助下用长方形、正方形、三角形、平行四边形或圆拼图。

3. 儿童能对简单的图形进行分类。

8.6 统计与概率

8.6.1 生活中的统计

0. 儿童不做生活中的统计

1. 儿童能较多协助下用简易符号记录活动结果。

2. 儿童能在协助下将活动记录数据整理成统计表，看懂并能制作简单统计图

3. 将活动记录数据整理成统计表，看懂并能制作简单统计图

8.6.2 生活中的概率

0. 儿童不知道什么是概率

1. 儿童在较多协助下能初步体验有些事件的发生是确定的，有些则是不确定的

2. 通过摸球游戏，体验事件发生的可能性大小

3. 知道事件发生的可能性是有大有小的。

8.7 实践与应用

8.7.1 知道自家门牌号。

0. 儿童完全不知道门牌号码

1. 儿童能在较多协助下认识门牌号

2. 儿童能在协助下知道自己家的门牌号

3. 知道自家门牌号码

8.7.2 统计全班人数、男女生人数，了解他们的年龄

0. 儿童不会统计全班人数、男女生人数

1. 知道自己班级的人数或男生人数或女生人数（知道其中一个算通过）

2. 知道自己班级男生人数、女生人数和班级人数、

3. 能统计全班人数、男女生人数,了解他们的年龄

8.7.3　知道昨天、今天、明天;知道白天、黑夜;知道上课、下课;知道一周有七天

0. 不知道昨天、今天、明天;知道白天、黑夜;知道上课、下课;知道一周有七天
1. 知道昨天、今天、明天;知道白天、黑夜;知道上课、下课;知道一周有七天;知道白天、黑夜(知道其中一样算通过)
2. 知道昨天、今天、明天;知道白天、黑夜;知道上课、下课;知道一周有七天(知道其中两项算通过)
3. 知道昨天、今天、明天;知道白天、黑夜;知道上课、下课;知道一周有七天

8.7.4　知道自家电话,会打电话给同学

0. 不知道自家电话,不会打电话
1. 在较多协助想知道自己家的电话号码,会打电话给同学
2. 在较多协助想知道自己家的电话号码,会打电话给同学
3. 知道自己家的电话号码,会打电话给同学

8.7.5　知道特种电话号码的功能,会拨打特种电话号码 110、120、119 等。

0. 不知道特种电话号码的功能
1. 知道报警电话是 110、急救电话是 120、火警电话是 119(知道其中一项算通过)
2. 知道报警电话是 110、急救电话是 120、火警电话是 119(知道其中二项算通过)
3. 会拨打特种电话 110、120、119 等

8.7.6　购买与测量

0. 不会购买与测量
1. 在较多协助下会购买与测量
2. 在协助下会购买与测量
3. 会购买与测量

8.7.7　购物中的实用计算

0. 不会在购物中做实用计算
1. 在较多协助下会在购物中做实用计算
2. 在协助下会在购物中做实用计算
3. 会在购物中做实用计算

8.7.8 生活中的分配物品

0. 不会在生活中的分配物品
1. 在较多协助下会在生活中的分配物品
2. 在协助下会在生活中的分配物品
3. 会在生活中的分配物品

8.7.9 简单理财

0. 不会简单理财
1. 在较多协助下会简单理财
2. 在协助下会简单理财
3. 会简单理财

# 9 生活常识

## 9.1 认识常见动物

### 9.1.1 认识家禽家畜

0. 完全不认识常见的家禽家畜
1. 看见常见家禽家畜能说出其名称
2. 能通过叫声或图片说出常见家禽家畜的名称
3. 知道常见的家禽,知道家畜与人的关系(如鸡生蛋、牛耕田)

### 9.1.2 认识野兽

0. 完全不认识野兽
1. 能通过图片(图像)知道 1 到 2 种野兽的名称(如老虎、狼等)
2. 能通过图片说出 5 种及以上野兽的名称
3. 知道野兽与人的关系,保护野生动物

### 9.1.3 认识昆虫

0. 完全不认识任何一种昆虫
1. 看见常见昆虫能说出其名称

2. 能通过图片(图像)说出 5 种及以上昆虫的名称

3. 知道哪些是益虫、害虫,知道要保护益虫

9.1.4 认识水中动物

0. 完全不认识水中动物

1. 看见常见水中动物——鱼,能说出其名称

2. 能通过图片(图像)说出 2 种以上水中动物的名称(如鱼、金鱼等)

3. 知道鱼的习性,与人的关系(如可以被人食用)

9.1.5 认识两栖动物及爬行动物

0. 完全不认识两栖及爬行动物

1. 认识青蛙与蛇

2. 知道青蛙与蛇的习性(如青蛙由蝌蚪变成,蛇要冬眠)

3. 知道青蛙与蛇同人的关系,知道要保护青蛙与蛇

9.1.6 认识鸟类

0. 完全不认识鸟类

1. 认识常见的鸟 2 种

2. 通过图片能认识 5 种及以上的鸟

3. 知道鸟与人的关系,要保护鸟

9.1.7 小动物的饲养

0. 不喜欢任何小动物

1. 有自己喜欢的小动物,摸过、抱过小动物

2. 知道自己喜爱的小动物的习性,偶尔喂过小动物

3. 常常喂小动物,常给小动物做清洁

9.2 认识常见植物

9.2.1 认识常见水果

0. 吃过但不认识任何水果

1. 看见常见水果能说出名称

2. 通过气味、触摸或图片能说出水果的名称

3. 知道常见水果的吃法和相关知识(如出产季节,区分是果、根或茎)

9.2.2 认识常见蔬菜

0. 吃过但不认识任何蔬菜

1. 看见常见蔬菜能说出名称

2. 通过味觉或图片能说出常见蔬菜的名称

3. 知道常见蔬菜的吃法和相关知识(如出产季节,栽培方式)

9.2.3 认识常见农作物

0. 完全不认识任何农作物

1. 看见常见的农作物能说出名称(如玉米、小麦、水稻等)

2. 知道米是稻谷打的,面粉是麦子加工的

3. 知道节约粮食,爱护农作物

9.2.4 认识花、草、树木

0. 完全不认识任何花、草、树木

1. 看见常见花、草、树木能说出名称

2. 知道常见花、草、树木的生长季节及特点

3. 能爱护花、草、树木

9.2.5 花、草、树木的种植

0. 从未种植过花、草、树木

1. 有自己喜欢的花、草、树木

2. 知道常见花、草、树木的种植方法

3. 自己种植过花、草、树木

9.3 认识天气与四季

9.3.1 认识、观察天气状况

0. 完全不认识任何天气

1. 知道出太阳、下雨

2. 能区别晴、阴、雨等常见的天气

3. 能听懂天气预报

9.3.2 认识四季变化

0. 完全不知道四季变化

1. 知道一年有四季,能依序说出

2. 知道各个季节的特点(如春天花开草长,夏天热,秋天渐凉忙收获,冬天冷)

3. 知道现在是什么季节

9.3.3 认识天气冷热变化

0. 完全不认识天气的冷热变化

1. 能判定天气冷热

2. 能说出天气冷热应怎么办

3. 能依天气冷热增减衣物，或调整生活

9.4 认识地理环境

9.4.1 认识各种自然环境

0. 对各种自然环境均不知道，仅生活在其中

1. 能说出常见自然环境的名称（如山、河流、森林等）

2. 能从图片（图像）上辨认出常见自然环境

3. 能爱护自然环境

9.4.2 认识周围环境

0. 完全不认识自己的周围环境

1. 能说出自己生活的周围环境（如家庭地址）

2. 能从熟悉的周围环境中自己回家（如从邻居家返家，从学校返家）

3. 能爱护自己的周围环境

9.4.3 知道我国基本地理概况

0. 完全不了解我国基本地理概况

1. 仅仅了解有限的我国基本地理概况（如我们的国家叫中国，中国版图的形状、面积）

2. 了解部分地理概况（如我国的国土由海洋和陆地组成，陆地从西到东分别由高原、丘陵、盆地、平原等地形组成）

3. 了解我国基本地理概况（如我国有四大高原、三大平原、四大盆地等）

9.4.4 知道地球的基本概况

0. 完全没有地球知识

1. 知道地球是圆形

2. 有部分地球知识（如地球由赤道分为北半球和南半球，由西经 20°东经 160°分为东半球和西半球）

3. 具有基本的地球知识（如地球绕太阳进行公转，同时地球也在自转）

9.5 其他有关自然知识

9.5.1 认识了解水

0. 对水没有了解

1. 对水有些微了解(如能喝、能洗手等)

2. 对水有部分了解(如水有三态,可以发电,也可能成灾等)

3. 具有基本的水的知识(如水是人类赖以生存的资源,懂得珍惜水)

9.5.2 认识了解火

0. 完全不了解火

1. 对火有些微了解(如火能煮饭、点燃蜡烛等)

2. 对火有部分了解(如火能引起火灾)

3. 具有基本的有关火的知识(如火是人类吃到熟食的重要条件,注意用火安全)

9.5.3 认识了解声、光、电、热、磁等

0. 完全没有声、光、电、热、磁的常识

1. 有很少的声、光、电、热、磁的常识(如听到的是声音,看到的是光)

2. 有部分声、光、电、热、磁的常识(如知道物体会热胀冷缩,生活中离不开电)

3. 具有基本的声、光、电、热、磁的常识(如知道电的危险,节约用电、安全用电等)

9.6 习俗传统

9.6.1 认识常见的节日

0. 完全没有节日的概念

1. 能说出常见的节日(如知道春节、元旦、六一儿童节)

2. 知道部分常见节日的意义和内容(如春节是中国的农历新年,大年三十要吃年夜饭等)

3. 知道基本的节日意义及内容

9.6.2 知道风俗、文化

0. 完全不知道风俗、文化

1. 知道少部分常见的风俗、文化(如走亲戚、祝寿、参加婚礼)

2. 知道部分常见的风俗、文化

3. 知道基本的风俗、文化

9.6.3 了解历史知识

0. 完全不了解历史知识
1. 有少量的历史知识
2. 有部分历史知识
3. 具有最基本的历史知识

9.7 权利与义务

9.7.1 了解相关法律、法规

0. 完全不知道法律、法规
1. 知道不能随便拿别人的东西,不能打人
2. 有部分法律常识(如知道遵守团体规则,违法要受到惩罚)
3. 能遵守常规,并知道寻求相关部门的帮助

9.7.2 能做好社会角色

0. 完全不能做好社会角色
1. 能在协助下做好少数社会角色
2. 能在口头提示下担当社会角色(如学生、子女)
3. 能独自担当基本社会角色(如学生、子女、乘客、顾客)

9.8 国情

9.8.1 具备基本国情知识

0. 对国情一无所知
1. 知道自己是中国人(如知道中国的国旗是五星红旗、首都是北京)
2. 有部分国情知识(如中国有十三亿人口)
3. 具有基本国情知识(如中国有省、市、县等编制单位,全国共有 34 个省级行政区)

9.8.2 具有爱国行为

0. 完全不具有爱国行为
1. 知道自己的国家是中国
2. 具有一定的爱国行为(如升国旗的时候能跟着哼唱国歌)
3. 具有普遍的爱国行为(如为自己是一个中国人感到自豪)

10 职业准备

10.1 职业态度

10.1.1 有积极的职业愿望

0. 完全没有职业愿望

1. 有职业愿望

2. 有职业愿望,知道职业与酬劳的关系,能寻求职业机会

3. 有较强的职业愿望,知道职业的意义,能主动寻求职业机会,愿意参加职业培训

10.1.2 有端正的职业态度

0. 职业态度差

1. 职业态度一般

2. 职业态度较好

3. 职业态度好

10.1.3 有良好的职业习惯

0. 职业习惯差

1. 职业习惯一般

2. 职业习惯较好

3. 职业习惯好

10.2 职业知识

10.2.1 具备相关的职业知识

0. 完全不了解职业知识

1. 了解一点职业知识

2. 了解基本的职业知识

3. 具备相关的职业知识

10.3 职业能力

10.3.1 认识同事

0. 不能认识与同事、领导和其他部门人员的关系

1. 能认识与同事的关系

2. 能认识与同事和领导的关系

3. 能认识与同事、领导和其他部门人员的关系

10.3.2　协调相互关系

0. 完全不能协调任何关系(如经常恼羞成怒发脾气)

1. 能服从领导的指挥和接受领导的批评

2. 能与同事相处融洽

3. 能协调领导、同事和其他人员的关系

10.3.3　具备交往礼仪

0. 完全不懂交往礼仪(如个人卫生习惯差、习惯性说谎等)

1. 初步知道交往礼仪

2. 初步具备交往礼仪

3. 具备交往礼仪

10.3.4　具备职业技能

0. 不具备任何职业技能

1. 具备较少职业技能

2. 具备较多职业技能

3. 具备职业所需职业技能

# 附录4 特殊儿童生活教育侧面图

## 综合发展侧面图(一)

学生姓名： 性别： 出生日期： 年 月 日

第一次评量： 年 月 日 评量者： 颜色： 第二次评量： 年 月 日 评量者： 颜色：

第三次评量： 年 月 日 评量者： 颜色： 第四次评量： 年 月 日 评量者： 颜色：

第五次评量： 年 月 日 评量者： 颜色： 第六次评量： 年 月 日 评量者： 颜色：

| | | | | | | | | | | | |
|---|---|---|---|---|---|---|---|---|---|---|---|
| 已发展出适应环境需要的能力 | 3. | 60 | 63 | 90 | 33 | 54 | 48 | 84 | 138 | 87 | 24 |
| 已发展较多能力，只需部分协助，便能适应环境的需要 | 2. | 40 | 42 | 60 | 22 | 36 | 32 | 56 | 92 | 58 | 16 |
| 仅发展些微能力，需要特别协助，才能适应环境的需要 | 1. | 20 | 21 | 30 | 11 | 18 | 16 | 28 | 46 | 29 | 8 |
| 尚未开始发展，无法适应环境的需要 | 0. | 自我照顾 | 居家生活 | 社区生活 | 健康安全 | 休闲生活 | 自我决定 | 生活语文 | 生活数学 | 生活常识 | 职业准备 |

# 综合发展侧面图(二)

| | | | | | | | | | | | | | | | | | | |
|---|---|---|---|---|---|---|---|---|---|---|---|---|---|---|---|---|---|---|
| 3. 已发展出适应环境需要的能力 | 12 | 21 | 15 | 12 | 12 | 9 | 12 | 15 | 12 | 18 | 15 | 9 | 12 | 15 | 12 | 9 | 12 | 6 |
| 2. 已发展较多能力，只需部分协助，便能适应环境的需要 | 8 | 14 | 10 | 8 | 8 | 6 | 8 | 10 | 4 | 6 | 10 | 6 | 8 | 10 | 8 | 6 | 8 | 4 |
| 1. 仅发展些微能力，需要特别协助，才能适应环境的需要 | 4 | 7 | 5 | 4 | 4 | 3 | 4 | 5 | 2 | 3 | 5 | 3 | 4 | 5 | 4 | 3 | 4 | 2 |
| 0. 尚未开始发展，无法适应环境的需要 | 饮食 | 穿着打扮 | 如厕 | 个人清洁 | 家事清洁 | 衣物整理 | 食物料理 | 金钱处理 | 家庭布置 | 家庭沟通 | 结交朋友 | 表达感情 | 团体适应 | 交通能力 | 采购能力 | 获得服务 | 参加社区活动 | 遵守社区活动规范 |
| | 自我照顾 | | | | 居家生活 | | | | | | 社区生活 | | | | | | | |

| | | | | | | | | | | | | | | | | | |
|---|---|---|---|---|---|---|---|---|---|---|---|---|---|---|---|---|---|
| 3. 已发展出适应环境需要的能力 | 6 | 12 | 9 | 6 | 15 | 21 | 18 | 9 | 6 | 9 | 9 | 6 | 9 | 15 | 36 | 33 |
| 2. 已发展较多能力，只需部分协助，便能适应环境的需要 | 4 | 8 | 6 | 4 | 10 | 14 | 12 | 6 | 4 | 6 | 6 | 4 | 6 | 10 | 24 | 22 |
| 1. 仅发展些微能力，需要特别协助，才能适应环境的需要 | 2 | 4 | 3 | 2 | 5 | 7 | 6 | 3 | 2 | 3 | 3 | 2 | 3 | 5 | 12 | 11 |
| 0. 尚未开始发展，无法适应环境的需要 | 饮食卫生 | 疾病防治 | 性知识 | 安全 | 选择休闲活动 | 自我休闲活动 | 团体休闲活动 | 认识自我 | 时间规划 | 自我主张 | 解决问题 | 自我调控 | 生涯规划 | 语言沟通 | 识字与阅读 | 写字与习作 |
| | 健康安全 | | | | 休闲生活 | | | 自我决定 | | | | | | 生活语文 | | |

| | | | | | | | | | | | | | | | | | |
|---|---|---|---|---|---|---|---|---|---|---|---|---|---|---|---|---|---|
| 3. 已发展出适应环境需要的能力 | 9 | 39 | 27 | 27 | 42 | 6 | 21 | 15 | 9 | 12 | 9 | 9 | 12 | 6 | 9 | 3 | 12 |
| 2. 已发展较多能力，只需部分协助，便能适应环境的需要 | 6 | 26 | 18 | 18 | 28 | 4 | 14 | 10 | 6 | 8 | 6 | 6 | 4 | 4 | 6 | 2 | 8 |
| 1. 仅发展些微能力，需要特别协助，才能适应环境的需要 | 3 | 9 | 7 | 11 | 14 | 2 | 7 | 5 | 3 | 4 | 3 | 3 | 2 | 2 | 3 | 1 | 4 |
| 0. 尚未开始发展，无法适应环境的需要 | 数前概念 | 数的认识 | 数的运算 | 量与计量 | 空间与图形 | 统计与概率 | 认识常见动物 | 认识常见植物 | 认识天气与四季 | 认识地理环境 | 其他有关自然知识 | 习俗传统 | 权利与义务 | 国情 | 职业态度 | 职业知识 | 职业能力 |
| | 生活数学 | | | | | | 生活常识 | | | | | | | | 职业准备 | | |

## 1. 自我照顾

| | | | | | | | | | | | | | | | | | | | |
|---|---|---|---|---|---|---|---|---|---|---|---|---|---|---|---|---|---|---|---|
| 已发展出适应环境需要的能力 3. | | | | | | | | | | | | | | | | | | | |
| 已发展较多能力,只需部分协助,便能适应环境的需要 2. | | | | | | | | | | | | | | | | | | | |
| 仅发展些微能力,需要特别协助,才能适应环境的需要 1. | | | | | | | | | | | | | | | | | | | |
| 尚未开始发展,无法适应环境的需要 0. | 有进食的基本能力 | 餐具使用 | 具有饮食常识 | 有餐饮礼仪 | 会穿脱简单衣物 | 会穿脱复杂衣物 | 会穿脱饰品 | 会使用雨具 | 会依场合着装 | 会依气候着装 | 会保持衣着整洁美观 | 会控制大小便 | 会在厕所大小便 | 会在厕所穿脱裤子 | 会处理便后 | 会辨识男女厕所 | 会处理每日例行的身体清洁 | 会维护身体清洁 | 会处理身上偶发的脏乱 | 就寝 |
| | 饮食 | | | | 穿着打扮 | | | | | | | 如厕 | | | | | 个人清洁 | | | |

**2. 居家生活**

| | | | | | | | | | | | | | | | | | | | | | | |
|---|---|---|---|---|---|---|---|---|---|---|---|---|---|---|---|---|---|---|---|---|---|---|
| 已发展出适应环境需要的能力 3. | | | | | | | | | | | | | | | | | | | | | | |
| 已发展较多能力，只需部分协助，便能适应环境的需要 2. | | | | | | | | | | | | | | | | | | | | | | |
| 仅发展些微能力，需要特别协助，才能适应环境的需要 1. | | | | | | | | | | | | | | | | | | | | | | |
| 尚未开始发展，无法适应环境的需要 0. | 清扫 | 洗涤 | 擦拭 | 垃圾处理 | 折叠 | 晾晒 | 保存 | 会清洗食物 | 会处理熟食品 | 会使用炊具 | 会调制食品 | 会存放食品 | 有适当的金钱来源 | 会清点钱币 | 会存放钱币 | 会购物预算 | 会记账 | 会摆设家具 | 会摆设装饰品 | 认识家庭成员 | 能适当与家庭成员沟通 | 能用适当态度对待家庭成员 |
| | 家事清洁 | | | | 衣物整理 | | | 食物料理 | | | | | 金钱处理 | | | | | 家庭布置 | | 家庭沟通 | | |

## 3. 社区生活

3. 已发展出适应环境需要的能力
2. 已发展较多能力，只需部分协助，便能适应环境的需要
1. 仅发展些微能力，需要特别协助，才能适应环境的需要
0. 尚未开始发展，无法适应环境的需要

| 领域 | 项目 | 0. | 1. | 2. | 3. |
|---|---|---|---|---|---|
| 结交朋友 | 具有交友的需求愿望 | | | | |
| | 对别人的友好态度能正确应答 | | | | |
| | 能认识朋友 | | | | |
| | 会选择朋友 | | | | |
| | 有恰当的交友方式 | | | | |
| 表达感情 | 有表达感情的愿望需求 | | | | |
| | 能识别感情 | | | | |
| | 表达感情的方式 | | | | |
| | 能有分寸地表达感情 | | | | |
| 团体适应 | 有进入团体的愿望 | | | | |
| | 能认识团体 | | | | |
| | 能遵守团体规范 | | | | |
| | 能协调与团体成员的关系 | | | | |
| | 团体活动的体验 | | | | |
| 交通能力 | 能认识交通工具（依当地具体情况而定） | | | | |
| | 能识别交通标志 | | | | |
| | 具有交通安全意识 | | | | |
| | 能利用交通工具 | | | | |
| | 能处理交通中的突发事件 | | | | |
| 采购能力 | 能做购物前的准备 | | | | |
| | 能选择购物场所 | | | | |
| | 能识别商品 | | | | |
| | 能做购物决断 | | | | |
| | 懂得购物礼仪 | | | | |
| 获得服务 | 能了解社区服务项目 | | | | |
| | 能选择获得服务项目 | | | | |
| | 能有礼貌地获得服务 | | | | |
| 参加社区活动 | 有参加社区活动的愿望 | | | | |
| | 能认识社区活动项目 | | | | |
| | 能利用社区活动场所和资源 | | | | |
| | 具有参加社区活动的技能 | | | | |
| 遵守社区活动规范 | 能了解社区活动规范的内容 | | | | |
| | 能遵守社区中的人际交往规范 | | | | |

## 4. 健康安全

| | | | | | | | | | | | | |
|---|---|---|---|---|---|---|---|---|---|---|---|---|
| 已发展出适应环境需要的能力 | 3. | | | | | | | | | | | |
| 已发展较多能力，只需部分协助，便能适应环境的需要 | 2. | | | | | | | | | | | |
| 仅发展些微能力，需要特别协助，才能适应环境的需要 | 1. | | | | | | | | | | | |
| 尚未开始发展，无法适应环境的需要 | 0. | 饮食卫生基本知识 | 饮食卫生习惯 | 疾病的感觉、分辨、表达 | 常见疾病简单知识 | 常见急救常识 | 预防 | 了解男女性别特征 | 了解青春期知识 | 具有性道德常识 | 安全意识 | 安全基本知识 |
| | | 饮食卫生 | | 疾病防治 | | | | 性知识 | | | 安全 | |

## 5. 休闲生活

| | | | | | | | | | | | | | | | | | | |
|---|---|---|---|---|---|---|---|---|---|---|---|---|---|---|---|---|---|---|
| 3. 已发展出适应环境需要的能力 | | | | | | | | | | | | | | | | | | |
| 2. 已发展较多能力，只需部分协助，便能适应环境的需要 | | | | | | | | | | | | | | | | | | |
| 1. 仅发展些微能力，需要特别协助，才能适应环境的需要 | | | | | | | | | | | | | | | | | | |
| 0. 尚未开始发展，无法适应环境的需要 | 有机会接触各种休闲活动 | 有个人爱好和兴趣 | 具备选择某项活动的能力 | 选择正当的休闲活动 | 选择适合自己条件的休闲活动 | 具备自我休闲的基本技能 | 会利用工具和资源 | 会计划和安排休闲活动 | 能做休闲的准备 | 能完成自我休闲 | 会改进和提升休闲活动 | 会体验休闲的愉悦 | 能参与团体休闲 | 能遵守活动规则 | 具备团体休闲的基本技能 | 会利用团体休闲的工具和资源 | 会组织、安排团体活动 | 会分享团体活动的愉悦 |
| | 选择休闲活动 | | | | | 自我休闲活动 | | | | | | | 团体休闲活动 | | | | | |

## 6. 自我决定

| | | | | | | | | | | | | | | | | | |
|---|---|---|---|---|---|---|---|---|---|---|---|---|---|---|---|---|---|
| 已发展出适应环境需要的能力 3. | | | | | | | | | | | | | | | | | |
| 已发展较多能力，只需部分协助，便能适应环境的需要 2. | | | | | | | | | | | | | | | | | |
| 仅发展些微能力，需要特别协助，才能适应环境的需要 1. | | | | | | | | | | | | | | | | | |
| 尚未开始发展，无法适应环境的需要 0. | 自我意识 | 自我概念 | 角色扮演 | 时间概念 | 时间控制 | 时间安排 | 自我表达 | 能做选择 | 有责任感 | 解决问题 | 求助 | 助人 | 自我调控 | 能调节自己的情绪 | 规划未来的生活 | 规划未来的职业 | 规划未来的休闲活动 |
| | 认识自我 | | | 时间规划 | | | 自我主张 | | | 解决问题 | | | 自我调控 | | 生涯规划 | | |

## 7. 生活语文

| | | | | | | | | | | | | | | | | | | | | | | | | | | | | | |
|---|---|---|---|---|---|---|---|---|---|---|---|---|---|---|---|---|---|---|---|---|---|---|---|---|---|---|---|---|---|
| 已发展出适应环境需要的能力 3. | | | | | | | | | | | | | | | | | | | | | | | | | | | | | |
| 已发展较多能力，只需部分协助，便能适应环境的需要 2. | | | | | | | | | | | | | | | | | | | | | | | | | | | | | |
| 仅发展些微能力，需要特别协助，才能适应环境的需要 1. | | | | | | | | | | | | | | | | | | | | | | | | | | | | | |
| 尚未开始发展，无法适应环境的需要 0. | 具备语前能力(适应性反应) | 具备非语言沟通能力 | 能理解语言 | 能进行语言表达 | 具有语用能力 | 具备前阅读能力 | 会认读常用汉字 | 对名词的阅读 | 对动词的阅读 | 对其他常用词的阅读 | 对简单句的阅读 | 对疑问句的认读 | 能朗读课文 | 能认识常用标点符号，体会标点符号所表达的语气 | 能理解课文 | 能认读拼音 | 能使用字典、词典等工具 | 能积极参与识字和阅读，有良好的阅读习惯 | 具备写前能力 | 能书写笔画 | 能写简单汉字 | 能书写词语 | 能写句子 | 能写一段话 | 能写留言条 | 能写病、事假条 | 能写个人资料 | 能写信 | 能填写日常生活中常用的表、单 |
| | 语言沟通 | | | | | 识字与阅读 | | | | | | | | | | | | | | 写字与习作 | | | | | | | | | |

## 8. 生活数学

| 领域 | 0. 尚未开始发展，无法适应环境的需要 | 1. 仅发展些微能力，需要特别协助，才能适应环境的需要 | 2. 仅发展些微能力，需要特别协助，才能适应环境的需要 | 3. 已发展较多能力，只需部分协助，便能适应环境的需要 |
|---|---|---|---|---|
| 数前概念 | 比较 | | | |
| | 顺序与规律 | | | |
| | 变与不变 | | | |
| 数的认识 | 认识数1 | | | |
| | 认识数2～5各数 | | | |
| | 认识6～9各数 | | | |
| | 认识序数 | | | |
| | 认识数『0』 | | | |
| | 认识数10 | | | |
| | 认识11～20各数 | | | |
| | 认识21～100个各数 | | | |
| | 认识1万以内的数 | | | |
| | 认识比万大的数(大数) | | | |
| | 认识生活中的数 | | | |
| | 能认识简单小数 | | | |
| | 能认识简单分数 | | | |
| 数的运算 | 能计算10以内的加法 | | | |
| | 能计算10以内的减法 | | | |
| | 能计算20以内数的加法 | | | |
| | 能计算20以内数的减法 | | | |
| | 能计算100的加、减法 | | | |
| | 能计算乘法 | | | |
| | 能计算除法 | | | |
| | 四则混合运算 | | | |
| | 能使用计算器 | | | |
| 量与计量 | 能区分大小、长短、高矮、厚薄、宽窄 | | | |
| | 能认识长度 | | | |
| | 能认识人民币 | | | |
| | 能认识时间 | | | |
| | 能认识面积单位 | | | |
| | 能认识体积单位 | | | |
| | 测量物体的质量 | | | |
| | 能认识容积单位 | | | |
| | 能认识速度 | | | |
| 空间与图形 | 生活中的计量 | | | |
| | 认识前后、左右、里外、上下、上中下、曲直 | | | |
| | 认识直线、线段 | | | |
| | 认识圆形 | | | |
| | 认识直角、锐角、钝角 | | | |
| | 认识正方形、长方形 | | | |
| | 认识三角形 | | | |
| | 认识平行四边形 | | | |
| | 认识梯形 | | | |
| | 认识长方体 | | | |
| | 认识正方体 | | | |
| | 认识圆柱、圆锥和球体 | | | |
| | 图形与位置 | | | |
| | 图形的周长、面积、体积 | | | |
| | 拼图游戏 | | | |
| 统计与概率 | 生活中的统计 | | | |
| | 生活中的概率 | | | |
| | 知道自家门牌号 | | | |
| | 统计全班人数，男女生人数，了解他们的年龄 | | | |
| | 知道昨、今、明；昼夜；上下课；一周有七天 | | | |
| | 知道自家电话，会打电话给同学 | | | |
| | 知道特种电话号码的功能并会拨打 | | | |
| 实践与应用 | 购买与测量 | | | |
| | 购物中的实用计算 | | | |
| | 生活中的分配物品 | | | |
| | 简单理财 | | | |

## 9. 生活常识

| | | | | | | | | | | | | | | | | | | | | | | | | | | | | | |
|---|---|---|---|---|---|---|---|---|---|---|---|---|---|---|---|---|---|---|---|---|---|---|---|---|---|---|---|---|---|
| 3. 已发展出适应环境需要的能力 | | | | | | | | | | | | | | | | | | | | | | | | | | | | | |
| 2. 已发展较多能力，只需部分协助，便能适应环境的需要 | | | | | | | | | | | | | | | | | | | | | | | | | | | | | |
| 1. 仅发展些微能力，需要特别协助，才能适应环境的需要 | | | | | | | | | | | | | | | | | | | | | | | | | | | | | |
| 0. 尚未开始发展，无法适应环境的需要 | 认识家禽家畜 | 认识野兽 | 认识昆虫 | 认识水中动物 | 认识两栖动物及爬行动物 | 认识鸟类 | 小动物的饲养 | 认识常见水果 | 认识常见蔬菜 | 认识常见农作物 | 认识花、草、树木 | 花、草、树木的种植 | 认识、观察天气状况 | 认识四季变化 | 认识天气冷热变化 | 认识各种自然环境 | 认识周围环境 | 知道我国基本地理概况 | 知道地球的基本概况 | 认识了解水 | 认识了解火 | 认识了解声、光、电、热、磁等 | 认识常见的节日 | 知道风俗、文化 | 了解历史知识 | 了解相关法律、法规 | 能做好社会角色 | 具备基本国情知识 | 具有爱国行为 |
| | 认识常见动物 | | | | | | | 认识常见植物 | | | | | 认识天气与四季 | | | 认识地理环境 | | | | 其他有关自然知识 | | | 习俗传统 | | | 权利与义务 | | 国情 | |

## 10. 职业准备

| | | | | | | | | | |
|---|---|---|---|---|---|---|---|---|---|
| 已发展出适应环境需要的能力 | 3. | | | | | | | | |
| 已发展较多能力，只需部分协助，便能适应环境的需要 | 2. | | | | | | | | |
| 仅发展些微能力，需要特别协助，才能适应环境的需要 | 1. | | | | | | | | |
| 尚未开始发展，无法适应环境的需要 | 0. | 有积极的职业愿望 | 有端正的职业态度 | 有良好的职业习惯 | 具备相关的职业知识 | 认识同事 | 协调相互关系 | 具备交往礼仪 | 具备职业技能 |
| | | 职业态度 | | | 职业知识 | 职业能力 | | | |

# 附录5 特殊儿童生活教育建议目标

1 自我照顾

1.1 饮食

1.1.1 进食基本能力

1.1.1.1 会咀嚼食物

1.1.1.2 会吞咽食物

1.1.1.3 会吐出食物

1.1.1.4 会咬啃食物(如啃苹果、排骨等)

1.1.1.5 会吃需剥纸的糖果

1.1.1.6 会吸水

1.1.1.7 会喝水

1.1.1.8 会吞水

1.1.1.9 会吐水

1.1.1.10 会拿着馒头、糕点等食物吃

1.1.1.11 会拿煮玉米棒、烤红薯等食物吃

1.1.1.12 会拿香蕉、葡萄、西瓜等剥皮、带籽类水果吃

1.1.2 餐具使用

1.1.2.1 会用勺子盛饭在碗里

1.1.2.2 会用勺子盛汤在碗里

1.1.2.3 会用勺子吃饭

1.1.2.4 会用筷子吃饭

1.1.2.5 会用筷子夹一般的菜吃

1.1.2.6 会用筷子夹胡豆、豌豆、黄豆粒等较小的食物吃

1.1.2.7 会用筷子夹面条吃

1.1.2.8 会用杯子喝

1.1.2.9 会用吸管喝

1.1.2.10 会用碗喝

1.1.2.11 会开饮料喝

1.1.3　具有饮食常识

1.1.3.1　认识常见的食物(如米饭、面条、白菜、萝卜、肉、鱼等)

1.1.3.2　认识常见的水果(如香蕉、橘子、梨等)

1.1.3.3　认识常用的餐具和食具(如锅、碗、筷、杯、勺、碟等)

1.1.4　有餐饮礼仪

1.1.4.1　会在餐前摆好碗筷及桌椅

1.1.4.2　能收拾餐桌

1.1.4.3　会在进餐时保持安静

1.1.4.4　不用手乱抓食物吃

1.1.4.5　不将自己不喜欢的食物倒在桌上或别人碗里

1.1.4.6　不乱吐食物

1.1.4.7　不抢食自己爱吃的东西

1.1.4.8　吃饭时有正确姿势(不东倒西歪,不到处乱跑)

1.1.4.9　吃饭时不泼洒饭菜

1.1.4.10　吃饭时能将残渣等放在桌上或专用盘里

1.2　穿着打扮

1.2.1　会穿脱简单衣物

1.2.1.1　会脱短袜子

1.2.1.2　会穿短袜子

1.2.1.3　会脱便鞋

1.2.1.4　会穿便鞋

1.2.1.5　会脱拉袢或带松紧的鞋

1.2.1.6　会穿拉袢或带松紧的鞋

1.2.1.7　会脱有松紧的裤子

1.2.1.8　会穿有松紧的裤子

1.2.1.9　会脱开胸衫

1.2.1.10　会穿开胸衫

1.2.1.11　会脱圆领套头衫

1.2.1.12　会穿圆领套头衫

1.2.1.13　会解适当大小的扣子

1.2.1.14　会扣适当大小的扣子

1.2.1.15　认识袜子

1.2.1.16　认识鞋

1.2.1.17　认识裤子

1.2.1.18　认识衣物

1.2.1.19　认识扣子

1.2.2　会穿脱复杂衣物

1.2.2.1　会穿脱长袜

1.2.2.2　会分辨鞋的左右

1.2.2.3　会脱有鞋带的鞋子

1.2.2.4　会穿有鞋带的鞋子

1.2.2.5　会分辨衣服的前后

1.2.2.6　会分辨衣服的正反

1.2.2.7　知道衣服主要部分的名称(如袖子、领子)

1.2.2.8　会脱带拉链的衣服

1.2.2.9　会穿带拉链的衣服

1.2.2.10　能分辨裤子的正反

1.2.2.11　能分辨裤子的前后

1.2.2.12　知道裤子主要部分的名称(如裤腰、裤管、裤脚)

1.2.2.13　会自己脱棉毛裤、毛裤

1.2.2.14　会自己穿棉毛裤、毛裤

1.2.2.15　女孩子自己穿脱半腰裙

1.2.2.16　女孩子自己穿脱连衣裙

1.2.2.17　会戴帽子

1.2.2.18　会戴手套

1.2.2.19　会戴围巾

1.2.3　会穿脱饰品

1.2.3.1　会解开皮带

1.2.3.2　会系好皮带

1.2.3.3　会解下红领巾

1.2.3.4　会系上红领巾

1.2.3.5　会取下蝴蝶结、胶圈等

1.2.3.6　会系好蝴蝶结、胶圈等

1.2.3.7　会取下发卡

1.2.3.8　会戴上发卡

1.2.3.9　会取下胸章、臂章

1.2.3.10　会戴上胸章、臂章

1.2.3.11　会取戴手表

1.2.4　会使用雨具

1.2.4.1　会认识雨衣、伞(或认识当地常用的雨具)

1.2.4.2　能脱雨衣

1.2.4.3　能穿雨衣

1.2.4.4　会收折雨伞

1.2.4.5　会打开雨伞

1.2.4.6　会正确使用雨具遮挡风雨

1.2.4.7　会将使用后的雨具放置于适当位置晾干

1.2.4.8　会利用伞或帽子等雨具遮阳

1.2.5　会依场合着装

1.2.5.1　能穿着整齐到学校

1.2.5.2　能穿着漂亮服装去做客或过节

1.2.5.3　在影院、图书馆、汽车站等公共场所能着装整洁

1.2.5.4　能穿轻便衣、裤、鞋上体育课或从事较剧烈活动。

1.2.5.5　参加少先队活动时能佩戴红领巾

1.2.5.6　知道居家时着装可以随意

1.2.6　会依气候着装

1.2.6.1　能辨识一年四季不同的衣物

1.2.6.2　能依气候变化选择恰当衣物

1.2.6.3　会在气候变化时更换增减衣物

1.2.7　会保持衣着整洁、美观

1.2.7.1　会整理身上的内外衣着(如翻好衣领、扎好皮带)

1.2.7.2　会在活动中注意保持衣着整洁

1.2.7.3　能选择自己喜爱的衣物

1.2.7.4　能选择自己喜爱的饰物

1.3　如厕

1.3.1　会控制大小便

1.3.1.1　大小便时能告诉大人求得帮助

1.3.1.2　能根据环境控制大小便

1.3.1.3　能自己进入厕所找到正确位置后大小便

1.3.2　会在厕所大小便

1.3.2.1　男生会站着小便

1.3.2.2　女生会蹲着大小便

1.3.2.3　能找到正确的蹲位

1.3.2.4　能解便入池(槽)

1.3.3　会在厕所穿脱裤子

1.3.3.1　会进入厕所后才开始脱裤子

1.3.3.2　男生小便时会解开拉链或扣子

1.3.3.3　男生小便后会扣好扣子及拉链

1.3.3.4　会将裤子脱至适当位置后解便

1.3.3.5　便后会拉起裤子至腰上

1.3.3.6　会在穿好裤子整理衣着后才出厕所

1.3.4　会处理便后

1.3.4.1　大便后会用纸擦拭干净

1.3.4.2　便后会将便纸扔入纸篓

1.3.4.3　会使用冲便设施冲洗便池

1.3.4.4　会自己倒洗便盆

1.3.4.5　便后用香皂洗手

1.3.5　会辨识男女厕所

1.3.5.1　知道进公厕男女有别

1.3.5.2　知道根据自己的性别选择男女厕所

1.3.5.3　能识别男女厕所的图形标志

1.3.5.4 能识别男女厕所的汉字标志

1.3.5.5 能识别男女厕所的拼音或英语标志

1.3.5.6 能独立使用学校的厕所

1.3.5.7 能独立使用公厕

1.4 个人清洁

1.4.1 会处理每日例行的身体清洁

1.4.1.1 会洗脸

1.4.1.2 会漱口

1.4.1.3 会刷牙

1.4.1.4 会擦嘴

1.4.1.5 会洗手

1.4.1.6 会洗脚

1.4.1.7 会洗屁股

1.4.1.8 会擤鼻涕

1.4.1.9 会剪指甲

1.4.1.10 会洗澡

1.4.1.11 会处理月经(女生)

1.4.2 会维护身体清洁

1.4.2.1 会维护脸部的清洁

1.4.2.2 会维护手部的清洁

1.4.2.3 会维护脚部的清洁

1.4.2.4 会维护口腔清洁

1.4.2.5 会维护躯干的清洁

1.4.3 会处理身上偶发的脏乱

1.4.3.1 会主动更换打湿的内外衣裤、鞋袜

1.4.3.2 会主动更换脏了的内外衣裤、鞋袜

1.4.3.3 剧烈活动后会处理头背部的湿热(如用毛巾擦干或“隔背”)

1.4.3.4 会清洗脏乱的小衣物

1.4.3.5 会清洗脏乱的较大衣物

1.4.4 就寝

1.4.4.1　会按时就寝

1.4.4.2　会自己铺床(如打开被子，放好枕头)

1.4.4.3　会自己脱鞋袜放到床下

1.4.4.4　会自己脱衣、裤

1.4.4.5　会将脱下的衣裤放到固定地方(如椅子上、床边等)

1.4.4.6　会自己进入被子里并将被子拉到脖颈处掖好

1.4.4.7　会注意睡眠姿势(侧卧、不蒙头)

1.4.4.8　夜间(午间)均能自己处理大小便

1.4.4.9　能按时起床

1.4.4.10　能依序做好起床的活动(穿衣、裤、鞋，叠被、理床)

2　居家生活

2.1　家事清洁

2.1.1　清扫

2.1.1.1　会正确使用清扫工具

2.1.1.2　知道简单的清扫顺序

2.1.1.3　会清扫家庭客厅、居室

2.1.2　洗涤

2.1.2.1　会正确使用洗涤工具

2.1.2.2　知道简单的洗涤顺序

2.1.2.3　会洗涤小物件(如袜子、手帕等)

2.1.2.4　会洗涤一般衣物(如内衣内裤、轻薄衣衫等)

2.1.2.5　会使用洗衣机

2.1.2.6　会洗涤家用餐具或炊具(如碗盘、锅等)

2.1.3　擦拭

2.1.3.1　会擦拭桌椅台面

2.1.3.2　会擦拭橱柜门窗

2.1.4　垃圾处理

2.1.4.1　会简单的垃圾分类

2.1.4.2　会正确存放垃圾

2.1.4.3　会正确倾倒垃圾

2.2　衣物整理

2.2.1　折叠

2.2.1.1　会折叠小件衣物

2.2.1.2　会折叠一般衣物

2.2.1.3　会折叠被子

2.2.2　晾晒

2.2.2.1　会晾晒小件衣物

2.2.2.2　会晾晒一般衣物

2.2.2.3　会晾晒被子

2.2.3　保存

2.2.3.1　会存放小件衣物(如鞋、袜、内衣裤等)

2.2.3.2　会将衣物分类放在适当的地方储存

2.3　食物料理

2.3.1　会清洗食物

2.3.1.1　会正确使用食品清洁剂

2.3.1.2　会清洗蔬菜

2.3.1.3　会清洗水果

2.3.1.4　会清洗相关食材

2.3.1.5　清洗后相关物品归位

2.3.2　会处理熟食品

2.3.2.1　会加热冷饭菜

2.3.2.2　会冲泡即食食品

2.3.3　会使用炊具

2.3.3.1　会使用微波炉

2.3.3.2　会安全操作燃具

2.3.3.3　会使用炊事器具

2.3.4　会调制食品

2.3.4.1　会使用调味品(如油、盐、酱、醋)

2.3.4.2　会基本的食品制作方法(如蒸、煮、炒、拌)

2.3.4.3 会使用电饭煲煮饭

2.3.4.4 会烧水煮面条

2.3.4.5 会做简单小菜

2.3.4.6 调制食品后能将相关物品清洁归位

2.3.5 会存放食品

2.3.5.1 能分辨各类常见食品

2.3.5.2 能将一般食品依类别存放在适当的地方

2.3.5.3 能按食品存放标志存放食物

2.4 金钱处理

2.4.1 有适当的金钱来源

2.4.1.1 会从父母处得到零花钱

2.4.1.2 会从长辈处得到礼钱(如压岁钱、生日节日赠礼)

2.4.1.3 会通过劳动获取相应报酬

2.4.2 会清点钱币

2.4.2.1 会清点整钞

2.4.2.2 会清点零钱

2.4.2.3 会清点出定额钱数

2.4.3 会存放钱币

2.4.3.1 知道钱的用途

2.4.3.2 有存钱的意识,不乱花钱

2.4.3.3 会将钱存放在父母处

2.4.3.4 会将钱存放在自己身上

2.4.3.5 会将钱存放在家中适当的地方

2.4.3.6 会将钱存入银行

2.4.4 会购物预算

2.4.4.1 会在购物前确认所购物品的价格

2.4.4.2 会列出购物清单

2.4.4.3 会按清单预算出所购物品的价格

2.4.4.4 会准备与预购物价相当的钱币

2.4.5 会记账

2.4.5.1　知道记账的作用

2.4.5.2　会记收入账

2.4.5.3　会记支出账

2.4.5.4　会记流水账

2.5　家庭布置

2.5.1　会摆设家具

2.5.1.1　知道常见家具的名称

2.5.1.2　知道常见家具的用途

2.5.1.3　会按家具的功能摆设家具

2.5.2　会摆设装饰品

2.5.2.1　会摆设座式装饰品(如花瓶、雕塑、绒毛物件等)

2.5.2.2　会摆设挂式装饰品(如装饰画、镜框、挂件等)

2.6　家庭沟通

2.6.1　认识家庭成员

2.6.1.1　能辨识父母

2.6.1.2　知道父母姓名

2.6.1.3　知道父母联系方式

2.6.1.4　知道父母职业及工作单位

2.6.1.5　知道自己与父母的关系

2.6.1.6　知道家庭中重要长辈及亲友

2.6.2　能适当与家庭成员沟通

2.6.2.1　对家庭成员刺激有反应(如喊叫、手势、微笑、抚摸等)

2.6.2.2　能用适当的语言、表情、手势、动作与家庭成员沟通

2.6.2.3　能理解家庭成员的要求

2.6.2.4　能向家庭成员表达自己的需求和情感

2.6.2.5　能明白家庭成员说话的意思

2.6.2.6　能对家庭中一般问题发表自己的意见和建议

2.6.2.7　遇到困难能向家庭成员求助

2.6.2.8　能主动参与力所能及的家庭事务

2.6.3　能用适当态度对待家庭成员

2.6.3.1　能尊敬长辈,听从教导

2.6.3.2　会常用的礼貌用语

2.6.3.3　对家人有礼貌、懂谦让,关爱家庭成员

2.6.3.4　能听从吩咐,接受意见

2.6.3.5　做错事时,能向家人认错道歉

2.6.3.6　会到亲友家做客

3　社区生活

3.1　结交朋友

3.1.1　具有交友的需求愿望

3.1.1.1　认识交友意义(获得帮助、有伙伴玩起来愉快)

3.1.1.2　产生交友愿望

3.1.1.3　能体验交友的愉悦

3.1.2　对别人的友好态度能正确应答

3.1.2.1　能分辨他人的友好态度(对你微笑、轻轻拍你、拉你的手)

3.1.2.2　能用言语正确应答

3.1.2.3　能用姿势、动作、行为正确应答

3.1.2.4　能用表情正确应答

3.1.2.5　以后的交往中能主动表示友好

3.1.3　能认识朋友

3.1.3.1　能记住朋友的姓名

3.1.3.2　能识别朋友的长相

3.1.3.3　能分辨朋友的声音

3.1.3.4　能了解朋友的行为特点

3.1.4　会选择朋友

3.1.4.1　能根据是否友善选择朋友

3.1.4.2　能根据爱好、兴趣选择朋友

3.1.4.3　能根据互助程度选择朋友

3.1.4.4　能在同学、伙伴中选择朋友

3.1.4.5　能在老师、家长指导下选择朋友

3.1.4.6 能根据道德判断来选择朋友，拒绝不良伙伴

3.1.5 有恰当的交友方式

3.1.5.1 在交友中能互相帮助互相尊重（友善待人）

3.1.5.2 能与朋友分享自己的物件（如玩具、食品等）

3.1.5.3 能主动与朋友接触（如交谈、问候）

3.1.5.4 能向朋友表达感情（关心朋友或喜爱朋友）

3.1.5.5 能做到不打搅对方（在别人做事或休息时）

3.1.5.6 能控制情绪（不乱发脾气）

3.2 表达感情

3.2.1 有表达感情的愿望需求

3.2.1.1 知道表达感情对自己的意义（可以使自己愉快，获得别人的赞扬）

3.2.1.2 愿意向周围人表达感情

3.2.2 能识别感情

3.2.2.1 识别基本感情（喜悦、愤怒、悲哀、恐惧等）

3.2.2.2 识别不同方式的感情表达（语言、动作、表情、行为等）

3.2.3 表达感情的方式

3.2.3.1 有正确的表达感情的行为方式（语言、动作、表情等）

3.2.3.2 能根据情景表达各种感情（如在不同场合、对不同对象、针对不同氛围等）

3.2.4 能有分寸地表达感情

3.2.4.1 能够掌握亲人与外人的情感表达分寸

3.2.4.2 能根据性别掌握情感表达分寸

3.2.4.3 能够掌握熟悉人与陌生人的情感表达分寸

3.2.4.4 能够掌握同龄人与不同年龄人的情感表达分寸

3.2.4.5 能根据不同场景控制情绪

3.2.4.6 能接受朋友家人的劝解

3.2.4.7 能做适当情绪转移

3.3 团体适应

3.3.1 有进入团体的愿望

3.3.1.1　能认识参与团体活动的意义

3.3.1.2　能产生进入团体活动的愿望

3.3.2　能认识团体

3.3.2.1　能认识团体成员

3.3.2.2　能认识团体规则

3.3.2.3　能认识团体标志

3.3.2.4　能认识团体宗旨

3.3.2.5　能认识团体领导

3.3.3　能遵守团体规范

3.3.3.1　能了解团体规范内容、目的(如团结、友爱、平等、助人等)

3.3.3.2　能主动遵守团体规范

3.3.3.3　能对遵守团体规范的行为做出积极反应

3.3.3.4　能接受团体批评与处罚

3.3.3.5　能认识自己违反规范的错误行为

3.3.4　能协调与团体成员的关系

3.3.4.1　懂得团体成员关系协调对团体的价值

3.3.4.2　懂得对团体伙伴要谦让、友爱、互助共享等

3.3.4.3　接受团体对自己和他人的安排(服从领导)

3.3.4.4　愿接受团体的劝解(发生矛盾时)

3.3.4.5　能与伙伴经常交流(如沟通感想,在一起玩耍、学习、劳动)

3.3.5　团体活动的体验

3.3.5.1　体验团体活动的愉快感(如体验共同分享的愉悦,自我愉悦)

3.3.5.2　能体验团体成员间的互助友爱

3.3.5.3　能体验团体合作精神

3.3.5.4　能体验领导与被领导的关系

3.3.5.5　能体验团体服务社会的宗旨(服务社会的实践)

3.3.5.6　能体验遵守社会规范产生的情感(如因保持电影院清洁受到赞扬)

3.4　交通能力

3.4.1　能认识交通工具(依当地具体情况而定)

3.4.1.1　认识公共汽车、环城车

3.4.1.2　认识出租车

3.4.1.3　认识轨道交通(如地铁、轻轨等)

3.4.1.4　认识电梯(如升降梯、扶梯等)

3.4.1.5　认识火车、飞机、轮船

3.4.1.6　认识索道、缆车、电瓶车

3.4.1.7　认识自行车，摩托车、三轮摩托车

3.4.2　能识别交通标志

3.4.2.1　识别斑马线(过街人行道)

3.4.2.2　识别汽车站(招呼站)站牌

3.4.2.3　识别红绿灯指示

3.4.2.4　识别过街地道或天桥指示牌

3.4.2.5　识别路口交通示意牌

3.4.2.6　识别交通场站(如地铁、汽车站、火车站、机场等)的进口与出口标志

3.4.2.7　识别铁道指示灯

3.4.2.8　识别交警与交巡警平台标志

3.4.3　具有交通安全意识

3.4.3.1　能意识到交通安全的重要性

3.4.3.2　具备交通安全常识(如红灯停、绿灯行，黄灯亮了等一等)

3.4.3.3　养成良好的交通行为习惯(如不在马路上打闹等)

3.4.3.4　认识控制情绪在交通安全中的作用

3.4.4　能利用交通工具

3.4.4.1　认识各种交通工具的功能、用途

3.4.4.2　会乘坐公共交通工具(如公共汽车、轨道交通工具)

3.4.4.3　会乘坐出租车

3.4.4.4　会乘电梯(如升降梯、扶梯)

3.4.4.5　会乘坐火车、飞机、轮船

3.4.4.6　会利用适当的交通工具到达目的地(如乘车到学校、医院)

3.4.5　能处理交通中的突发事件

3.4.5.1　会处理错乘、漏乘的情况

3.4.5.2　会处理车坏了(车出故障)的情况

3.4.5.3　会处理交通事故发生的情况

3.4.5.4　会处理车票或行车物品遗失的情况

3.4.5.5　会处理车船上患病、受伤的情况

3.4.5.6　会处理未到目的地就下车的情况

3.4.5.7　会处理在车上遇见偷窃发生的情况

3.5　采购能力

3.5.1　能做购物前的准备

3.5.1.1　检查需求情况(确定需购商品)

3.5.1.2　准备钱款

3.5.1.3　准备搬运工具(如口袋、提包、篮子、小车等)

3.5.1.4　购物咨询(咨询购物场所、地点、品种、价格等)

3.5.2　能选择购物场所

3.5.2.1　会根据购物需要正确选择购物场所

3.5.2.2　便民超市(如油、盐、酱、醋、日用品等)的选择

3.5.2.3　选择百货商场

3.5.2.4　选择服装鞋帽店

3.5.2.5　选择五金家电商店

3.5.2.6　选择餐饮店(餐馆、饮料店等)

3.5.2.7　选择菜市场(集市)

3.5.3　能识别商品

3.5.3.1　会利用说明书识别商品的特性

3.5.3.2　会识别商品用途

3.5.3.3　会识别商品质量

3.5.3.4　会识别替代品

3.5.3.5　能识别假冒伪劣商品

3.5.4　能做购物决断

3.5.4.1　能按需求程度考虑

3.5.4.2　能按价格衡量

3.5.4.3　能按质量衡量(品牌选择)

3.5.4.4　能按商品外观衡量

3.5.5　懂得购物礼仪

3.5.5.1　购物时遵守秩序

3.5.5.2　购物时礼貌用语

3.6　获得服务

3.6.1　能了解社区服务项目

3.6.1.1　知道到医院就医

3.6.1.2　会收寄信函、包裹

3.6.1.3　知道到派出所、公安局、交警大队、治安联防、街道办获取治安户籍等服务

3.6.1.4　知道学校是传授知识、培养人的地方,读书的地方

3.6.1.5　知道到少年宫、影院、展览馆、歌舞厅、文化馆、公园等地获取文娱服务

3.6.1.6　知道从理发店、餐馆等获取生活服务

3.6.1.7　知道银行存取款等有关金融服务

3.6.1.8　会使用电信服务(如通过电话联系购物、搬家等服务)、网上购物、获取相关信息

3.6.1.9　知道从体育场获取体育运动服务

3.6.1.10　知道政府机构、民政、法院、残联等机构是获得政策、法令、保障、保护的地方

3.6.2　能选择获得服务项目

3.6.2.1　能了解自己面临的服务需求(如想上学、需就医等)

3.6.2.2　能了解各服务机构的服务内容

3.6.2.3　能了解服务机构的地点和远近

3.6.2.4　能进行服务咨询(如向邻里、长辈、有关部门和人士咨询)

3.6.2.5　能了解服务机构的作息时间

3.6.3　能有礼貌地获得服务

3.6.3.1　了解获得服务的礼仪(根据不同服务项目,具有不同的服务礼仪)

3.6.3.2 能认识各种服务人员(如医生穿白大褂,交警臂章上有"公安"字样、头戴大檐帽等)

3.6.3.3 根据场合情境选择礼仪行为(遵守公共秩序、不损坏公物、不乱拿别人东西等)

3.7 参加社区活动

3.7.1 有参加社区活动的愿望

3.7.1.1 能不排斥社区活动

3.7.1.2 能了解社区活动和自己的关系

3.7.1.3 能从社区活动中体验快乐、成功,满足需要

3.7.1.4 愿意表现自己的特长

3.7.1.5 能容纳他人的评价(赞扬和批评)

3.7.1.6 能乐于与人交往并助人

3.7.2 能认识社区活动项目

3.7.2.1 能认识社区节日、群众性庆祝活动

3.7.2.2 能认识集体(街道单位团体)文娱活动

3.7.2.3 能认识社区的扶助活动(如助孤、助贫等)

3.7.2.4 认识邻里、伙伴间活动(如游戏、化妆会、比赛等)

3.7.2.5 能认识公园、文化馆、电影院举办的活动

3.7.2.6 能认识学校举行的各种活动

3.7.3 能利用社区活动场所和资源

3.7.3.1 能利用公共活动设施(如公园、展览馆、文化馆、电影院、歌舞厅、剧场、体育馆)

3.7.3.2 能利用少年儿童活动设施(如少年宫、科技馆、游乐园)

3.7.3.3 能利用街道或社区群众性组织和团体(如居委会、妇联、各种协会)

3.7.3.4 能利用社会慈善机构或福利机构

3.7.3.5 能利用社区教育机构及其下属组织和团体

3.7.4 具有参加社区活动的技能

3.7.4.1 有选择力所能及的社区活动的能力

3.7.4.2 有表达自己参与社区活动愿望的能力

3.7.4.3　有正确扮演活动角色的能力

3.7.4.4　有遵守活动规则的能力

3.7.4.5　有同他人有效配合的能力

3.7.4.6　有基本的活动技能(如唱、跳、运动、交谈、劳动技能等)

3.8　遵守社区活动规范

3.8.1　了解社区活动规范的内容

3.8.1.1　了解公共活动场所管理规章制度

3.8.1.2　了解基本行为规范(守纪律、守秩序、避免违法行为等)

3.8.1.3　遵守社会公德

3.8.1.4　能听从有关管理人员的指挥

3.8.1.5　能对社区活动行为进行评价,对违反社区活动规范行为能进行制止

3.8.2　能遵守社区中的人际交往规范

3.8.2.1　能尊重他人

3.8.2.2　能平等相待

3.8.2.3　能礼貌谦让(如不随地吐痰、不乱扔纸屑果皮、不豪强霸占)

3.8.2.4　能对他人表示友善并对他人友善行为做出反应

3.8.2.5　根据规范,在人际交往中注意调控自己的行为和情绪(不乱发脾气,不大喊大叫)

4　健康安全

4.1　饮食卫生

4.1.1　饮食卫生基本知识

4.1.1.1　能说出人的饮食消化器官(如嘴、舌、牙齿、胃、肠的位置和功能)

4.1.1.2　能保护自己的饮食器官(如不撕、咬嘴皮,不嚼过硬的东西,饭后睡前刷牙)

4.1.1.3　能分辨食物的鲜腐

4.1.1.4　能选择、购买食物(能选用新鲜、清洁、卫生的食品)

4.1.1.5　能正确贮存食物

4.1.1.6　能清洗干净食物

4.1.1.7　能分辨食物的吃法

4.1.2　饮食卫生习惯

4.1.2.1　能用肥皂洗手

4.1.2.2　能在饭前便后洗手

4.1.2.3　能在饭前饭后洗净器皿

4.1.2.4　能定时定量吃饭

4.1.2.5　饭后常吃水果,常喝水

4.1.2.6　能不乱吃零食

4.1.2.7　能养成不偏食的习惯

4.1.2.8　不狼吞虎咽

4.1.2.9　不吞食异物

4.1.2.10　不吸烟,不喝酒,不吸毒

4.2　疾病防治

4.2.1　疾病感觉、分辨、表达

4.2.1.1　能指认人体的部位

4.2.1.2　能辨认痛、痒、酸、晕等感觉

4.2.1.3　能指认自己生病部位

4.2.1.4　能描述自己病情

4.2.1.5　能辨认冷热

4.2.2　常见疾病简单知识

4.2.2.1　能说出感冒的症状

4.2.2.2　能辨别自己是否患感冒

4.2.2.3　能说出引起感冒的原因

4.2.2.4　能知道怎样预防感冒

4.4.2.5　能说出肚子痛的部位

4.2.2.6　能分辨肚子痛的感觉

4.2.2.7　能说出拉肚子的原因

4.2.2.8　能说出胃不舒服的原因

4.2.3　常见急救常识

4.2.3.1　会将外伤用生理盐水洗净消毒

4.2.3.2　能用消毒纱布包扎

4.2.3.3　能将出血的上下肢向上举

4.2.3.4　能用消毒液消毒伤口

4.2.3.5　能将挫伤、扭伤处马上用冰水冲或冷水泡

4.2.3.6　能用冷开水冲洗烫、烧伤创面

4.2.4　预防

4.2.4.1　能遵循合理的生活习惯

4.2.4.2　能坚持体育锻炼

4.2.4.3　能注意饮食卫生清洁

4.2.4.4　会保持环境卫生，消灭苍蝇、蚊子等传播疾病的害虫

4.2.4.5　能定时配合预防接种

4.2.4.6　能依天气变化而增减衣服

4.2.4.7　能做到定时定量吃饭

4.2.4.8　能做到劳逸结合

4.3　性知识

4.3.1　了解男女性别特征

4.3.1.1　能识别男生短发，不戴头饰；女生长发，常带头饰

4.3.1.2　能识别男生少穿花衣；女生穿漂亮的花衣，穿裙子

4.3.1.3　能识别男生声音粗而低，女生尖而高

4.3.1.4　能识别男生个子较高，女生个子相对矮小

4.3.1.5　能识别男生肩宽背阔．女生肩圆臀宽

4.3.1.6　能识别男生肌肉多，女生脂肪多

4.3.1.7　能识别男生性格粗犷，女生性格温柔

4.3.2　了解青春期知识

4.3.2.1　能说出男生青春期性征

4.3.2.2　能说出女生青春期性征

4.3.2.3　能养成良好的青春期卫生习惯

4.3.2.4　简单的生育知识

4.3.3　具有性道德常识

4.3.3.1　能有隐私的观念

4.3.3.2　能尊重别人的隐私

4.3.3.3　能保护自己的性隐私

4.3.3.4　能适时适地处理性卫生和性行为

4.3.3.5　能知道男女有别,自尊自爱

4.3.3.6　不乱交性伙伴

4.3.3.7　能拒绝别人随意的性要求

4.3.3.8　能在性行动上征求家长及老师的意见

4.4　安全

4.4.1　安全意识

4.4.1.1　能说出安全的意义

4.4.1.2　能说出危险的意义

4.4.1.3　能说出危险的后果和对自己及别人造成的伤害

4.4.1.4　能随时随地保护自己不受伤害

4.4.1.5　能不对别人造成伤害

4.4.1.6　能随时随地回避危险

4.4.2　安全基本知识

4.4.2.1　能注意交通安全

4.4.2.2　能注意电器安全

4.4.2.3　能注意用火安全

4.4.2.4　能注意药品安全

4.4.2.5　陌生人安全

4.4.2.6　能注意灾害时安全

4.4.2.7　防止意外

5　休闲生活

5.1　选择休闲活动

5.1.1　有机会接触各种休闲活动

5.1.1.1　能安排个人独享的休闲活动

5.1.1.2　能在家人安排下进行一些休闲活动

5.1.1.3 能要求家人一起进行一些休闲活动

5.1.1.4 能在鼓励下参与邻居及同伴的休闲活动

5.1.1.5 能在学校、班级的组织下参与各类休闲活动

5.1.1.6 能在同学组织下参与休闲活动

5.1.1.7 能在社区里参与各类休闲活动

5.1.2 有个人爱好和兴趣

5.1.2.1 喜欢视觉刺激为主的休闲活动(如看电视、欣赏画等)

5.1.2.2 喜欢听觉刺激为主的休闲活动(如听音乐)

5.1.2.3 能参与以动脑为主的休闲活动(如下棋)

5.1.2.4 能参与以动手为主的体闲活动(如折纸船、编织等)

5.1.2.5 能参与以运动为主的休闲活动(如打球、爬山等)

5.1.2.6 能参与以人际交往为主的休闲活动(如做游戏、参加 Party 等)

5.1.2.7 喜欢个人独享的休闲活动

5.1.2.8 喜欢与家人同享的休闲活动

5.1.2.9 喜欢与社区同伴共享的休闲活动

5.1.3 具备选择某项活动的能力

5.1.3.1 能说出自己喜欢哪类休闲活动

5.1.3.2 能按自己爱好和兴趣选择某类某项休闲活动

5.1.3.3 会按时间选择休闲活动

5.1.3.4 会依场地选择休闲活动

5.1.3.5 能说出愿意与哪些人进行休闲活动

5.1.4 选择正当的休闲活动

5.1.4.1 能说出哪些活动是家长允许的(如看电视、听音乐、做游戏等)

5.1.4.2 能说出哪些活动是老师允许的(如下棋、打球等)

5.1.4.3 能说出哪些活动是社区允许的

5.1.4.4 能举出不允许进行活动的原因

5.1.4.5 会选择健康、有益的休闲活动

5.1.4.6 会摒弃不允许进行的休闲活动

5.1.5　选择适合自己条件的休闲活动

5.1.5.1　能举出自己独享的休闲活动（如看书、编织等）

5.1.5.2　能举出自己在家中会做的休闲活动（如烹饪等）

5.1.5.3　能举出自己在学校能够做的休闲活动（如和同学做游戏、下棋、绘画等）

5.1.5.4　能举出自己在社区里会做的休闲活动（如逛公园、到电影院看电影）

5.1.5.5　能够尝试简单的易进行的休闲活动

5.1.5.6　会选择自己有能力进行的休闲活动

5.1.5.7　会选择自己愿意做的休闲活动

5.2　自我休闲活动

5.2.1　具备自我休闲的基本技能

5.2.1.1　会手工操作休闲娱乐（如玩玩具、编织、折叠、小修理、剪贴等）

5.2.1.2　会绘画休闲娱乐

5.2.1.3　会以运动休闲娱乐（如跳、跑等游戏及体育运动）

5.2.1.4　会以唱歌跳舞休闲娱乐

5.2.1.5　会弹琴休闲娱乐

5.2.1.6　能以智力游戏休闲娱乐（如下棋、猜谜等）

5.2.1.7　会以电脑游戏休闲娱乐

5.2.1.8　会以收集物品休闲娱乐（如收集邮票、火花、卡片等）

5.2.1.9　会以饲养、种植动植物休闲娱乐（如养小猫、种花草等）

5.2.1.10　会在独处时选择视、听觉刺激娱乐（如看书、电视电影、听音乐、欣赏画、书法等）

5.2.1.11　会以人际交往为休闲娱乐（如与朋友通信、走亲访友等）

5.2.2　会利用工具和资源

5.2.2.1　会利用各类玩具娱乐

5.2.2.2　会利用已有物品或天然资源做手工制品的休闲娱乐（如麦秸、竹子等）

5.2.2.3　会利用体育用具做运动休闲娱乐及智力游戏休闲娱乐

5.2.2.4　会利用收视类电器做视、听觉刺激的休闲娱乐

5.2.2.5　会收集日常生活中的图片休闲娱乐

5.2.2.6　会通过饲养小动物、种植植物休闲娱乐

5.2.2.7　会利用社区内各种资源休闲娱乐(如博物馆、公园、少年宫)

5.2.3　会计划和安排自我休闲活动

5.2.3.1　会安排生活日程中固定的休闲时间、内容(如晨跑)

5.2.3.2　能在工作过程中的间隙做短暂的休闲(如听一会儿音乐,看看窗外的风景等)

5.2.3.3　能在中午、下午的闲暇时间里看书、做手工、打球、做游戏休闲

5.2.3.4　能在晚上选择看卡通、电影、电视或与亲人共度美好时光

5.2.3.5　会利用假日逛商店、购物、买书、拜访朋友亲戚

5.2.3.6　能在节日时和亲朋好友共度美好时光

5.2.3.7　能在朋友邀请时参与晚会舞会

5.2.3.8　能安排在假日里到远处旅行度假

5.2.3.9　能举出春、夏、秋、冬适宜的娱乐五种

5.2.4　能做休闲的准备

5.2.4.1　能选择在什么季节、什么时间进行相应的休闲活动

5.2.4.2　能为所进行的休闲活动选定休闲的地点

5.2.4.3　能够了解、熟悉所进行的休闲活动的程序及所需

5.2.4.4　能够准备休闲活动所需的物品和资金

5.2.4.5　能够预先约定该休闲活动需要哪些人参加

5.2.5　能完成自我休闲活动

5.2.5.1　能做成一种手工艺品(如织一只手套、折一只鸽子等)

5.2.5.2　能完成一项运动(如做完一套体操等)

5.2.5.3　能完成一项以视、听觉刺激为主的娱乐(如看完一本书,听完一支曲子)

5.2.5.4　能完成一项智力游戏为主的休闲(如下完一盘棋、猜一个谜)

5.2.5.5　能收集一种藏品(如集火花、集糖纸等)且拿出来欣赏

5.2.5.6　能买回一件小物品(如发卡、毛巾等)

5.2.5.7 能收到朋友的来信或与亲朋好友串门等

5.2.5.8 能做完一项家务活动

5.2.6 会改进和提升休闲活动

5.2.6.1 能完成熟悉的休闲活动

5.2.6.2 能说出熟悉休闲活动的不足

5.2.6.3 能说出用另一种方法进行该休闲活动

5.2.6.4 能为熟悉的休闲活动增加难度和要求

5.2.6.5 能在原有的基础上多样化进行休闲活动

5.2.7 会体验休闲的愉悦

5.2.7.1 能积极地准备休闲

5.2.7.2 能在休闲中用语言表达其愉悦感觉(如很愉快、很高兴)

5.2.7.3 能在休闲中用表情表达愉悦(如笑一笑)

5.2.7.4 能在休闲中用动作表达愉悦(如整理成果、跳一跳等)

5.2.7.5 能对其休闲成果感到喜悦(如摆在显眼处,拿给别人欣赏等)

5.2.7.6 会向别人述说休闲过程及成果

5.2.7.7 希望别人参与休闲

5.2.7.8 会因获得休闲成果而积极准备下一次休闲

5.3 团体休闲活动

5.3.1 能参与团体休闲

5.3.1.1 会与人团结相处

5.3.1.2 会遵守团体休闲的规则和要求

5.3.1.3 能遵守秩序和约定,不争先恐后

5.3.1.4 能尊重多数人的意见

5.3.1.5 能不投机取巧,公平合理地竞争

5.3.1.6 能随时注意个人的礼貌、举止,做个受欢迎的人

5.3.1.7 能分享团体休闲的乐趣

5.3.1.8 会邀请朋友参加舞会,且要求自己参加

5.3.2 能遵守活动规则

5.3.2.1 能主动了解该活动的内容及基本过程

5.3.2.2 能按要求及规则进入活动程序

5.3.2.3　违反规则后能接受处罚

5.3.3　具备团体休闲的基本技能

5.3.3.1　能和同伴一起进行游戏活动

5.3.3.2　能和同伴一起进行文娱活动

5.3.3.3　能和同伴一起进行体育运动及其竞技赛（如球赛）

5.3.3.4　能和同伴一起欣赏和参加文艺表演

5.3.3.5　能和同伴一起交谈、聊天、讲故事

5.3.3.6　能和同伴一起收集、整理趣味活动（如做标本）

5.3.3.7　能和同伴计划安排远足郊游

5.3.3.8　能和同伴一起饲养小动物，种植花草

5.3.4　会利用团体休闲的工具和资源

5.3.4.1　会利用团体类玩具娱乐

5.3.4.2　会利用团体类体育用具休闲娱乐（如球、棋、牌等）

5.3.4.3　会利用动物园及少年宫等团体娱乐场所休闲

5.3.4.4　会团体出游，游览名胜古迹

5.3.5　会组织、安排团体活动

5.3.5.1　会选择友伴

5.3.5.2　会选择休闲时间事项

5.3.5.3　会考虑活动费用

5.3.6　会分享团体活动的愉悦

5.3.6.1　能积极参与团体活动

5.3.6.2　能在团体活动中有主人翁的责任感

5.3.6.3　能在活动中感到轻松愉快

5.3.6.4　能在活动中与同伴感到和谐

5.3.6.5　能在活动后有参与活动的兴趣

5.3.6.6　能在活动后对团体活动做出评议

6　自我决定

6.1　认识自我

6.1.1　自我意识

6.1.1.1　知道自己的基本情况（如名字、性别、年龄、住址、学校等）

6.1.1.2　认识自己身体各部位的名称

6.1.1.3　知道自己的兴趣爱好

6.1.1.4　知道自己的需要

6.1.2　自我概念

6.1.2.1　听到叫自己的名字时有回应

6.1.2.2　能说出自己的名字

6.1.2.3　知道自己的基本情况

6.1.2.4　能分清自己的所属物品

6.1.2.5　能正确运用人称代词

6.1.3　角色扮演

6.1.3.1　知道自己在家庭中和父母的关系

6.1.3.2　知道自己在社会中和其他人的关系

6.2　时间规划

6.2.1　时间概念

6.2.1.1　能认识时钟

6.2.1.2　知道早、中、晚

6.2.1.3　有时间顺序

6.2.2　时间控制

6.2.2.1　能守时不迟到

6.2.2.2　能守时不早退

6.2.2.3　能在规定的时间内完成活动

6.2.3　时间安排

6.2.3.1　能依作息表、功课表进行一日活动

6.2.3.2　能依时间顺序拟出活动计划

6.2.3.3　有事情时能先请假

6.3　自我主张

6.3.1　自我表达

6.3.1.1　能用适当的语言表达主张

6.3.1.2　能用适当的动作表达主张

6.3.1.3　能用适当的表情表达主张

6.3.1.4　能在不同场合中表达自己的主张

6.3.2　能做选择

6.3.2.1　能选择自己想要的物品

6.3.2.2　能选择自己想要参加的活动

6.3.2.3　能选择自己从事的工作

6.3.2.4　知道自己做出选择的后果

6.3.3　有责任感

6.3.3.1　完成自己应尽的义务

6.3.3.2　不打扰别人的生活

6.3.3.3　能服从团体的决议

6.3.3.4　能保持环境整洁

6.3.3.5　用完东西后，能物归原主

6.4　解决问题

6.4.1　能协商解决问题

6.4.1.1　能告知别人自己的想法

6.4.1.2　能聆听别人的意见

6.4.1.3　能接受别人指出自己的不足

6.4.1.4　能改正自己的缺点

6.4.2　求助

6.4.2.1　能用语言向别人表达自己的困难

6.4.2.2　能用动作向别人表达自己的困难

6.4.2.3　能用表情向别人表达自己的困难

6.4.2.4　能配合别人的协助

6.4.3　助人

6.4.3.1　知道别人处于困境中

6.4.3.2　能想出办法帮助别人

6.4.3.3　能牺牲自己的利益去帮助别人

6.5　自我调控

6.5.1　能控制自己的情绪

6.5.1.1　能不随便发脾气或骂人

6.5.1.2　能接受别人的批评

6.5.1.3　能安静地等候

6.5.1.4　遇到困难时能保持冷静

6.5.1.5　能深呼吸

6.5.2　能调节自己的情绪

6.5.2.1　能意识到自己的过度情绪表现

6.5.2.2　能调节自己的情绪表现与情境相符合

6.5.2.3　能用有效的策略调节情绪

6.5.2.4　能在日常生活中维持稳定的情绪

6.5.2.5　能应对他人的情绪

6.6　生涯规划

6.6.1　规划未来的生活

6.6.1.1　知道自己向往的生活方式

6.6.1.2　了解自己实现理想生活有哪些现实困难

6.6.1.3　会合理安排自己的生活时间

6.6.1.4　为未来理想的生活做准备

6.6.2　规划未来的职业

6.6.2.1　了解常见的职业

6.6.2.2　找出自己希望从事的职业

6.6.2.3　参加职业培训

6.6.2.4　参加职业见习

6.6.2.5　参加职业实习

6.6.3　规划未来的休闲生活

6.6.3.1　了解休闲生活的方式

6.6.3.2　参加自己喜欢的休闲活动

7　生活语文

7.1　语言沟通

7.1.1　具备语前能力(适应性反应)

7.1.1.1 能对指定的刺激有反应

7.1.1.2 能够有意注视或观察周围的事物

7.1.1.3 能静坐或等待

7.1.1.4 能模仿动作

7.1.1.5 能配合各项指示

7.1.2 具备非语言沟通能力

7.1.2.1 能与他人进行目光对视

7.1.2.2 能对他人的表情有反应

7.1.2.3 能对他人的身体动作有反应

7.1.2.4 能对他人发出的语音、语调有反应

7.1.2.5 能对他人出示的实物、图片、视频等有反应

7.1.2.6 能用表情表达情绪和需求

7.1.2.7 能用肢体语言表达需求

7.1.2.8 能用语音、语调表达需求

7.1.2.9 能用图片表达需求

7.1.2.10 能使用沟通辅具与人沟通

7.1.3 能理解语言

7.1.3.1 能聆听各种声音并有一定的听觉记忆能力

7.1.3.2 能听懂常用具体名词

7.1.3.3 能听懂常用抽象名词

7.1.3.4 能听懂代词

7.1.3.5 能听懂常用动词

7.1.3.6 能听懂形容词

7.1.3.7 能听懂简单句

7.1.3.8 能听懂禁止、否定的词句

7.1.3.9 能听懂常用疑问句

7.1.3.10 能听懂含有介词的句子

7.1.3.11 能听懂含有连词的句子

7.1.3.12 能听懂含有助词的句子

7.1.3.13 能听懂别人叙述的一段话

7.1.3.14　能听懂别人叙述的一件事

7.1.3.15　能听懂电话、广播、影视讯息

7.1.3.16　能听懂故事、诗歌、小说等文学作品所表达的内容和情感

7.1.4　能进行语言表达

7.1.4.1　能模仿发音

7.1.4.2　能说常见物品的名称

7.1.4.3　能使用抽象名词进行表达

7.1.4.4　能使用代词进行表达

7.1.4.5　能使用具体动词进行表达

7.1.4.6　能使用常用抽象动词进行表达

7.1.4.7　能使用含形容词、副词的短语进行表达

7.1.4.8　能使用陈述句进行表达

7.1.4.9　能使用疑问句进行表达

7.1.4.10　能使用祈使句进行表达

7.1.4.11　能使用感叹句进行表达

7.1.4.12　能使用复句进行表达

7.1.4.13　能叙述一段话

7.1.4.14　能描述生活经验

7.1.4.15　能描述事件

7.1.4.16　会说故事

7.1.4.17　针对不同情境主题对象调整说话内容

7.1.4.18　能使用文明的语言进行表达

7.1.4.19　能使用与文学有关的语言进行表达

7.1.5　具有语用能力

7.1.5.1　愿意用语言表达需求

7.1.5.2　能用各种方式表达自己的意思

7.1.5.3　能结合情境理解语言或图片讯息

7.1.5.4　能使用合乎情境的语言

7.1.5.5　能与人交谈

7.1.5.6　能用适当的语音、语速和语调进行表达

7.1.5.7　能与人维持交谈

7.1.5.8　能围绕某一话题与人对话

7.1.5.9　能在适当时机加入对话

7.2　识字与阅读

7.2.1　具备前阅读能力

7.2.1.1　视线能够集中在指定的位置

7.2.1.2　视线能够随上下、左右的顺序移动

7.2.1.3　能够注意看图片或文字

7.2.1.4　能够指出刚看过的字或图形

7.2.1.5　看到字或图片有发音的意愿

7.2.1.6　看到字或图片有发音的口部动作

7.2.1.7　发音时能够跟随视线的移动

7.2.1.8　能够辨识字或图形（能从一堆字或图形中找出指定者）

7.2.1.9　能够分辨不同的图表、单字、语词或句子

7.2.1.10　能够换行和翻书页

7.2.1.11　能够认识标点符号且知其功用

7.2.1.12　能对特定的字或图形做出联想反应（如看到一个字“猫”就可想起猫的形象）

7.2.1.13　能够根据句意断句

7.2.1.14　能注意环境中的视觉信息（如示意图、指示图）

7.2.2　会认读常用汉字

7.2.2.1　能阅读简单字（如人、口、手、工等）

7.2.2.2　能阅读偏旁部首（如亻、丰、口字旁）

7.2.2.3　能读左右结构的字（如打、吃）

7.2.2.4　能阅读上下结构的字（如哭）

7.2.2.5　能阅读内外结构的字（如店、围）

7.2.2.6　能阅读其他结构的字（如辫）

7.2.2.7　能借助汉语拼音认读汉字

7.2.3　对名词的阅读

7.2.3.1　能认读人名、人称（如王飞、父亲）

7.1.3.2 能认读常见物品名称(如桌、凳子、杯子、书、毛巾)

7.2.3.3 能够认读身体部位名称(如鼻子、口、胃、头发)

7.2.3.4 能认读地理名称(如北京、重庆、盆地)

7.2.3.5 能认读时间名称(如昨天、一会儿)

7.2.3.6 能认读公共场所常见名称及文字指示的名词(如邮局、汽车站、入口、派出所)

7.2.3.7 能认读方位名词(如前后、左右、里外、上下等)

7.2.3.8 能认读其他名词

7.2.4 对动词的阅读

7.2.4.1 能认读身体动作的动词(如打、抓)

7.2.4.2 能认读心理动作的动词(如想)

7.2.4.3 能认读其他常用动词

7.2.5 对其他常用词的阅读

7.2.5.1 能认读常用形容词(如大小、轻重、美丑、红绿色等)

7.2.5.2 能认读代词(如你、我、他们)

7.2.5.3 能认读常用虚词(如在、啊、于)

7.2.6 对简单短句的阅读

7.2.6.1 能认读“谓语+宾语”的短句

7.2.6.2 能认读“主语+谓语+宾语”的常用简单短句

7.2.6.3 能认读含形容词、副词的常用短句

7.2.6.4 能认读其他常用短句

7.2.7 对疑问句的认读

7.2.7.1 能认读“是非问”的疑问句

7.2.7.2 能认读“选择问”的疑问句

7.2.8 能朗读课文

7.2.8.1 能认读两个以上句子

7.2.8.2 能阅读图文结合的文章

7.2.8.3 能阅读记叙文

7.2.8.4 能阅读说明文

7.2.8.5 能看懂应用文

7.2.8.6　能看懂简单的议论文

7.2.8.7　能够认读表格

7.2.9　能认识常用标点符号，体会标点符号所表达的语气

7.2.9.1　能认识逗号、句号，并了解逗号、句号所表达的语气

7.2.9.2　能认识问号，并了解问号所表达的语气

7.2.9.3　能认识感叹号，并了解感叹号所表达的语气

7.2.9.4　能认识其他标点符号，并了解其他标点符号所表达的语气

7.2.10　能理解课文

7.2.10.1　能借助课文中的图画理解

7.2.10.2　能借助生活经验理解

7.2.10.3　能结合上下文和生活实际了解课文中词句的意思

7.2.10.4　能在阅读中积累词语

7.2.10.5　能在课文中提取关键信息

7.2.11　能认读拼音

7.2.11.1　能认读声母

7.2.11.2　能认读韵母

7.2.11.3　能认读声调和整体认读音节

7.2.11.4　能拼读音节

7.2.11.5　能认识大小写字母

7.2.12　能使用字典、词典等工具

7.2.12.1　知道音序查字法，先查它的首字母，再查它的拼音

7.2.12.2　知道部首查字法，先查部首，再查除部首外还剩几画

7.2.12.3　难以确定部首又不知道读音的字，能用难检字查字法（笔画查字法）

7.2.13　能积极参与识字和阅读，有良好的阅读习惯

7.2.13.1　喜欢阅读，感受阅读的乐趣

7.2.13.2　养成爱护图书的习惯

7.2.13.3　积累自己喜欢的词语

7.3　写字与习作

7.3.1　具备写前能力

7.3.1.1 视线能集中于笔尖前

7.3.1.2 能持续注意写或画的活动

7.3.1.3 能够在纸上移动握笔的手

7.3.1.4 能够一手定住纸一手写字

7.3.1.5 视线能追随移动的笔尖

7.3.1.6 视线能够随手从左到右移动

7.3.1.7 能够从左到右书写

7.3.1.8 能够写字入格

7.3.1.9 能够以正确姿势写字(一拳一寸一尺、身正腰直头正)

7.3.1.10 能够分辨空间方位不同的相似图形

7.3.1.11 能够分辨空间方位不同的相似文字

7.3.1.12 能够使用铅笔、签字笔填写

7.3.1.13 能使用彩色笔画或填或写

7.3.1.14 能使用钢笔书写

7.3.2 能书写笔画

7.3.2.1 能写直线条的笔画(如一、丨)

7.3.2.2 能写曲线条的笔画(如儿)

7.3.2.3 能写直线条、曲线条相互组成的笔画(如乙)

7.3.3 能写简单汉字

7.3.3.1 能写直线条组成的汉字(如山、工)

7.3.3.2 能写曲线条组成的汉字(如水、子)

7.3.3.3 能写直线条组成的汉字部首(如扌、口)

7.3.3.4 能写曲线条组成的汉字部首(如阝)

7.3.3.5 能写两个部首组成的汉字(如杯、打)

7.3.4 能书写词语

7.3.4.1 能写人名、称呼(如李丽、爸爸)

7.3.4.2 能写常见物品名称(如桌、凳、书)

7.3.4.3 能写身体部位名称(如鼻、口、胃)

7.3.4.4 能写地理名称(如北京、重庆)

7.3.4.5 能写时间名称(如昨天、一会儿)

7.3.4.6 能写身体动作的动词
7.3.4.7 能写心理动作的动词
7.3.4.8 能写形容词
7.3.4.9 能写其他常用简单词语
7.3.5 能写句子
7.3.5.1 能写“谓语+宾语”的简单句子
7.3.5.2 能写“主语+谓语+宾语”的简单常用句子
7.3.5.3 能写其他常用简单句子
7.3.5.4 能写如“不要,不准”等禁止的否定句
7.3.5.5 能写如“不去,不做”等否决的否定句
7.3.5.6 能写因果关系的疑问句
7.3.5.7 能写其他简单疑问句
7.3.6 能写一段话
7.3.6.1 对写话有兴趣,留心周围事物,写自己想说的话
7.3.6.2 在写话中乐于运用阅读和生活中学到的词语
7.3.6.3 根据表达的需要,学习使用逗号、句号、问号、感叹号
7.3.7 能写留言条
7.3.7.1 能说出留言条的格式
7.3.7.2 能说写留言原因
7.3.7.3 能写留言条
7.3.8 能写病、事假条
7.3.8.1 能说出假条的格式
7.3.8.2 能说出请假的原因
7.3.8.3 能写假条
7.3.9 能写个人资料
7.3.9.1 知道写个人资料的格式
7.3.9.2 能说个人资料
7.3.9.3 能写个人资料
7.3.9.4 能做个人一日记事
7.3.10 能写信

7.3.10.1 能说出信的格式(信封及信内的格式)

7.3.10.2 能说出写信的某些原因及功用

7.3.10.3 能根据要求写信(含信封)

7.3.10.4 能写简单记叙文式简信

7.3.10.5 能收发电子邮件

7.3.11 能填写日常生活中常用的表、单

7.3.11.1 能填写汇款单、借款单及报账单

7.3.11.2 能填写电、气、水表

7.3.11.3 能填写个人病历

7.3.11.4 能填写其他常用表、单

8 生活数学

8.1 数前概念

8.1.1 比较

8.1.1.1 比较多与少

8.1.1.2 比较“一”和许多

8.1.1.3 比较有和无

8.1.1.4 同样多

8.1.2 顺序与规律

8.1.2.1 能模仿排列(给一组物品、图形、颜色的排列,让特殊儿童仿排)

8.1.2.2 能按顺序活动(串项链,按规律排物品、图形、颜色等)

8.1.3 变与不变

8.1.3.1 从两组相同数量的物品中各取一件,调换位置,两组数量不变(交换位置,数量不变)

8.1.3.2 能感受物品的变与不变

8.2 数的认识

8.2.1 认识数 1

8.2.1.1 点数数 1

8.2.1.2 懂得数量是 1 的物品,可以用数 1 表示

8.2.1.3　记住数字 1 的形状，能正确书写 1

8.2.2　认识数 2—5 各数

8.2.2.1　点数数 2—5

8.2.2.2　明白 2—5 表示的数量以及它们的组成

8.2.2.3　记住数字 2—5 的形状，能正确书写 2—5

8.2.2.4　比较 5 以内数的大小，认识“＞”、“＜”符号

8.2.3　认识 6—9 各数

8.2.3.1　点数数 6—9

8.2.3.2　明白 6—9 表示的数量以及它们的组成

8.2.3.3　记住数字 6—9 的形状，能正确书写 6—9

8.2.3.4　比较 9 以内数的大小

8.2.4　认识序数

8.2.4.1　认识第一与第十

8.2.4.2　了解第一到第十中每个数的次序和位置

8.2.4.3　能依序排列 1—10(由大到小或由小到大)

8.2.5　认识数“0”

8.2.5.1　了解数“0”的含义

8.2.5.2　能正确书写“0”

8.2.5.3　了解数“0”在日常生活中的作用

8.2.6　认识数 10

8.2.6.1　点数数 10。

8.2.6.2　明白 10 表示的数量以及它的组成。

8.2.6.3　记住数字 10 的形状，能正确书写 10

8.2.6.4　认识个位、十位

8.2.6.5　10 以内数的组成和分解

8.2.6.6　能唱数 1—10

8.2.6.7　能点数 1—10

8.2.6.8　能用不同方法点数(逐一点数，两两点数等)

8.2.7　认识 11—20 各数

8.2.7.1　点数数 11—20

8.2.7.2 明白 11—20 各数表示的数量

8.2.7.3 能正确书写 11—20

8.2.7.4 比较 20 以内数的大小

8.2.7.5 认识 20 以内每个数的次序和位置,能依序排列(由大到小或由小到大)

8.2.7.6 能唱数 1—20

8.2.7.7 能点数 1—20

8.2.8 认识 21—100 各数

8.2.8.1 点数数 21—100

8.2.8.2 明白 21—100 各数表示的数量

8.2.8.3 能正确书写 21—100

8.2.8.4 比较 100 以内数的大小

8.2.8.5 认识 100 以内每个数的次序和位置,能依序排列(由大到小或由小到大)

8.2.8.6 能唱数 1—100

8.2.8.7 能点数 1—100

8.2.8.8 能用不同方法点数 1—20,1—100(两两点数、五五点数、十十点数等)

8.2.8.9 认识和了解个位、十位、百位

8.2.9 认识 1 万以内的数

8.2.9.1 认识 1 千

8.2.9.2 认识 1 千以内的数

8.2.9.3 认识 1 万

8.2.9.4 认识 1 万以内的数

8.2.9.5 认识数位百位、千位和万位

8.2.10 认识比万大的数(大数)

8.2.10.1 了解多位数的数位和计数单位

8.2.10.2 了解本地及我国的人口数

8.2.11 认识生活中的数

8.2.11.1 认识公交车号、班级号、学号

8.2.11.2 会找楼(门)牌号、书中页码、火车站台号

8.2.11.3 认识电话号码，会使用电话(手机)数字键，拨打电话

8.2.11.4 认识学生、家人的年龄，会进行简单的比较

8.2.11.5 会使用存储柜及输入密码

8.2.11.6 会按小区声控门键

8.2.11.7 会按计算器、电脑上的键

8.2.11.8 认识扑克牌中的数

8.2.11.9 认识电子版的数字：1，2，3，4，5，6，7，8，8，10

8.2.11.10 认识小写数字：一，二，三，四，五，六，七，八，九，十

8.2.11.11 认识大写数字：壹，贰，叁，肆，伍，陆，柒，捌，玖，拾

8.2.11.12 认识邮编，能看懂天气预报中的气温

8.2.11.13 了解自己和家人的鞋号

8.2.11.14 会读号码(电话号码，楼牌号码，车辆号码等)，会读存款数

8.2.11.15 能看懂电表、水表、存款单等

8.2.11.16 知道自己家的电话号码

8.2.11.17 知道爸爸、妈妈的手机号码

8.2.11.18 会给家里打电话

8.2.11.19 会打电话给同学

8.2.11.20 知道特种电话号码的功能，会拨打特种电话号码 110、120、119 等

8.2.11.21 知道报警电话是 110

8.2.12 能认识简单小数

8.2.12.1 初步理解小数的含义

8.2.12.2 能认读小数

8.2.12.3 能读写小数

8.2.12.4 能认读商场中的物品价格。

8.2.13 能认识简单分数

8.2.13.1 了解部分与整体的关系

8.2.13.2 会认、读分数

8.2.13.3 在具体情境中，让学生初步理解分数和百分数的意义

8.2.13.4　会读写分数、百分数

8.2.13.5　简单同分母分数的大小比较

8.2.13.6　了解百分数在生活中的运用

8.3　数的运算

8.3.1　能计算10以内的加法

8.3.1.1　了解加法的含义

8.3.1.2　认识“+”、“=”符号,并会写加法算式

8.3.1.3　了解增加的概念

8.3.1.4　能计算5以内数的加法。

8.3.1.5　能计算10以内数的加法

8.3.1.6　能计算加法应用题

8.3.2　能计算10以内的减法

8.3.2.1　了解减法的含义

8.3.2.2　认识“-”符号,并会写减法算式

8.3.2.3　了解减少的概念

8.3.2.4　能计算5以内数的减法

8.3.2.5　能计算10以内数的减法

8.3.2.6　能计算减法应用题

8.3.3　能计算20以内数的加法

8.3.3.1　会计算10加几的加法

8.3.3.2　能计算20以内数的不进位加法

8.3.3.3　能计算20以内数的进位加法

8.3.4　能计算20以内数的减法

8.3.4.1　能计算20以内数不退位减法,并能进行口算

8.3.4.2　能计算20以内数的退位减法,并能进行口算

8.3.5　能计算100的加、减法

8.3.5.1　能计算100以内整十数加整十数,并能进行口算

8.3.5.2　能计算100以内整十数减整十数,并能进行口算

8.3.5.3　能计算两位数加一位数的加法(不进位\进位)

8.3.5.4　能计算两位数减一位数的减法(不退位\退位)

8.3.5.5 能计算两位数减两位数的减法(不退位\退位)

8.3.5.6 能计算两位数加两、三位数的笔算加法(不进位\进位)

8.3.5.7 能计算三位数减一、两位数的笔算减法(不退位\退位)

8.3.5.8 能计算加减混合运算

8.3.5.9 能计算加减混合应用题

8.3.6 能计算乘法

8.3.6.1 理解乘法的意义

8.3.6.2 掌握乘法口诀

8.3.6.3 能用乘法口算表计算表内乘法

8.3.6.4 能计算乘法

8.3.6.5 能计算乘法应用题

8.3.7 能计算除法

8.3.7.1 理解平均分的含义

8.3.7.2 能用平均分的方法分物品

8.3.7.3 会用乘法口诀口算表内除法

8.3.7.4 在分物品过程中理解有余数的除法

8.3.7.5 能计算除法应用题

8.3.8 四则混合运算

8.3.8.1 了解四则混合运算的运算顺序

8.3.8.2 能计算简单的四则混合运算

8.3.9 能使用计算器

8.3.9.1 知道计算器常用键的名称

8.3.9.2 知道计算器常用键的功能

8.3.9.3 使用计算器计算加减法

8.3.9.4 会用计算器计算乘除法

8.3.9.5 会用计算器计算小数乘法和简单的小数除法

8.3.9.6 会用计算器计算四则混合运算

8.3.10 会生活中数的计算

8.3.10.1 货物的单价、总价的认识

8.3.10.2 在购物中,会用计算器进行简单的计算

8.3.10.3　支出中够与不够的估算

8.3.10.4　日常生活中分配事物中的除法运用

8.4　量与计量

8.4.1　能区分大小、长短、高矮、厚薄、宽窄

8.4.1.1　能比较大小

8.4.1.2　能比较长短

8.4.1.3　能比较高矮

8.4.1.4　能比较厚薄、宽窄

8.4.2　能认识长度

8.4.2.1　对长度的感知(长短、高矮、远近等)

8.4.2.2　长度的比较(比较的方法)

8.4.2.3　认识长度单位千米、米、分米、厘米、毫米

8.4.2.4　会进行简单的单位换算

8.4.2.5　能认识测量长度的工具

8.4.2.6　能估计一些物体的长度

8.4.2.7　会选择长度单位和测量工具进行测量

8.4.3　能认识人民币

8.4.3.1　认识元、角

8.4.3.2　认识二十元、五十元、一百元

8.4.3.3　会数千元以上的钱，会拿指定数目的钱

8.4.3.4　能比较不同面值人民币的大小

8.4.3.5　初步认识简单商品的价签

8.4.3.6　能用人民币购买物品

8.4.4　能认识时间

8.4.4.1　认识钟表

8.4.4.2　能读出整点和半点

8.4.4.3　认识几时几分，会看、读时间

8.4.4.4　能看懂作息时间表

8.4.4.5　了解 12 时与 24 时计时法

8.4.4.6　认识年、月、日

8.4.4.7 认识季、度、旬

8.4.5 能认识面积单位

8.4.5.1 对面积的感知

8.4.5.2 面积的比较

8.4.5.3 常用的面积单位。

8.4.6 能认识体积单位

8.4.6.1 对体积的感知

8.4.6.2 体积的比较

8.4.6.3 常用的体积单位

8.4.7 测量物体的质量

8.4.7.1 感知物体的轻重

8.4.7.2 认识质量单位:克、千克。

8.4.7.3 认识以克、千克为刻度单位的工具

8.4.7.4 能估计一些物品的质量

8.4.7.5 了解质量单位:吨

8.4.8 能认识容积单位

8.4.8.1 对容积的感知:和容积相关的对比概念(装得多、装得少、溢出、满、未满)

8.4.8.2 了解容积的意义

8.4.8.3 容积比较(目测比较、间接比较等)

8.4.8.4 认识升、毫升

8.4.9 能认识速度

8.4.9.1 速度的含义(对速度的感觉,感受快与慢)

8.4.9.2 速度的比较(目测、间接比较)

8.4.9.3 了解常用的速度单位

8.4.10 会生活中的计量

8.4.10.1 会量体温,会读体温表中的数据

8.4.10.2 会测量身高

8.4.10.3 会称重量

8.4.10.4 了解商品中的折扣,会购物

8.4.10.5 记录收入与支出,会储蓄

8.5 空间与图形

8.5.1 认识前后、左右、里外、上下、上中下、曲直

8.5.1.1 认识前后

8.5.1.2 认识左右

8.5.1.3 认识里外

8.5.1.4 认识上下、上中下

8.5.1.5 认识曲和直

8.5.2 认识直线、线段

8.5.2.1 能说出直线、线段的名称

8.5.2.2 能辨认直线、线段

8.5.3 认识圆形

8.5.3.1 能指认出圆形

8.5.3.2 能画出圆形

8.5.3.3 能说出日常生活中所见的物品是圆形的

8.5.4 认识直角、锐角、钝角

8.5.3.1 能指认出直角、锐角、钝角

8.5.3.2 能画出直角、锐角、钝角

8.5.3.3 能说出日常生活中所见的直角、锐角、钝角

8.5.5 认识正方形、长方形

8.5.5.1 能指认出正方形

8.5.5.2 能画或折出正方形

8.5.5.3 能说出日常生活中所见的物品是正方形的

8.5.5.4 能指认出长方形

8.5.5.5 能画或折出长方形

8.5.5.6 能说出日常生活中所见的物品是长方形的

8.5.6 认识三角形

8.5.6.1 能指认出三角形

8.5.6.2 能画或折出三角形

8.5.6.3 能说出日常生活中所见的物品是三角形的

8.5.7 认识平行四边形

8.5.7.1 能指认平行四边形

8.5.7.2 能跟随老师画出平行四边形

8.5.7.3 能说出日常生活中所见的物品是平行四边形的

8.5.7.4 能按老师的指示在纸上画或折出平行四边形

8.5.8 认识梯形

8.5.8.1 能指认梯形

8.5.8.2 能跟随老师画出梯形

8.5.8.3 能说出日常生活中所见的物品是梯形的

8.5.8.4 能按老师的指示在纸上画或折出梯形

8.5.9 认识长方体

8.5.9.1 能看图说出长方体的名称

8.5.9.2 能指出日常生活中常见的物体是长方体

8.5.9.3 认识长方体的长、宽、高

8.5.10 认识正方体

8.5.10.1 能看图说出正方体的名称

8.5.10.2 能指出日常生活中常见的物体是正方体

8.5.10.3 认识正方体的棱长

8.5.11 认识圆柱、圆锥和球体

8.5.11.1 能看图说出圆柱、圆锥和球的名称

8.5.11.2 能指出日常生活中常见的物体是圆柱、圆锥和球

8.5.11.3 通过实物和模型辨认圆柱、圆锥和球等立体图形

8.5.12 图形与位置

8.5.12.1 会用上、下、左、右、前、后描述物体的相对位置

8.5.12.2 能辨认东、南、西、北四个方向

8.5.12.3 从不同角度看这个物体，辨认从正面、侧面、上面观察到的简单物体的形状

8.5.13 图形的周长、面积、体积

8.5.13.1 能计算长方形、正方形、三角形和梯形的周长

8.5.13.2 长方形、正方形面积的计算

8.5.13.3 了解学校的占地面积,我国的国土面积

8.5.13.4 能计算长方体、正方形的体积

8.5.14 拼图游戏

8.5.14.1 用长方形、正方形、三角形、平行四边形或圆拼图

8.5.14.2 能对简单的图形进行分类

8.6 统计与概率

8.6.1 生活中的统计

8.6.1.1 统计全班人数、男女生人数,了解他们的年龄、身高、体重

8.6.1.2 用简易符号记录活动结果

8.6.1.3 将活动资料简化成记录表

8.6.1.4 用画正字等的方法记录数据

8.6.1.5 将活动记录数据整理成统计表,看懂并能制作简单统计图

8.6.1.6 根据统计图表中的数据回答简单的问题

8.6.2 生活中的概率

8.6.2.1 初步体验有些事件的发生是确定的,有些则是不确定的

8.6.2.2 知道事件发生的可能性是有大有小的

8.6.2.3 通过摸球游戏,体验事件发生的可能性大小

8.7 实践与应用

8.7.1 知道自家门牌号

8.7.1.1 能认识门牌号

8.7.1.2 知道自己家的门牌号

8.7.2 统计全班人数、男女生人数,了解他们的年龄、身高、体重

8.7.2.1 知道自己班级的人数

8.7.2.2 知道自己班级男生人数

8.7.2.3 知道自己班级女生人数

8.7.2.4 了解班上同学的年龄、身高、体重

8.7.3 知道昨天、今天、明天;知道白天、黑夜;知道上课、下课;知道一周有七天

8.7.3.1 知道昨天、今天、明天

8.7.3.2 知道白天、黑夜

8.7.3.3　知道上课、下课

8.7.3.4　知道一周有七天

8.7.4　知道自家电话，会打电话给同学

8.7.4.1　知道自己家的电话号码

8.7.4.2　知道爸爸、妈妈的手机号码

8.7.4.3　会给家里打电话

8.7.4.4　会打电话给同学

8.7.5　知道特种电话号码的功能，会拨打特种电话号码 110、120、118 等

8.7.5.1　知道报警电话是 110

8.7.5.2　知道急救电话是 120

8.7.5.3　知道火警电话是 119

8.7.5.4　会拨打特种电话 110、120、119 等

8.7.6　购买与测量

8.7.6.1　会购买生活用品

8.7.6.2　会量体温，会读体温表中的数据

8.7.6.3　会测量身高，会称体重

8.7.7　购物中的实用计算

8.7.7.1　货物质量的认识

8.7.7.2　货物单价、总价的认识

8.7.7.3　购物中会用计算器进行简单的计算

8.7.8　生活中的分配物品

8.7.8.1　支出中够与不够的估算

8.7.8.2　日常生活中分配事物中的除法运用

8.7.9　简单理财

8.7.9.1　了解商品中的折扣，会购物

8.7.9.2　记录收入与支出，会储蓄

9　生活常识

9.1　认识常见动物

9.1.1　认识家禽家畜

9.1.1.1　看见家禽家畜能够说出其名称

9.1.1.2　看见家禽家畜的图片能说出其名称

9.1.1.3　能举出三种家禽(如鸡、鸭、鹅)

9.1.1.4　能说出家禽的特征(如两条腿有羽毛,有翅膀以及吃什么食物等)

9.1.1.5　能辨别出家禽的叫声

9.1.1.6　能说别出几种常见家畜(如狗、猫、猪、牛、羊、马等)

9.1.1.7　能说别出家畜的特征(如四条腿,吃什么,是人们饲养的等)

9.1.1.8　能辨别出家畜的叫声

9.1.1.9　能辨别出家禽家畜的幼年与成年

9.1.1.10　能指出家禽是卵生的,家畜是胎生的

9.1.1.11　能说家禽家畜与人类的关系(家禽生蛋给人吃或直接给人吃,狗看门,牛耕田,牛皮可做鞋等)

9.1.2　认识野兽

9.1.2.1　在动物园中看见野兽能说出其名称

9.1.2.2　看见十张野兽图片能说出六种以上的名称(如虎、狼、大熊猫、狐狸、猴、大象、狮子、豹等)

9.1.2.3　看见图片能指出哪些是家禽,哪些是野兽

9.1.2.4　能举出野兽的特征(如四条腿、食物、生活地、生活习性等)

9.1.2.5　能指出野兽与人类的关系(如哪些有害于人们、哪些对人有益)

9.1.2.6　知道保护野生动物

9.1.3　认识昆虫

9.1.3.1　看见图片能说出五种以上常见昆虫(如蝴蝶、蜜蜂、蜻蜓、螳螂、蝉、蚊子、苍蝇等)

9.1.3.2　能说出昆虫有几双脚

9.1.3.3　能说出大部分昆虫有几对翅膀

9.1.3.4　能指出一种昆虫的头、身体、脚和触角

9.1.3.5　能说出哪些昆虫是益虫,哪些昆虫是害虫

9.1.4　认识水中动物

9.1.4.1　至少能说出一种水中动物(如鱼)

9.1.4.2　能说出鱼的头部、胸部、腹部、背部、尾部

9.1.4.3　能说出鱼有鳞

9.1.4.4　能说出鱼用鳃呼吸,用鳍游泳

9.1.4.5　能说出鱼的生活习性(如离不开水)

9.1.4.6　能说出鱼的食物(至少一种)

9.1.4.7　能说出鱼可食用(金鱼供观赏)

9.1.5　认识两栖动物及爬行动物

9.1.5.1　至少能说出一种两栖动物的名称(如青蛙)

9.1.5.2　能说出青蛙的栖息环境(水中和陆地)

9.1.5.3　能说出青蛙是由蝌蚪变来的

9.1.5.4　能说出青蛙和蝌蚪的外形

9.1.5.5　知道青蛙是有益动物,帮人类捉害虫

9.1.5.6　至少能说出一种爬行动物(如蛇)

9.1.5.7　能说出蛇无脚

9.1.5.8　能说出蛇是帮人类捉田鼠的有益动物

9.1.5.9　知道青蛙和蛇都要冬眠

9.1.5.10　知道保护青蛙与蛇

9.1.6　认识鸟类

9.1.6.1　能说出五种以上鸟类的名称(如燕子、乌鸦、啄木鸟、鸽子、猫头鹰、麻雀等)

9.1.6.2　看见图片能指出哪些是家禽,哪些是鸟类

9.1.6.3　能说出鸟的特征(如有羽毛,有翅膀,两只脚,多生活在树上)

9.1.6.4　能说出鸟类与人的关系(如燕子消灭害虫,猫头鹰抓老鼠等)

9.1.6.5　知道人要保护鸟类

9.1.7　小动物的饲养

9.1.7.1　知道饲养小动物有利于身心健康

9.1.7.2　知道自己最喜欢的小动物

9.1.7.3　知道自己最喜欢的小动物的生活习性

9.1.7.4　知道自己最喜欢的小动物的饲养方法

9.2 认识常见植物

9.2.1 认识常见水果

9.2.1.1 能看见水果说出其名称

9.2.1.2 看见常见水果图片能说出其名称

9.2.1.3 能举几种常见水果(如苹果、梨、香蕉、葡萄、桃、李、杏、广柑、橘柑等)

9.2.1.4 知道常见水果的吃法

9.2.1.5 能指出不同季节中常见的水果

9.2.1.6 能说出自己最喜欢吃的水果

9.2.2 认识常见蔬菜

9.2.2.1 看见蔬菜能说出其名称

9.2.2.2 看见常见蔬菜的图片能说出其名称

9.2.2.3 能举出几种常见蔬菜

9.2.2.4 知道多吃蔬菜有助于身体健康

9.2.2.5 能指出不同季节中常见的蔬菜

9.2.2.6 能说出自己最喜欢吃的蔬菜

9.2.3 认识常见农作物

9.2.3.1 能看见图片说出农作物名称

9.2.3.2 能举出常见农作物名称

9.2.3.3 能说出米是稻谷做的

9.2.3.4 能说出面粉是小麦做的

9.2.3.5 能说出由面粉做的食品(至少三种)

9.2.3.6 能说出不同季节中生产的农作物

9.2.3.7 能认识植物(如水稻、小麦、玉米)的不同生长期

9.2.3.8 能说出植物(如水稻、小麦、玉米)的生长习性

9.2.3.9 知道爱护庄稼

9.2.3.10 知道要节约爱惜粮食

9.2.4 认识花、草、树木

9.2.4.1 能分清花、草、树木

9.2.4.2 能说出几种常见花的名称

9.2.4.3 能说出花的特征(如有香味)

9.2.4.4 能说出自己最喜欢的花

9.2.4.5 能描述自己最喜欢的花的颜色、形状

9.2.4.6 能说出几种常见树的名称

9.2.4.7 能举出树的几种用途

9.2.4.8 能根据花、草、树木认出夏天与冬天的图片

9.2.4.9 能说出有些树在冬天会掉叶

9.2.4.10 能说出花、草、树木在春夏最茂盛

9.2.4.11 能说出不同季节的花

9.2.4.12 能按时给花木浇水

9.2.4.13 能不攀折花木,不践踏草地

9.2.4.14 能在看见别人攀折花木,践踏草地时知道这是错的

9.2.4.15 能说出所有植物生长都离不开阳光和水

9.2.5 花、草、树木的种植

9.2.5.1 知道花、草、树木的种植是一种休闲

9.2.5.2 知道种植花、草、树木可以绿化与美化环境

9.2.5.3 知道不同的花、草、树木的种植方法

9.2.5.4 知道不同的花、草、树木的保护、培养方法

9.2.5.5 知道在适当的时间、适当的地点种植花、草、树木

9.3 认识天气与四季

9.3.1 认识、观察天气状况

9.3.1.1 知道四种天气类别(晴天,阴天,雨天,雪天)

9.3.1.2 能说出晴天是有太阳的天气

9.3.1.3 能说出雨天的天气特征

9.3.1.4 能说出阴天和多云的天气特征

9.3.1.5 能说出雪天的天气特征

9.3.1.6 能描述风向

9.3.1.7 能看(听)懂天气预报

9.3.1.8 能记录每天的天气及气温

9.3.2 认识四季变化

9.3.2.1　能说出一年中的四季

9.3.2.2　能以图片中的情形判断季节

9.3.2.3　能描述春天的景色(自然界与人们的生活)

9.3.2.4　能描述夏天的景色

9.3.2.5　能描述秋天的景色

9.3.2.6　能描述冬天的景色

9.3.2.7　能了解主要节气(春分、夏至、秋分、冬至)的时间与意义

9.3.3　认识天气冷热变化

9.3.3.1　能说出今天的天气

9.3.3.2　能说出今天的冷热状况

9.3.3.3　能说出夏天热该怎么办

9.3.3.4　能说出冬天冷该怎么办

9.3.3.5　能依据天气冷热变化增减衣物

9.4　认识地理环境

9.4.1　认识各种自然环境

9.4.1.1　能认识山

9.4.1.2　能认识河流

9.4.1.3　能认识农田

9.4.1.4　能认识沟渠

9.4.1.5　能认识丘陵

9.4.1.6　能认识盆地

9.4.1.7　能认识平原

9.4.1.8　能认识湖泊

9.4.1.9　能认识海洋

9.4.1.10　能认识草原

9.4.1.11　能认识沙漠

9.4.1.12　能认识森林

9.4.1.13　能认识山区

9.4.1.14　能认识农村

9.4.1.15　能认识城市

9.4.2 认识周围环境

9.4.2.1 能说出自己的居住地(某区某街某号或某县某乡某村等)

9.4.2.2 能说出自己居住地的环境(如在山脚、水边)

9.4.2.3 能说出学校的名称

9.4.2.4 能说出学校的地址

9.4.2.5 能独自从家到校上学或放学回家

9.4.2.6 了解家乡的地理概况(如风景区、特产、发展变化等)

9.4.2.7 初步辨认方向:东、西、南、北

9.4.3 知道我国基本地理概况

9.4.3.1 能从世界地图中找出中国的位置

9.4.3.2 能从中国地图中找出家乡所在省位置(如四川省、陕西省等)

9.4.3.3 能从本省地图中找出家乡的位置

9.4.3.4 了解我国的几大河流(如长江、黄河、淮河、珠江、松花江等)

9.4.3.5 了解我国主要山脉

9.4.3.6 了解我国地势(西高东低)

9.4.3.7 了解我国四大高原(青藏高原、内蒙古高原、云贵高原、黄土高原)

9.4.3.8 了解我国三大平原(东北平原、华北平原、长江中下游平原)

9.4.3.9 了解我国四大盆地(四川盆地、塔里木盆地、准噶尔盆地、柴达木盆地)

9.4.3.10 知道家乡的地理特点

9.4.3.11 知道我国有丰富的物产

9.4.3.12 知道保护土地的重要

9.4.3.13 知道我国有34个省级行政单位(其中4个直辖市、23个省、5个自治区、2个特别行政区)

9.4.4 知道地球的基本概况

9.4.4.1 知道地球的形状是球形

9.4.4.2 能说出七大洲

9.4.4.3 能说出四大洋

9.4.4.4 知道地球表面海洋面积比陆地面积大

9.4.4.5　知道我国处于亚洲

9.4.4.6　知道我国的邻国

9.4.4.7　知道地球上几个主要国家(如美、日、法、英、俄、德、意)

9.4.4.8　知道地球上有几种不同肤色的人种(黄、黑、白、棕)

9.4.4.9　知道我们是黄色人种

9.4.4.10　知道地球以外有太阳、月亮、星星

9.4.4.11　知道地球绕太阳转

9.4.4.12　知道地球上白天能看见东西是因为有太阳光

9.4.4.13　知道月亮绕地球转

9.4.4.14　知道我们之所以能看见月亮是因为月亮反射太阳光

9.4.4.15　能说出月亮最圆最亮的是哪一天

9.4.4.16　能说出太阳和月亮都是东升西落

9.5　其他有关自然知识

9.5.1　认识了解水

9.5.1.1　初步了解水的用途

9.5.1.2　知道节约用水

9.5.1.3　初步了解水的三态变化(自然界中雨、冰、雪、露、霜、水蒸气等)

9.5.1.4　知道水的危害,学会保护自己

9.5.2　认识了解火

9.5.2.1　知道火的用途

9.5.2.2　知道火的危害

9.5.2.3　学习防火知识

9.5.3　认识了解声、光、电、热、磁等

9.5.3.1　知道我们能听见是因为有声音的缘故

9.5.3.2　能通过不同的声音辨别物体

9.5.3.3　知道我们之所以能看得见是因为有光的缘故

9.5.3.4　认识发光的物体和不发光的物体

9.5.3.5　知道光的发射

9.5.3.6　知道我们生活离不开电

9.5.3.7　知道电的危险,认识触电危险的标志

9.5.3.8 初步懂得安全用电常识

9.5.3.9 认识物体的热胀冷缩现象

9.5.3.10 认识磁铁，了解磁铁能吸铁的性质

9.5.3.11 认识沙、石、土的用途

9.6 习俗传统

9.6.1 认识常见的节日

9.6.1.1 知道10月1日是国庆节，国庆节是庆祝中华人共和国诞生的日子

9.6.1.2 知道6月1日是国际儿童节(是小朋友自己的节日)

9.6.1.3 知道5月1日是劳动节(我们应该热爱劳动)

9.6.1.4 知道9月10日是教师节(我们应尊敬教师)

9.6.1.5 知道8月1日是中国人民解放军的建军节(我们要热爱解放军)

9.6.1.6 知道7月1日是中国共产党成立纪念日(我们要热爱共产党)

9.6.1.7 知道元旦是新年的开始

9.6.1.8 知道春节是我国传统的新年

9.6.1.9 知道清明节是我国传统祭祖、扫墓的节日

9.6.1.10 知道端午节是农历五月初五(人们用吃粽子，赛龙舟来庆祝)

9.6.1.11 知道中秋节是农历八月十五以及中秋的意义

9.6.1.12 能了解生日的意义及庆祝方式

9.6.1.13 知道自己及家人、好友的生日

9.6.2 知道风俗、文化

9.6.2.1 能说出家庭成员的称谓及名字

9.6.2.2 能了解遵循家庭伦理道德(孝顺长辈与同辈友好相处、直系与旁系等)

9.6.2.3 能了解一般习俗(如祝寿、探病、婚礼、丧礼、访亲友、扫墓等)

9.6.2.4 能了解我国传统节日的来历及庆祝方式

9.6.2.5 能了解农历与公历的意义

9.6.2.6 能了解24节气与农业生产的关系

9.6.2.7 知道我国及本地著名的名胜古迹和风景游览区

9.6.2.8 知道保护名胜古迹、风景区

9.6.3 了解历史知识

9.6.3.1 知道我国有悠久的历史(古代中国政治、经济、文化领先世界)

9.6.3.2 知道我国四大发明

9.6.3.3 能初步了解我国古代社会的一般特点

9.6.3.4 知道几个古代有作为的皇帝(如秦始皇、汉武帝、唐太宗、宋太祖、明太祖、康熙帝)

9.6.3.5 知道炎黄传说(了解我们是炎黄子孙的来历)

9.6.3.6 知道几个古代文化名人(如孔子、孟子、张衡、朱熹等)

9.6.3.7 能了解鸦片战争与林则徐

9.6.3.8 能了解辛亥革命与孙中山

9.6.3.9 能了解五四运动

9.6.3.10 能了解中国共产党成立

9.6.3.11 能了解南昌起义

9.6.3.12 能了解长征

9.6.3.13 能了解抗日战争

9.6.3.14 能了解解放战争

9.6.3.15 能了解中华人民共和国成立

9.6.3.16 知道自己家乡的起源历史

9.6.3.17 知道家乡的近代史

9.7 权利与义务

9.7.1 了解相关法律、法规

9.7.1.1 能了解《残疾人保障法》有关内容,知道保护自己的权利

9.7.1.2 能了解《义务教育法》,知道自己受教育既是权利又是义务

9.7.1.3 能了解我国的婚姻制度(一夫一妻)

9.7.1.4 能了解我国有关结婚的条件(如法定年龄、近亲不能结婚等)

9.7.1.5 能了解有关离婚的规定

9.7.1.6 能了解民法中关于财产处理的规定(如遗产继承的规定)

9.7.1.7 能知道《治安管理处罚条例》的内容

9.7.1.8 能了解与遵守日常生活中的各项规章制度(如交通规则、校

规校纪等）

9.7.1.9　知道守法的重要性

9.7.1.10　知道违法就要受到惩罚

9.7.1.11　能了解法律是保护好人并惩罚坏人的

9.7.1.12　知道向何处求教有关法律问题

9.7.1.13　能了解宪法是国家的根本大法

9.7.2　能做好社会角色

9.7.2.1　认识职业（工人、农民、解放军、知识分子等）

9.7.2.2　知道作为一个人应该遵守一定的社会公德

9.7.2.3　知道人应有良好的个人品德（如准时、诚实、合群、尊重隐私等）

9.7.2.4　知道人在不同场合扮演不同角色并有不同的权利与义务

9.7.2.5　能在学校中遵循学校规范

9.7.2.6　能在家庭中遵循家庭规范

9.7.2.7　能在生活中实践五讲四美三热爱

9.7.2.8　能在不同社区活动中认识自己的角色并享受权利履行义务

9.7.2.9　知道作为国家公民必须守法

9.7.2.10　能认识、使用、爱护公共设施

9.7.2.11　能积极参与公共事务

9.8　国情

9.8.1　具备基本国情知识

9.8.1.1　能说出我国的首都是北京

9.8.1.2　能说出我国的国旗是五星红旗

9.8.1.3　知道国旗的颜色、图案及含义

9.8.1.4　知道红领巾是国旗的一角，要爱护红领巾

9.8.1.5　能认识国徽，知道国徽的颜色和图案的含义

9.8.1.6　会唱我国的国歌

9.8.1.7　能认识不同面值的人民币

9.8.1.8　知道我国的版图、政区、人口、面积

9.8.1.9　知道我国是以汉族为主体的多民族国家（有 56 个民族）

9.8.1.10　知道各民族一律平等

9.8.1.11 能说出自己的民族

9.8.1.12 能说出中华民族的含义

9.8.1.13 能尊重各民族的风俗习惯

9.8.1.14 知道我国地大物博,人口众多

9.8.1.15 知道我国正在实行计划生育政策

9.8.1.16 能了解有关计划生育政策并自觉遵守计划生育政策

9.8.1.17 能说出我国是社会主义国家(执政党是共产党)

9.8.1.18 知道我国正在进行改革开放和发展经济

9.8.1.19 能说出环境保护的意义

9.8.1.20 能自觉保护环境

9.8.2 具有爱国行为

9.8.2.1 唱国歌要立正

9.8.2.2 尊敬党和国家领导人

9.8.2.3 遇升降国旗要肃立致敬

9.8.2.4 尊重外国友人

9.8.2.5 能简述本民族、本地区的英雄事迹

9.8.2.6 能了解历史上和当今英雄人物的爱国事迹

9.8.2.7 能了解历史上爱国与卖国的史实

9.8.2.8 能认识了解国家与个人的关系

10 职业准备

10.1 职业态度

10.1.1 有积极的工作愿望

10.1.1.1 知道工作的意义

10.1.1.2 具有工作意愿

10.1.1.3 能主动寻求工作机会

10.1.1.4 愿意参加职业培训

10.1.2 有端正的工作态度

10.1.2.1 严格遵守作息时间(准时上下班,不无故缺席、迟到、早退等)

10.1.2.2 严格遵守各项规章制度

10.1.2.3 保持愉快乐观的情绪(若无严重刺激,一般能保持情绪稳定、愉快、乐观)

10.1.2.4 在工作时段专心努力工作(能吃苦耐劳,工作中有维持工作品质的概念)

10.1.2.5 自信(对自己的能力有适当的信心,敢于尝试,学习做新工作,接受新任务)

10.1.2.6 有责任感(对于交付的工作任务能时时挂心,设法完成,遇困难会寻求解决的途径,不随意放弃努力)

10.1.2.7 服从(对指派的工作无论喜欢与否,就口头和行为均乐于接受)

10.1.2.8 有适当竞争心理(工作中具有适当追求成功或比他人优秀的心理,当工作伙伴表现较佳时,如产品的数量质量比自己好时,有见贤思齐的表现)

10.1.2.9 谨慎(在工作中随时细心地确保工作的安全与质量,不粗鲁莽撞,操作过程小心谨慎,不出差错)

10.1.2.10 克服压力(在有工作压力的情况下工作时,能维持内心平和及工作品质,能忍受辛苦挫折)

10.1.2.11 有始有终(能专注地努力完成交付的工作,不受环境或其他刺激干扰,不中途退缩、放弃或虎头蛇尾)

10.1.2.12 接受批评(能接受领导和他人的批评,并改正自己的错误,不会产生情绪反弹)

10.1.3 有良好的职业习惯

10.1.3.1 养成守时的习惯

10.1.3.2 养成安全操作的习惯

10.1.3.3 养成独立完成本职工作的习惯(培养独立完成分内工作,不会要求他人帮忙或非必要的协助,不需他人提醒督促就能进行工作的习惯)

10.1.3.4 养成收拾的习惯(工作告一段落时,有收拾现场、物归原位的习惯)

10.1.3.5 养成认真负责对待工作的习惯

10.1.3.6 养成爱清洁、讲卫生、文明礼貌的习惯

10.2 职业知识

10.2.1 具备相关的职业知识

10.2.1.1 认识自己的兴趣和专长(能认识自己的工作兴趣、工作能力和限制)

10.2.1.2 了解社区所能提供的工作条件及性质(知道适合自己的职业)

10.2.1.3 了解求职技巧(知道如何寻找工作机会,如查找就业资讯,理解就业资讯,运用就业资讯及掌握面谈技巧等)

10.2.1.4 认识工作环境(如工作地点、交通路线、工作设备、工作单位各配套设施的位置及使用,知道上厕所、吃饭、洗澡及看病等的地方)

10.2.1.5 懂得职业安全常识(知道安全守则、安全生产操作规程,了解指示危险的标示、消防知识、急救知识以及设备的保养和常见故障的排除,简单的维修)

10.2.1.6 薪资处理(如薪金的计算和薪金的领取,薪资使用计划,薪资使用,薪资储存)

10.2.1.7 工作合约的签定和履行(知道在参加工作之前与工作单位签定书面的工作合约,工作合约的内容主要包括:双方承担的责任和义务、违约责任、合同的合法性、合同的有效期限等;在参加工作之后双方要认真履行,知道工作合约的法律效力)

10.2.1.8 劳保福利(了解劳动法、劳动保险,了解工时、假期的基本权益,了解女工的基本权益,了解健康检查等其他重要权益的知识)

10.2.1.9 职业知识准备(对选定的职业所需专业知识的准备)

10.3 职业能力

10.3.1 认识同事

10.3.1.1 能认识与同事、领导的隶属关系

10.3.1.2 能认识与自己有关系的其他部门、工作性质及与自己工作的关系(如财会人员、保管员、检验员)

10.3.2 协调相互关系

10.3.2.1 服从管理和指挥

10.3.2.2 对同事表现友善、接纳、合作等态度

10.3.2.3 会用口语或非口语方式与同事适当沟通(表达正向情感;赞美、喜欢他人等;表达负面的情绪:生气、害怕、忧伤等)

10.3.2.4 知道如何倾听和适当反应(如当其他人在讲话时,能倾听且不随意打断谈话)

10.3.2.5 知道如何与人建立并维持友谊(如会找同事做朋友,与同事融洽相处)

10.3.2.6 会对他人的赞美做出适当反应

10.3.2.7 对他人的批评也能做出适当反应并改正

10.3.2.8 能以适当的方式请求协助

10.3.2.9 能适当地协助同事

10.3.2.10 能以适当的方式道歉

10.3.2.11 能判断开玩笑或胡闹

10.3.2.12 能控制脾气

10.3.3 具备交往礼仪

10.3.3.1 能维持令人满意的个人卫生(如保持外表整洁:保持头发指甲及衣着整洁,牙齿清洁,无口臭或其他异味)

10.3.3.2 能礼貌待人(如在各种社交场合的表现:适当的问候,适当的歉意,尊重他人,礼让他人,与他人分享所有物,分享经验等)

10.3.3.3 无习惯性动作和语言(没有若干不自觉的或难以控制的习癖动作或语言,如咬手指、晃动身体、不分场合发出怪声音、紧随人、讲脏话或口头禅等)

10.3.3.4 给人信任感(说实话、诚实,并能坦承错误)

10.3.3.5 信守承诺(在与别人交往中不会有"忘记"、"反悔"、"中途变卦"、"缺席"等不可靠表现)

10.3.3.6 不随便拿取他人的东西(对于非自己的物品、金钱、财务不会私自取走)

10.3.3.7 对异性能表现适宜的举止(不给人轻浮、轻佻的感觉,不随便拉人的手,与人拥抱,更不能对异性有骚扰、侵犯的行为或裸露自己)

10.3.4 具备职业技能

10.3.4.1 体能准备(具备持续工作的体力和耐力)

10.3.4.2 具备职业所需的操作技能(能适当使用工具,能完成正确的工作步骤,会自我检查、修正工作,能维持与别人相当的正确率,能保持与他人相当的工作速度等)

10.3.4.3 智能准备(能理解主管指令,并按要求工作;能辨识自己应加强的工作能力;会设法自己解决工作中的困难和求助;具备一定的应变能力)

# 综合发展侧面图举例

图一

学生姓名:苟××　性别:男　出生日期:2007 年 11 月 30 日

第一次评量:2014 年 5 月 18 日　评量者:陈建军　颜色:黑色　第二次评量:　年　月　日　评量者:　颜色:

第三次评量:　年　月　日　评量者:　颜色:　第四次评量:　年　月　日　评量者:　颜色:

第五次评量:　年　月　日　评量者:　颜色:　第六次评量:　年　月　日　评量者:　颜色:

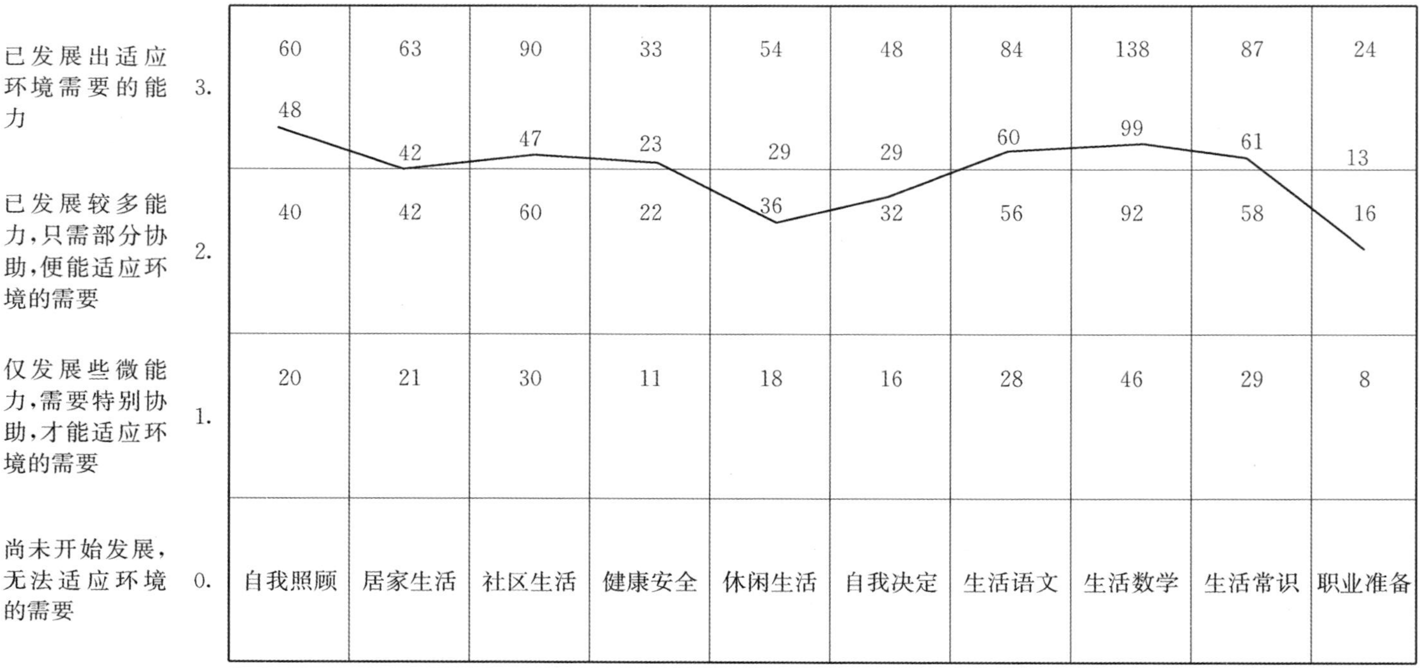

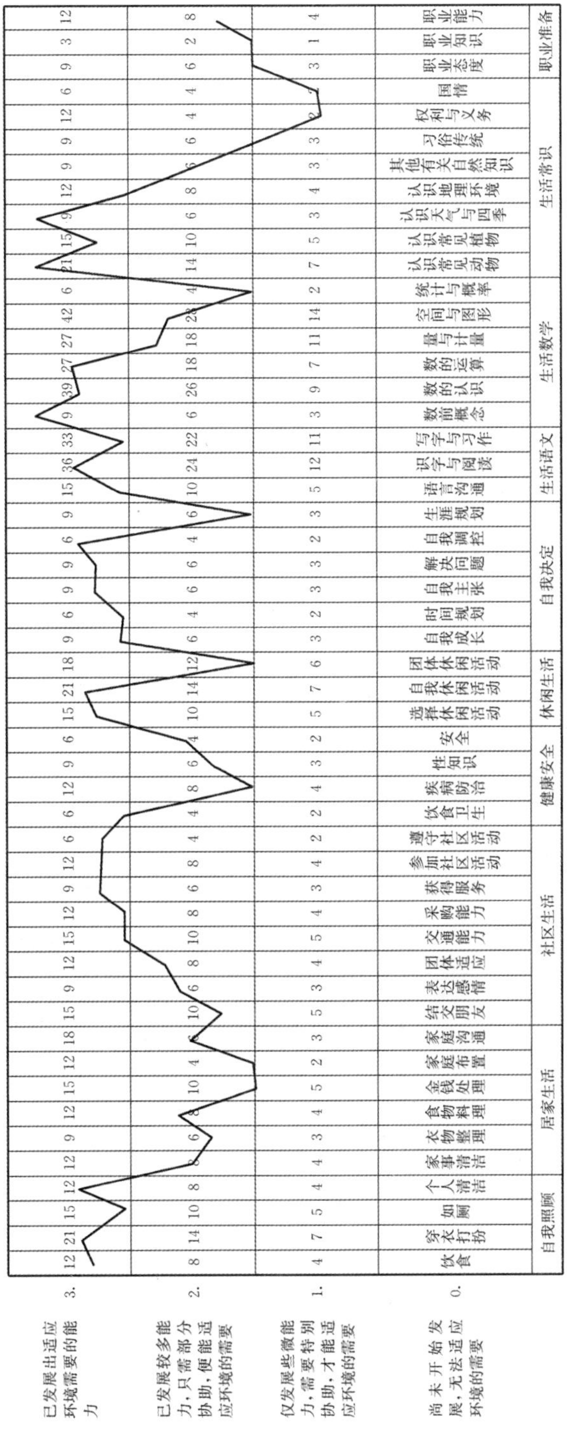
3. 已发展出适应环境需要的能力
2. 已发展较多能力，只需部分协助，便能适应环境的需要
1. 仅发展些微能力，需要特别协助，才能适应环境的需要
0. 尚未开始发展，无法适应环境的需要
自我照顾
饮食 穿衣打扮 如厕
居家生活
个人清洁 家事清洁 衣物整理 食物料理 金钱处理 家庭布置
社区生活
家庭沟通 结交朋友 表达感情 团体适应 交通能力 采购能力 获得服务 参加社区活动 遵守社区活动
健康安全
饮食卫生 疾病防治 性知识 安全
休闲生活
选择休闲活动 自我休闲活动 团体休闲活动
自我决定
自我成长 时间规划 自我主张 解决问题 自我调控 生涯规划
生活语文
语言沟通 识字与阅读 写字与习作
生活数学
数前概念 数的认识 数的运算 量与计量 空间与图形 统计与概率
生活常识
认识常见动物 认识常见植物 认识天气与四季 认识地理环境 其他有关自然知识 习俗传统 权利与义务 国情
职业准备
职业态度 职业知识 职业能力
12 21 15 12 12 9 12 15 12 18 15 9 12 15 12 9 12 6 6 12 9 6 15 21 18 9 6 9 9 6 9 15 36 33 9 39 27 27 42 6 21 15 9 12 9 9 12 6 9 3 12
8 14 10 8 8 6 8 10 4 6 10 6 8 10 8 6 8 4 4 8 6 4 10 14 12 6 4 6 6 4 6 10 24 22 6 26 18 18 28 4 14 10 6 8 6 6 4 4 6 2 8
4 7 5 4 4 3 4 5 2 3 5 3 4 5 4 3 4 2 2 4 3 2 5 7 6 3 2 3 3 2 3 5 12 11 3 9 7 11 14 2 7 5 3 4 3 3 2 2 3 1 4

图二

图三（休闲生活领域）

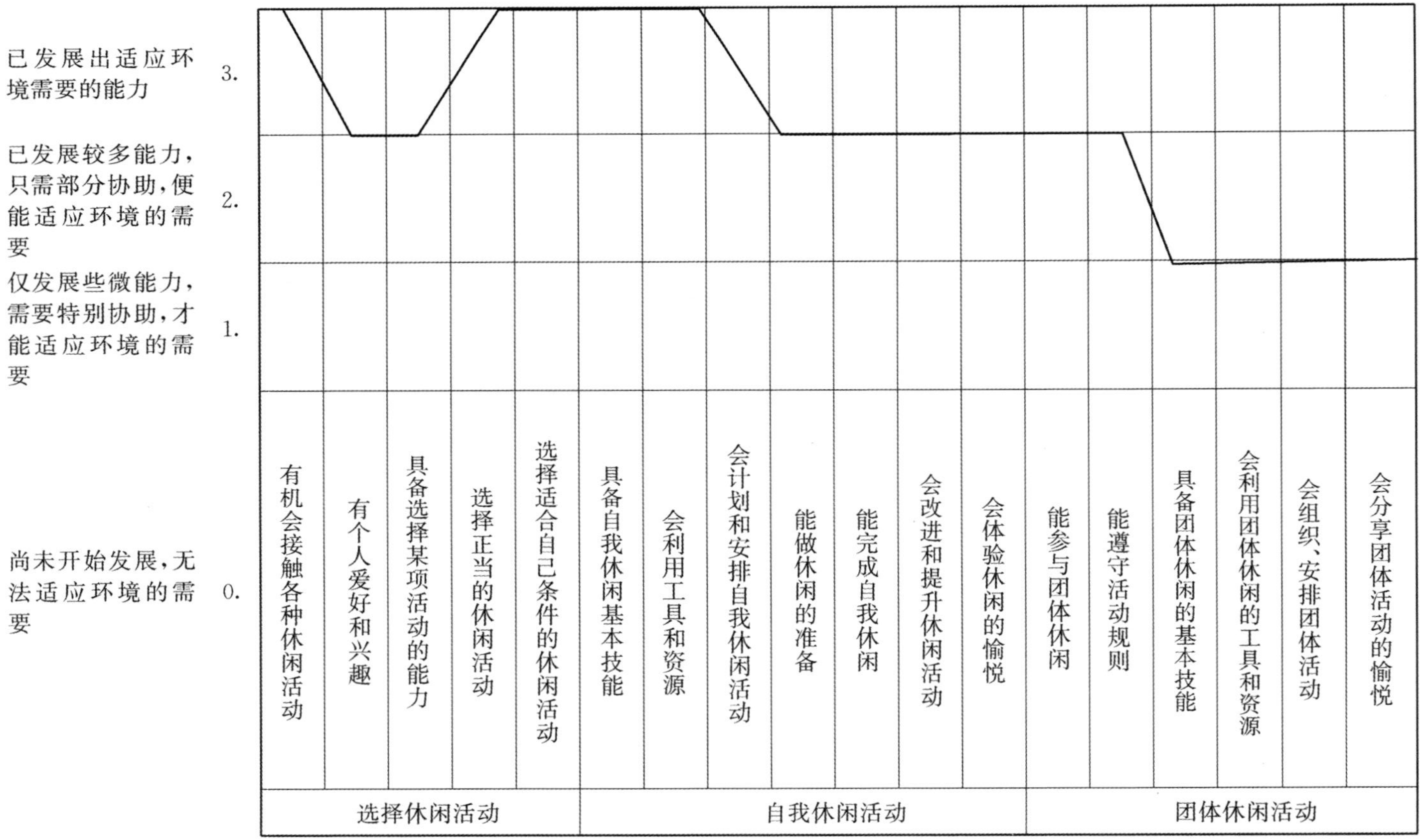
已发展出适应环境需要的能力
3.
已发展较多能力，只需部分协助，便能适应环境的需要
2.
仅发展些微能力，需要特别协助，才能适应环境的需要
1.
尚未开始发展，无法适应环境的需要
0.
有机会接触各种休闲活动
有个人爱好和兴趣
具备选择某项活动的能力
选择正当的休闲活动
选择适合自己条件的休闲活动
具备自我休闲基本技能
会利用工具和资源
会计划和安排自我休闲活动
能做休闲的准备
能完成自我休闲
会改进和提升休闲活动
会体验休闲的愉悦
能参与团体休闲
能遵守活动规则
具备团体休闲的基本技能
会利用团体休闲的工具和资源
会组织、安排团体活动
会分享团体活动的愉悦
选择休闲活动
自我休闲活动
团体休闲活动